Linux für Einsteiger und Umsteiger

Antonino Zambito

Linux für Einsteiger und Umsteiger

Der einfache Umstieg von Windows 10 auf ein freies System – nachhaltig, verständlich, sicher

Antonino Zambito
Stuttgart, Deutschland

ISBN 978-3-658-51090-9 ISBN 978-3-658-51091-6 (eBook)
https://doi.org/10.1007/978-3-658-51091-6

Die Deutsche Nationalbibliothek verzeichnet diese Publikation in der Deutschen Nationalbibliografie; detaillierte bibliografische Daten sind im Internet über https://portal.dnb.de abrufbar.

Springer Vieweg ist ein Imprint der eingetragenen Gesellschaft Springer Fachmedien Wiesbaden GmbH und ist ein Teil von Springer Nature.
Die Anschrift der Gesellschaft ist: Abraham-Lincoln-Str. 46, 65189 Wiesbaden, Germany

Interessenskonflikt Der/die Autor*in hat keine relevanten Interessenskonflikte im Zusammenhang mit dieser Publikation.

Inhaltsverzeichnis

Über den Autor

Antonino Zambito arbeitet seit den 1980er-Jahren mit digitalen Systemen. Mit neun Jahren begann er auf einem Commodore C16 zu programmieren, baute später eigene Computer zusammen, richtete Netzwerke ein und entwickelte Webseiten – mit allem, was dazugehört, von technischer Umsetzung bis laufender Betreuung. Seit Mitte der 1990er beschäftigt er sich intensiv mit Linux und setzt es bis heute zusammen mit Windows und macOS in gemischten Umgebungen ein.

Er ist Fachjournalist, Fachbuchautor, IT-Experte und Business Coach. Unter dem Namen COMTRON75 arbeitet er zusammen mit seiner Frau als Co-Autorin an gemeinsamen und voneinander unabhängigen Projekten. Sein Schwerpunkt liegt auf Open Source, digitaler Souveränität und praxisnaher Wissensvermittlung in einer zunehmend plattformunabhängigen IT-Welt.

Was ist Linux überhaupt? 1

1.1 Einleitung

Linux ist kein Geheimtipp mehr für Technikaffine. Es ist ein vollwertiges Betriebssystem für den Alltag – stabil, flexibel, datensparsam. Es läuft auf älterer Hardware ebenso zuverlässig wie auf aktueller und wird kontinuierlich weiterentwickelt, ganz ohne Abhängigkeit von einem Konzern oder einer zentralen Lizenzpolitik.

Dieses Buch richtet sich an Menschen, die sich mit dem Gedanken tragen, auf Linux umzusteigen – weil neue Anforderungen an ihre Hardware gestellt werden, weil sie keine Lust auf kostenpflichtige Upgrades haben oder weil sie einfach wissen wollen, welche Alternativen es gibt. Es setzt keine Vorkenntnisse in Linux voraus und ist sowohl für technisch interessierte Einsteigerinnen und Einsteiger geeignet als auch für Menschen mit IT-Erfahrung, die bisher ausschließlich mit Windows gearbeitet haben.

Das Buch ist modular aufgebaut. Die Kapitel lassen sich unabhängig voneinander lesen. Wer möchte, kann von vorn anfangen. Wer ein konkretes Problem lösen will, springt direkt dorthin. Ziel ist ein möglichst reibungsloser Übergang.

Wer sofort mit einem lauffähigen System arbeiten möchte, kann bei der Auswahl einer passenden Distribution einsteigen. Die Kapitel zur Geschichte von Linux oder zur Systemarchitektur sind für den Anfang nicht erforderlich. Auch mit Paketverwaltung und Kommandozeile muss man sich nicht gleich beschäftigen – das lässt sich nachholen, wenn es gebraucht wird.

Zur Orientierung folgt ein Überblick über die Kapitel: Was jeweils behandelt wird, worauf der Schwerpunkt liegt und für wen welche Abschnitte besonders relevant sein könnten.

Kap. 1 erklärt, was Linux ist, was es von anderen Systemen unterscheidet – und warum es gerade heute eine echte Alternative sein kann. Es geht um Prinzipien wie Offenheit, Transparenz und die Unabhängigkeit von kommerziellen Vorgaben.

A. Zambito, *Linux für Einsteiger und Umsteiger*,
https://doi.org/10.1007/978-3-658-51091-6_1

Kap. 2 zeigt, wie sich prüfen lässt, ob die vorhandene Hardware für Linux geeignet ist. Es geht um Prozessor, Grafik, WLAN und Peripherie – und darum, wie man mit einem Live-System ohne Risiko testet, ob alles läuft.

Kap. 3 stellt die wichtigsten Linux-Distributionen für Einsteiger vor – kompakt, praxisnah und vergleichbar. Kriterien sind u. a. Bedienbarkeit, Stabilität, Softwareangebot und Unterstützung durch die Community.

Kap. 4 vergleicht verschiedene Desktop-Umgebungen – von klassisch bis modern. Es geht darum, welche sich für den Einstieg eignet, worin sie sich unterscheiden und wie sie sich auf unterschiedlichen Geräten bewähren.

Kap. 5 zeigt, wie man Linux gefahrlos kennenlernen kann – per Live-System, auf einem alten Rechner oder in einer virtuellen Maschine. Ziel ist ein erster Eindruck ohne Risiko.

Kap. 6 beschreibt den Alltag mit Linux: wie man Programme installiert, Updates durchführt, Dateien verwaltet und sich in den Systemeinstellungen zurechtfindet.

Kap. 7 stellt Programme vor, die unter Linux gängige Windows-Software ersetzen – für Büro, Internet, Kommunikation, Medien und Spezialanwendungen.

Kap. 8 führt in die Kommandozeile ein – nicht als Pflicht, sondern als Werkzeug für typische Aufgaben wie Dateiverwaltung, Installation oder Fehlersuche.

1.2 Ein Blick hinter den Begriff: Geschichte, Philosophie, Vorteile.

> **25.08.1991, 22:57:08** Hello everybody out there using minix –
>
> I'm doing a (free) operating system (just a hobby, won't be big and professional like gnu) for 386(486) AT clones. This has been brewing since April, and is starting to get ready. I'd like any feedback on things people like/dislike in minix, as my OS resembles it somewhat (same physical layout of the file-system (due to practical reasons) among other things).
>
> I've currently ported bash(1.08) and gcc(1.40), and things seem to work. This implies that I'll get something practical within a few months, and I'd like to know what features most people would want. Any suggestions are welcome, but I won't promise I'll implement them :-)
>
> Linus (torv...@kruuna.helsinki.fi)
>
> PS. Yes – it's free of any minix code, and it has a multi-threaded fs. It is NOT protable (uses 386 task switching etc), and it probably never will support anything other than AT-harddisks, as that's all I have :-(.

Dieser kleine Post von Linus Benedict Torvalds zeigt auf eindrucksvolle Weise, wie sehr man sich irren kann. Wie hätte der finnische Informatikstudent auch ahnen sollen, dass sich sein Freizeitprojekt einmal zum meistverbreiteten Betriebssystem der Welt entwickeln würde?

Linux – und damit auch alle auf dem Linux-Kernel basierenden Systeme wie Android – dominiert heute laut StatCounter Global Stats (Stand: Juni 2025) mit rund 74 % Marktanteil den weltweiten Smartphone- und Tabletmarkt. Dazu kommen etwa 90 % der öffentlichen Cloud-Workloads sowie 96,3 % der eine Million meistbesuchten Webserver, die auf Linux laufen. Nur im klassischen Desktop- und Laptopbereich liegt der Marktanteil mit 2–4 % vergleichsweise niedrig.

Zusammengefasst lässt sich sagen, dass Linux – einschließlich Android – heute weltweit das am weitesten verbreitete Betriebssystem ist: vom Smartphone über Server bis hin zum Supercomputer.

Windows dominiert zwar weiterhin den klassischen Desktopbereich (mit rund 70 % Marktanteil auf PCs), prägt das Gesamtbild aller Plattformen jedoch längst nicht mehr entscheidend.

Um zu verstehen, was Linux eigentlich ist, lohnt sich ein kurzer Blick zurück: auf Unix – das System, das vieles vorweggenommen hat, was Linux heute auszeichnet [5, 7].

1.2.1 Unix

Unix entstand 1969 bei Bell Labs, einem Forschungsbereich von AT&T, als Reaktion auf das komplexe und letztlich gescheiterte Multics-Projekt. *(Der Name „Unix" leitet sich ursprünglich von „Unics" ab – Uniplexed Information and Computing System – in bewusster Abgrenzung zum komplexeren „Multics".)* Das Ziel war ein einfaches, flexibles Betriebssystem – überschaubar in Umfang und Struktur, aber leistungsfähig genug für den praktischen Einsatz.

Die ersten Entwickler – darunter Ken Thompson, Dennis Ritchie und Brian Kernighan – begannen mit der Arbeit auf einer PDP-7. Die erste Version war noch in Assemblersprache geschrieben, was Entwicklung und Wartung aufwendig machte. 1971 folgte eine erste offizielle Edition für die PDP-11/20. Sie enthielt ein einfaches Dateisystem, die Prozessfunktion fork(), den Editor ed und das Textsatzprogramm roff, und wurde bei Bell Labs zur Textverarbeitung von Patentschriften eingesetzt.

Ein Wendepunkt war das Jahr 1973: Unix wurde vollständig in der von Dennis Ritchie entwickelten Programmiersprache C neu geschrieben. Damit war es nicht länger an eine bestimmte Hardware gebunden, sondern ließ sich auf unterschiedliche Systeme übertragen. Diese Portabilität war entscheidend für die weitere Verbreitung des Systems – zunächst in der Forschung, später auch in der Industrie.

Ab Mitte der 1970er-Jahre fand Unix rasch Verbreitung an Universitäten und in Forschungseinrichtungen. Dort wurde es nicht nur als praktisches Systemwerkzeug genutzt, sondern auch als Lernumgebung in der Informatik. Die offene Struktur und die klare

Architektur des Systems förderten die Ausbildung – und trugen zur Entstehung einer aktiven Entwicklergemeinschaft bei, die Unix kontinuierlich weiterentwickelte.

In den 1980er-Jahren begann die Kommerzialisierung. Unternehmen wie Sun Microsystems (SunOS), IBM (AIX) und Hewlett-Packard (HP-UX) entwickelten eigene Unix-Derivate für ihre jeweiligen Plattformen. Mit der Vielfalt entstanden jedoch auch Kompatibilitätsprobleme – Software war oft nicht ohne Weiteres zwischen den Systemen übertragbar [7].

Neben den kommerziellen Derivaten entstanden auch erste frei verfügbare Systeme. Eines davon war Minix, ein kleines, Unix-ähnliches Betriebssystem, das vom Informatiker Andrew S. Tanenbaum für Lehrzwecke entwickelt wurde. Es sollte Studierenden den Aufbau eines Betriebssystems anhand eines lauffähigen, gut dokumentierten Codes vermitteln – und blieb in vielen Bereichen bewusst eingeschränkt.

Minix war zwar kein vollwertiger Unix-Ersatz im praktischen Alltag, prägte aber die Denkweise vieler junger Entwickler – darunter auch Linus Torvalds. Seine spätere Arbeit an Linux entstand ursprünglich aus dem Wunsch, ein flexibleres System zu schaffen als das, was Minix erlaubte [6].

Parallel dazu wurde das Unix System an der University of California in Berkeley weiterentwickelt. Aus diesem akademischen Umfeld entstand BSD – kurz für Berkeley Software Distribution. Dabei handelte es sich ursprünglich um eine Sammlung zusätzlicher Werkzeuge und Erweiterungen für das ursprüngliche Unix-System. Im Laufe der Zeit entwickelte sich BSD zu einer eigenen, vollständigen Unix-Variante.

Viele technische Neuerungen stammen aus der BSD-Linie, darunter die frühe Implementierung von TCP/IP – ein entscheidender Schritt für die Vernetzung von Unix-Systemen. Auch Werkzeuge wie die C-Shell (csh) oder Verbesserungen im Speichermanagement fanden über BSD ihren Weg in viele spätere Systeme. Die BSD-Varianten bildeten später die Grundlage für weitere Systeme wie FreeBSD, NetBSD oder OpenBSD – offene, frei verfügbare Unix-Derivate, die bis heute aktiv gepflegt und eingesetzt werden.

Als Reaktion auf die zunehmende Fragmentierung entstanden ab den späten 1980er-Jahren Initiativen zur Standardisierung. POSIX (Portable Operating System Interface) definierte einheitliche Schnittstellen, um Unix-Systeme vergleichbar und Software portabel zu machen. Damit wurde eine gemeinsame technische Basis geschaffen, auf der sich viele spätere Systeme aufbauen konnten [7].

Auch Apple setzt mit macOS auf diese Grundlage. Der technische Unterbau des Systems stammt von NeXT, einem Unternehmen, das Steve Jobs nach seinem Ausscheiden bei Apple gegründet hatte. NeXT entwickelte mit NeXTSTEP ein Unix-basiertes System, das BSD-Technik mit einem modernen objektorientierten Ansatz verband. Nach der Übernahme durch Apple floss diese Architektur in macOS ein – ein System, das seit 2007 offiziell nach UNIX 03 zertifiziert ist und damit zu den meistverbreiteten Unix-basierten Plattformen im Endkundenbereich zählt [10].

Unix prägte viele Konzepte, die moderne Betriebssysteme bis heute bestimmen: Mehrbenutzerfähigkeit, klare Trennung von Prozessen, ein konsistentes Dateisystem – und vor allem das Prinzip, komplexe Aufgaben durch die Kombination kleiner, klar umrissener Werkzeuge zu lösen.

Auch wenn aktuelle Systeme längst eigene Wege gehen, bleiben viele dieser Grundprinzipien erhalten – und Unix das Fundament, auf dem sie gebaut sind [7].

Mit der Verbreitung freier Unix-Varianten und der zunehmenden Verfügbarkeit von Quellcode rückte ein Gedanke stärker in den Vordergrund: Software sollte offen zugänglich sein. Ein Prinzip gewann an Bedeutung: Open Source [4].

> **Wichtig** Quellcode sollte nicht nur ausgeführt, sondern gelesen, verstanden und angepasst werden können. Es ging nicht mehr allein darum, ein System zu nutzen – sondern darum, es nachvollziehen, verändern und gemeinsam weiterentwickeln zu können.
>
> Was in Projekten wie BSD oder Minix angelegt war, wurde ab den 1990er-Jahren zur Grundlage für neue Systeme, die unabhängig von einem zentralen Hersteller entstanden.
>
> Diese Idee wurde später zur Basis für Linux – ein freies Betriebssystem, das sich klar in die Unix-Tradition stellt, aber eigene Wege geht [4].

1.2.2 GNU

In den 1980er-Jahren war der Zugang zu Unix-Systemen zunehmend durch Lizenzmodelle und herstellergebundene Komponenten eingeschränkt. Viele Werkzeuge wurden proprietär, Quellcode war nicht mehr zugänglich, Veränderungen kaum noch erlaubt. Was früher in Entwicklerkreisen selbstverständlich war – Programme zu teilen, zu verstehen und weiterzugeben – wurde mehr und mehr zur Ausnahme.

Richard Stallman, damals am MIT, war Teil einer solchen offenen Software-Community, dem Artificial Intelligence Lab. Dort hatte man Software nicht als Produkt, sondern als gemeinsames Werkzeug betrachtet. Als diese Kultur zu zerfallen begann, zog er Konsequenzen.

1983 kündigte Stallman öffentlich das GNU-Projekt an – ein freies, Unix-kompatibles Betriebssystem, das niemandem gehört, aber von allen genutzt, verändert und weiterentwickelt werden kann. Der Name „GNU" ist ein rekursives Akronym: GNU's Not Unix. Technisch sollte es Unix ähneln – rechtlich und ideologisch jedoch eine eigenständige Alternative sein.

1984 verließ Stallman seine Stelle am MIT, um Interessenkonflikte zu vermeiden und sich ganz der Entwicklung freier Software zu widmen. Noch im selben Jahr startete die praktische Arbeit am GNU-System. Im Mittelpunkt standen vier grundlegende Freiheiten: ein eigenes Programm für jeden Zweck zu nutzen, den Quellcode zu studieren und zu verändern, Kopien weiterzugeben – und auch geänderte Versionen zu verbreiten.

Zur Absicherung dieser Freiheiten entwickelte das GNU-Projekt das Konzept des Copyleft, das in der GNU General Public License (GPL) umgesetzt wurde. Es nutzt das Urheberrecht, um sicherzustellen, dass auch abgeleitete Software frei bleibt. Veränderungen sind erlaubt – aber nur, wenn sie ebenfalls wieder öffentlich zugänglich gemacht werden [1].

In den folgenden Jahren entstanden zahlreiche GNU-Werkzeuge: der GNU Compiler Collection (GCC), der Editor Emacs, die GNU C Library, die Bash-Shell und viele klassische Unix-Kommandos in freier Form. 1985 wurde außerdem die Free Software Foundation (FSF) gegründet, um das Projekt organisatorisch zu unterstützen.

Ein vollständiger Kernel fehlte zunächst. Zwar entwickelte das GNU-Projekt mit Hurd einen eigenen, komplexen Kernel, doch dieser war lange nicht stabil nutzbar [1]. Erst die Veröffentlichung des Linux-Kernels durch Linus Torvalds im Jahr 1991 ermöglichte eine praktische Kombination: Der Linux-Kernel als Basis, ergänzt durch die GNU-Tools – das System, das viele heute als „Linux" kennen, aber korrekt GNU/Linux heißt [3]. Der Einfachheit halber wird im weiteren Verlauf dennoch meist von Linux gesprochen.

▶ Das GNU-Projekt bleibt bis heute aktiv. Es steht nicht nur für eine technische Infrastruktur, sondern für ein Konzept: dass Software frei sein kann – und dass Freiheit, Offenheit und Zusammenarbeit Teil der technischen Kultur sind [1].

1.2.3 Linux

In den 1980er-Jahren entwickelte Andrew S. Tanenbaum an der Freien Universität Amsterdam ein kleines Unix-ähnliches Betriebssystem namens Minix. Es erschien 1987 und war von Anfang an als Lehrmittel konzipiert – nicht als Produkt, sondern als Werkzeug für die Lehre. Ziel war es, Studierenden zu zeigen, wie ein Betriebssystem funktioniert – anhand eines echten, lauffähigen Systems, das man studieren, nachvollziehen und im Idealfall auch verstehen konnte [6].

Minix setzte dabei auf eine Mikrokernel-Architektur: Im Gegensatz zu klassischen, monolithischen Kerneln, die nahezu alle Dienste in einem großen Block vereinen, belässt Minix nur die nötigsten Kernfunktionen – etwa Speicherverwaltung und Scheduling – im Kernel selbst. Andere Komponenten wie das Dateisystem oder Gerätetreiber laufen in eigenen Prozessen im Nutzerbereich. Dieser Ansatz machte Minix gut strukturiert und sicher – und ermöglichte es, einzelne Systemteile gezielt zu beobachten, zu verändern oder im Unterricht zu isolieren.

Minix war quelloffen, aber zunächst nicht frei im Sinne der GNU-Philosophie. Der Quellcode durfte eingesehen und für Forschungszwecke genutzt werden, aber nicht beliebig verändert oder verteilt. Das führte zu Diskussionen – auch in den Newsgroups, in denen sich Entwicklerinnen und Entwickler regelmäßig austauschten.

Einer von ihnen war Linus Torvalds, damals Student in Helsinki. Auch er arbeitete mit Minix – und war bald frustriert. Nicht nur wegen der Lizenz, sondern auch wegen einiger technischer Entscheidungen, etwa der Architektur oder der Limitierungen der Minix-Treiber. Er wollte kein Lehrstück, sondern ein funktionierendes Werkzeug. Etwas Eigenes – offen, unixnah, aber nicht durch Design oder Lizenz beschränkt.

Im Sommer 1991 begann er auf einem Intel-80386-PC mit der Entwicklung eines eigenen Kernels. Am 25. August 1991 kündigte er das Projekt in der Newsgroup comp.os.minix an – als Lernübung, ganz ohne großen Anspruch:

> „I'm doing a (free) operating system (just a hobby, won't be big and professional like gnu)." [3]

Am 17. September folgte die erste Veröffentlichung: Linux 0.01. Die Version war noch sehr rudimentär – kein Netzwerk, keine Benutzerverwaltung, kein Compiler. Aber der Quellcode war offen. Und das war entscheidend.

1992 stellte Torvalds den Kernel unter die GNU General Public License (GPL). Damit ließ sich Linux erstmals mit den GNU-Komponenten kombinieren: dem GCC-Compiler, der Bash-Shell, Systembibliotheken und den klassischen Unix-Werkzeugen. Zusammen ergab das ein vollständiges, freies Betriebssystem – heute meist als GNU/Linux bezeichnet [2].

Eigentlich sollte das System einen anderen Namen tragen: Freax – eine Mischung aus „free", „freak" und „Unix". Doch der Administrator des FTP-Servers ftp.funet.fi, Ari Lemmke, war wenig begeistert. Ohne Rücksprache legte er ein Verzeichnis mit dem Namen linux an – in Anlehnung an Torvalds' Vornamen. Der Name blieb. Nicht von Torvalds gewählt, aber schnell etabliert. Und er funktioniert: als Verbindung von Linus und Unix – technisch angelehnt, aber konzeptionell eigenständig.

Torvalds selbst war kein Aktivist im Stil von Richard Stallman. Für ihn stand das Technische im Vordergrund – gutes Design, Effizienz, Kontrolle über den eigenen Code. Dennoch wurde er zur prägenden Figur der Open-Source-Bewegung [1].

In den Folgejahren entstanden erste Distributionen – Slackware, Debian, Red Hat, SuSE – und Linux verbreitete sich schnell: zuerst auf Servern, dann auf Desktops, in mobilen Geräten und eingebetteten Systemen. Die Community wuchs, Unternehmen wie IBM, oder Google stiegen ein, und der Kernel wurde zu einem zentralen Bestandteil moderner IT-Infrastruktur.

Torvalds betreut den Kernel bis heute. 2005 entwickelte er Git, ein eigenes Versionskontrollsystem, um die wachsende Zahl von Beiträgen besser verwalten zu können. Die Pflege des Kernels liegt inzwischen bei der Linux Foundation, unterstützt von Unternehmen, Institutionen und einer weltweiten Entwicklergemeinschaft. Torvalds ist nach wie vor die zentrale Koordinationsfigur [8].

1.2.3.1 Tux – das Maskottchen von Linux

1996 erhielt Linux ein eigenes Maskottchen: einen Pinguin mit dem Namen Tux. Die Herkunft des Namens ist nicht eindeutig. Häufig wird er als Abkürzung für „Torvalds Unix" gedeutet, gelegentlich auch als Anspielung auf das englische tuxedo (Smoking), in Anlehnung an das Gefieder des Tiers.

Die Idee für den Pinguin geht auf Linus Torvalds zurück. Er hatte mehrfach geäußert, dass er Pinguine als Symbol für Linux geeignet fände. Zur Motivation existieren unterschiedliche Erklärungen: Eine verweist auf einen Zoobesuch in Australien, bei dem Torvalds angeblich von einem Pinguin gebissen worden sei. Eine andere berichtet von einem Buchcover mit dem Schriftzug „Get off of my shell", das ihn zum Schmunzeln gebracht habe [3].

Das ursprüngliche Tux-Design stammt von Larry Ewing, erstellt mit dem freien Grafikprogramm GIMP. Die Grafik wurde unter einer offenen Lizenz veröffentlicht und ist bis heute in zahlreichen Varianten im Umlauf. Tux ist kein offizielles Markenzeichen, sondern ein frei verwendbares Symbol, das von vielen Distributionen und Projekten übernommen wurde (Abb. 1.1).

Tux steht exemplarisch für das Erscheinungsbild von Linux: technisch geprägt, offen nutzbar – und bewusst unabhängig von markenrechtlicher Inszenierung [2].

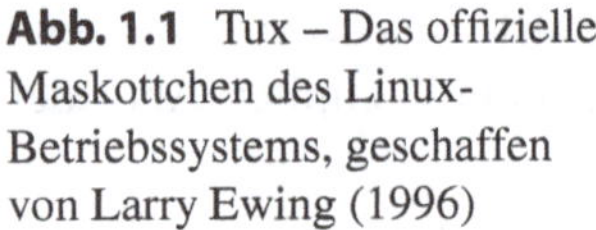

Abb. 1.1 Tux – Das offizielle Maskottchen des Linux-Betriebssystems, geschaffen von Larry Ewing (1996)

1.3 Was ist ein Kernel?

Der Kernel ist das Herzstück eines Betriebssystems – eine zentrale Komponente, die alle anderen Bestandteile miteinander verbindet. Er sorgt dafür, dass Programme nicht einfach blind drauflosrechnen, sondern strukturiert, geplant und kontrolliert mit den Ressourcen eines Rechners umgehen. Er verwaltet Speicher, startet und beendet Prozesse, vermittelt zwischen Software und Hardware – und bleibt dabei meist im Hintergrund. Man könnte sagen: Der Kernel ist ständig da, aber selten im Vordergrund. In manchen Situationen greifen Administratoren oder fortgeschrittene Nutzer:innen indirekt auf Kernel-Funktionen zu – etwa über Tools zum Nachladen von Modulen oder zur Konfiguration von Parametern [6].

Doch ein Kernel allein macht noch kein Betriebssystem. Ohne Systemwerkzeuge, grafische Oberfläche, Anwendungen und Paketverwaltung bliebe er bloß ein technischer Unterbau. Erst durch diese zusätzlichen Komponenten entsteht ein nutzbares Ganzes – eine sogenannte Distribution.

1.3.1 Vertiefung: Aufbau, Aufgaben und Typen von Kerneln

Was genau macht ein Kernel eigentlich? Er organisiert, verteilt, vermittelt. Er legt fest, welcher Prozess wie viel Rechenzeit bekommt, wie viel Speicher ein Programm verwenden darf und wie der Zugriff auf angeschlossene Geräte funktioniert. Wenn ein Programm eine Datei öffnet, geschieht das über einen Systemaufruf – also einen definierten Kommunikationskanal zwischen Anwendung und Kernel. Der Kernel prüft dann Rechte, organisiert den Zugriff auf das Dateisystem und übergibt die Ergebnisse an die Software zurück.

Auch in puncto Sicherheit ist der Kernel entscheidend: Er isoliert Prozesse voneinander, schützt sensible Speicherbereiche und verhindert, dass ein fehlerhaftes oder böswilliges Programm das gesamte System mit sich reißt. Moderne Kernel setzen dafür auf Mechanismen wie Speicheradressraumtrennung, Zugriffsrechte, Benutzerrollen oder Sicherheitsframeworks wie SELinux oder AppArmor.

Wie ein Kernel aufgebaut ist, kann sehr unterschiedlich sein. Der klassische monolithische Kernel – wie Linux ihn verwendet – vereint zentrale Subsysteme wie Speicher- und Prozessverwaltung, Netzwerklayer, Dateisysteme oder Treiber in einem einzigen, eng gekoppelten Systemkern. Diese Architektur ist schnell und effizient, aber vergleichsweise komplex [8].

Mikrokernel verfolgen einen anderen Ansatz: Sie beschränken sich auf das Nötigste – meist Prozess- und Speicherverwaltung – und lagern alles Weitere (Treiber, Dateisysteme etc.) in externe Prozesse aus. Das erhöht die Fehlertoleranz und Modularität, aber auch die Komplexität in der Kommunikation [6]. Hybridkernel wie Windows NT oder Apples XNU kombinieren beide Ansätze: modular wie ein Mikrokernel, aber mit performanten Komponenten im Kern [10].

Der Linux-Kernel ist ein sogenannter „modularer Monolith“. Das heißt: Er bringt alle wichtigen Subsysteme mit, erlaubt aber das Nachladen von Komponenten – etwa für spezielle Treiber oder Dateisysteme. Diese Modularität bedeutet, dass bestimmte Teile des Kernels dynamisch geladen und entladen werden können, was die Flexibilität und Erweiterbarkeit erhöht, ohne die grundlegende Komplexität des Systems zu verringern. Die Module machen es auch möglich, ein System sehr spezifisch auf seine Hardware und Einsatzumgebung zuzuschneiden.

Die Architektur folgt dabei einem klaren Design: Der Linux-Kernel enthält alle zentralen Betriebssystemfunktionen in einem großen Programmkern. Gleichzeitig unterstützt er dynamisch ladbare Kernel-Module – also Komponenten wie Treiber oder Dateisysteme, die bei Bedarf hinzugefügt oder entfernt werden können. Der Kernel ist in verschiedene Subsysteme gegliedert: Prozessmanagement, Speicherverwaltung, Dateisysteme, Netzwerkprotokolle und Gerätetreiber sind klar voneinander abgegrenzt – auch im Quellcode. Das macht es möglich, neue Funktionen gezielt zu ergänzen oder einzelne Bereiche unabhängig weiterzuentwickeln, ohne jedes Mal den kompletten Kernel neu zu kompilieren [8].

1.3.2 Der Linux-Kernel konkret

Der Linux-Kernel wurde 1991 von Linus Torvalds ins Leben gerufen – ursprünglich als Lernprojekt, das jedoch schnell weit über dieses Ziel hinauswuchs. Heute bildet er das Fundament zahlreicher professioneller und industrieller Systeme. Er war von Anfang an monolithisch aufgebaut, aber modular gedacht. Treiber, Dateisysteme, Netzwerkschichten, Sicherheitsmechanismen – alles ist als Teil des Kerns implementiert, lässt sich aber flexibel verwalten.

Ein zentrales Prinzip: nichts muss fest verdrahtet sein. Kernel-Parameter lassen sich zur Laufzeit ändern (z. B. mit „sysctl“), Module lassen sich laden („modprobe“) oder entfernen („rmmod“), und auch beim Booten kann man viele Einstellungen übergeben. Das macht den Kernel nicht nur mächtig, sondern auch anpassbar – gerade bei spezialisierten Einsatzzwecken wie eingebetteten Systemen oder Rechenzentren [8].

Er ist verantwortlich für die Verwaltung der Systemressourcen, einschließlich der Zuteilung von Rechenzeit und Speicher, dem Einbinden und Verwalten von Dateisystemen, dem Laden von Gerätetreibern sowie der Unterstützung zahlreicher Netzwerkprotokolle.

Linux unterstützt eine Vielzahl an Dateisystemen wie ext4, XFS oder Btrfs, und kann durch seine Netzwerkschnittstellen flexibel in verschiedenste Infrastrukturen eingebunden werden. Die Kommunikation mit Hardware erfolgt über Kernel-nahe Gerätetreiber, die entweder fest integriert oder bei Bedarf geladen werden können.

Entwickelt wird der Kernel in einem offenen, aber klar strukturierten Prozess. Etwa alle 9 bis 10 Wochen erscheint eine neue Hauptversion des Linux-Kernels. Zwischen diesen Hauptversionen gibt es regelmäßige Updates und Patches, die Fehlerbehebungen, Sicherheitsupdates sowie neue Funktionen und Verbesserungen enthalten können. Änderungen werden eingereicht, diskutiert, getestet – und nach einem sogenannten Merge Window in den Hauptzweig aufgenommen. Zusätzlich gibt es LTS-Versionen (Long Term Support), die teils über Jahre hinweg gepflegt werden. Die Entwicklung geschieht vollständig Open Source unter der GNU General Public License (GPL). Jeder kann den Quellcode einsehen, anpassen und weiterverbreiten – vorausgesetzt, die Offenheit bleibt erhalten [2].

Exkurs: Wer entwickelt den Kernel eigentlich?
Der Linux-Kernel ist eines der größten kollaborativen Softwareprojekte der Welt. Mehrere tausend Entwicklerinnen und Entwickler tragen Code bei – viele davon arbeiten bei Unternehmen wie Intel, IBM, Red Hat, Google oder SUSE. Neben diesen Unternehmensbeiträgen engagieren sich auch zahlreiche Einzelpersonen und Freiwillige aus der weltweiten Open-Source-Community für die Weiterentwicklung des Kernels.

Koordiniert wird das Ganze von Linus Torvalds, der auch heute noch als zentrale Instanz entscheidet, was in den Hauptzweig aufgenommen wird. Die Organisation dahinter ist die Linux Foundation – eine gemeinnützige Stiftung, die Infrastruktur bereitstellt, Konferenzen veranstaltet und die Zusammenarbeit zwischen Unternehmen, Projekten und Einzelpersonen fördert. Eingereichte Änderungen werden über öffentliche Mailinglisten diskutiert, begutachtet und in einem mehrstufigen Review-Prozess bewertet. Neue Versionen enthalten häufig nicht nur Fehlerbehebungen, sondern auch Verbesserungen im Sicherheitsbereich, Erweiterungen für neue Architekturen und Leistungsoptimierungen.

1.3.2.1 Warum das für Nutzer:innen relevant ist

Auch wenn man im Alltag kaum mit dem Kernel direkt zu tun hat – seine Rolle ist entscheidend. Er bestimmt, welche Hardware unterstützt wird, wie stabil ein System läuft und welche Funktionen überhaupt verfügbar sind. Wer zum Beispiel Probleme mit einem WLAN-Treiber hat, wird irgendwann beim Kernel landen – spätestens beim Versuch, ein passendes Modul zu laden.

Auch Distributionen wählen ihren Kernel bewusst aus. Sie greifen oft nicht zur neuesten Version, sondern zu erprobten, stabilen Varianten – und pflegen diese mit eigenen Patches weiter. Für die meisten Nutzer:innen bleibt das unsichtbar – und genau das ist gewollt. Ein guter Kernel funktioniert im Hintergrund, ohne dass man ihn bemerkt. Nur wenn man ihn braucht, ist es gut zu wissen, dass er da ist – und wie er funktioniert.

Seine Bedeutung reicht weit über den Desktop hinaus: Der Linux-Kernel wird auf Servern, in Smartphones, in eingebetteten Systemen und in Supercomputern eingesetzt. Seine Stabilität, Sicherheit und Anpassungsfähigkeit machen ihn zu einem Fundament moderner IT-Infrastrukturen – und zu einem Paradebeispiel für die Kraft freier Softwareentwicklung [8].

1.4 Was ist eine Distribution?

Distributionen – oft kurz „Distros“ genannt – sind vollständige Betriebssysteme auf Basis des Linux-Kernels. Sie enthalten alles, was ein funktionierendes System ausmacht – Bibliotheken, Anwendungen, Benutzeroberflächen, Werkzeuge und ein Installationsprogramm.

Der Kernel allein bildet nur das technische Fundament. Erst das Zusammenspiel mit diesen Komponenten macht daraus ein gebrauchsfähiges System. Genau das ist der Zweck einer Distribution – ein abgestimmtes Ganzes, das sich installieren, nutzen und anpassen lässt [8].

1.4.1 Linux-Kernel

Herzstück jeder Distribution ist der Linux-Kernel – jener Teil, der tief im Inneren des Systems für Ordnung sorgt. Er verwaltet Speicher, Prozesse und Geräte, stellt Schnittstellen bereit und sorgt dafür, dass Hardware und Software zuverlässig zusammenspielen. Seine genaue Funktionsweise wurde bereits ausführlich besprochen – hier genügt: Ohne ihn läuft nichts. Aber mit ihm allein auch nicht viel [8].

1.4.2 Systembibliotheken

Unmittelbar nach dem Kernel – oder besser: eng mit ihm verzahnt – stehen die Systembibliotheken. Sie bilden das Bindeglied zwischen Kernel und Anwendungssoftware. Während der Kernel hardwarenahe Aufgaben übernimmt, stellen Bibliotheken höhere Funktionsebenen bereit, auf die Programme standardisiert zugreifen können – ohne sich um Details der Hardware oder des Betriebssystems kümmern zu müssen.

Eine der zentralen Komponenten ist die GNU C Library, kurz glibc. Sie implementiert die grundlegenden Funktionen der Programmiersprache C, darunter Ein- und Ausgabe, Speicherverwaltung, Zeichenkettenoperationen oder Prozesssteuerung. Für viele Programme – nicht nur solche in C geschrieben sind – ist die glibc ein stiller, aber unverzichtbarer Helfer. Sie stellt Systemaufrufe bereit, verwaltet Umgebungsvariablen und sorgt für saubere Kommunikation mit dem Kernel [2].

Daneben existieren zahllose weitere Bibliotheken, die bestimmte Aufgabenbereiche abdecken – grafische Schnittstellen (z. B. GTK, Qt), Audiowiedergabe (z. B. PulseAudio, ALSA), Verschlüsselung (OpenSSL, GnuTLS), Datenbanken, Netzwerkprotokolle oder Hardwarezugriff. Oft sind sie modular aufgebaut, sodass nur das geladen wird, was tatsächlich gebraucht wird.

Für die Anwendungsentwicklung sind diese Bibliotheken nicht nur hilfreich – sie sind essenziell. Sie schaffen einen gemeinsamen Nenner und fördern die Wiederverwendbarkeit von Code. Ohne sie müsste jede Anwendung grundlegende Funktionen selbst implementieren – ein enormer Aufwand, der Komplexität und Fehleranfälligkeit drastisch erhöhen würde.

Auch aus Sicht der Distribution ist das Bibliotheksmanagement ein zentraler Punkt. Abhängigkeiten müssen aufgelöst, Versionen gepflegt, Schnittstellen stabil gehalten werden. Je größer das Softwareangebot, desto wichtiger wird eine saubere Paketierung – und genau hier beginnt die eigentliche Kunst des Distributionsbaus.

1.4.3 GNU-Werkzeuge

Wer Linux nur mit grafischer Oberfläche nutzt, bekommt davon manchmal wenig mit – und doch sind sie fast überall im Einsatz: die klassischen GNU-Werkzeuge. Sie bilden das Rückgrat vieler alltäglicher Aufgaben unter der Haube und sind besonders für Scripting, Systemadministration und die Arbeit auf der Kommandozeile unverzichtbar.

Dazu gehören elementare Programme wie cp, mv, rm, ls oder cat, die in der GNU coreutils-Sammlung zusammengefasst sind. Ebenso Werkzeuge wie grep (Texte durchsuchen), sed (Textmanipulation), awk (Textauswertung), find (Dateisuche) oder tar (Archivierung) – kleine, spezialisierte Programme mit klar umrissener Aufgabe. Kombiniert man sie, lassen sich damit erstaunlich komplexe Aufgaben elegant lösen – ganz im Unix-Geist: „Do one thing, and do it well.“

Zentrale Rolle spielt auch die Bash – die Bourne Again Shell –, die in den meisten Distributionen als Standardshell dient. Sie ist nicht nur ein Kommandozeileninterpreter, sondern zugleich eine vollwertige Skriptsprache, mit der sich Aufgaben automatisieren, Systemzustände prüfen oder wiederkehrende Abläufe strukturieren lassen.

Diese Werkzeuge sind keine Extras – sie sind Teil der DNA eines Linux-Systems. Sie machen das System transparent, nachvollziehbar, steuerbar – und sind zugleich eine Einladung, es nicht nur zu benutzen, sondern zu verstehen. Für viele, die länger mit Linux arbeiten, ist das Terminal kein Ausweg mehr – sondern der direkte, präzise Zugang zum System [2].

1.4.4 Init-System

Bevor ein Linux-System bereit für den Alltag ist, müssen beim Start eine ganze Reihe von Prozessen und Diensten in Gang gesetzt werden – Netzwerkanbindung, Benutzersitzung, Logging, Zeitdienst, Druckwarteschlange, grafische Oberfläche und vieles mehr. Genau hier kommt das sogenannte Init-System ins Spiel.

Es handelt sich dabei um die erste Userspace-Komponente, die vom Kernel nach dem Bootvorgang ausgeführt wird. Ihre Aufgabe: das System in einen definierten, betriebsbereiten Zustand zu bringen. Programme wie systemd, OpenRC oder das klassische SysVinit übernehmen diese Steuerung – in unterschiedlicher Form, aber mit demselben Ziel: den geordneten Start und später auch das kontrollierte Beenden von Systemdiensten.

Systemd ist heute in den meisten großen Distributionen Standard. Es verwaltet nicht nur den Startvorgang, sondern bringt ein ganzes Set integrierter Werkzeuge mit – für Logverwaltung, Gerätemanagement, Zeitsynchronisation, Benutzersitzungen und mehr. Es ist modular aufgebaut, aber eng verzahnt – was einerseits Effizienz bringt, andererseits zu Debatten über Komplexität und Transparenz geführt hat.

OpenRC hingegen setzt auf klassische Unix-Prinzipien und ist in einigen Distributionen wie Alpine Linux oder Gentoo im Einsatz. Es ist schlanker, flexibler, weniger zentralisiert. SysVinit, lange Zeit der Standard unter Linux, ist heute weitgehend abgelöst, wird aber in manchen Systemen noch gepflegt oder in Kombination genutzt.

Welches Init-System verwendet wird, prägt nicht nur den Bootvorgang – es beeinflusst auch, wie Dienste konfiguriert und gesteuert werden. Für Einsteiger:innen bleibt vieles davon im Hintergrund. Für Fortgeschrittene aber ist das Init-System ein entscheidender Bestandteil der Systemarchitektur [8].

1.4.5 Paketverwaltung

Egal ob Anwendungen, Systemwerkzeuge oder Sicherheitsupdates – all das wird in Linux-Systemen nicht manuell zusammengesucht, sondern zentral verwaltet. Die Paketverwaltung sorgt dafür, dass Software installiert, aktualisiert und bei Bedarf auch wieder entfernt werden kann – inklusive aller Abhängigkeiten, sauber und nachvollziehbar.

Ein Paket ist dabei nichts anderes als ein vorkonfiguriertes Softwarearchiv, das alle nötigen Dateien und Metadaten enthält – samt Informationen über Abhängigkeiten, Konfiguration und Lizenz. Je nach Distribution kommen unterschiedliche Paketformate zum

Tab. 1.1 Paketformate unter Linux – ein kurzer Überblick

Format	Verwendet bei …	Typisch für …
.deb	Debian, Ubuntu, Linux Mint u. a.	Klare Struktur, weit verbreitet
.rpm	Fedora, RHEL, openSUSE u. a.	Stabilität, oft im Unternehmensumfeld
tar.zst	Arch Linux und Derivate	Maximale Flexibilität, rolling release
Flatpak	Distribution-unabhängig	Universell einsetzbar, App-Sandboxing
Snap	Vor allem Ubuntu, auch andere Systeme	Zentralisiert, automatische Updates

Einsatz: .deb bei Debian-basierten Systemen (z. B. Ubuntu) [59], .rpm bei Red-Hat-Derivaten (z. B. Fedora, RHEL) [60], tar.zst bei Arch Linux [61]. Auch universelle Formate wie Flatpak oder Snap spielen zunehmend eine Rolle.

Für die eigentliche Verwaltung sorgen Tools wie APT (Debian, Ubuntu), DNF oder YUM (Fedora, RHEL), pacman (Arch) oder zypper (openSUSE) [70]. Sie greifen auf sogenannte Repositorien zu – zentral gepflegte Paketquellen, in denen Software gesammelt, signiert, dokumentiert und verteilt wird. Diese Repos werden regelmäßig aktualisiert, sodass neue Softwareversionen, Sicherheitsfixes oder Funktionsupdates zeitnah bereitstehen.

Ein typischer Installationsvorgang lässt sich mit einem einzigen Befehl oder Klick anstoßen – der Paketmanager kümmert sich um den Rest. Auch größere Systemaktualisierungen laufen darüber: Das gesamte System wird so konsistent und strukturiert gepflegt.

Paketverwaltung ist eines der unterschätzten Highlights des Linux-Ökosystems. Was andernorts manuell zusammengesucht und einzeln installiert wird, ist hier oft mit einem einzigen Befehl erledigt – transparent, nachvollziehbar und mit einem Höchstmaß an Kontrolle [8] (Tab. 1.1).

1.4.6 Grafische Benutzeroberfläche

Zwar beginnt ein Linux-System auf der Kommandozeile – doch bei vielen Distributionen endet es dort nicht. Eine grafische Benutzeroberfläche (GUI) sorgt für eine visuelle, meist intuitiv bedienbare Arbeitsumgebung, die Dateien, Fenster, Anwendungen und Systemeinstellungen sichtbar macht – und damit für viele überhaupt erst zugänglich.

Im Linux-Umfeld spricht man in diesem Zusammenhang von Desktop-Umgebungen. Sie bestehen aus mehreren Komponenten: einem Fenstermanager, Panels oder Docks, grafischen Systemwerkzeugen, Dateimanager, Benachrichtigungssystem – und oft einer ganzen Sammlung aufeinander abgestimmter Programme. Ziel ist nicht nur Funktionalität, sondern auch Kohärenz: Das System soll sich konsistent anfühlen – visuell, strukturell, logisch.

Zu den bekanntesten Umgebungen zählen GNOME (minimalistisch, fokussiert) [89, 91], KDE Plasma (modular, hochgradig anpassbar) [85–88], Xfce (leichtgewichtig, bewährt) [97] und LXQt (besonders ressourcenschonend) [101]. Daneben gibt es eine Vielzahl weiterer Projekte – Cinnamon [81–84], MATE [98–100], Budgie [92–96], Enlightenment oder i3 – jede mit eigenem Anspruch, Zielgruppe und Designphilosophie.

Welche Oberfläche eine Distribution mitliefert – oder ob überhaupt eine grafische Umgebung vorgesehen ist – hängt stark von ihrer Ausrichtung ab. Einsteigerfreundliche Systeme setzen meist auf vorinstallierte, gepflegte Desktops mit klarer Bedienung [37, 40, 41]. Minimaldistributionen oder Serversysteme verzichten oft bewusst auf visuelle Oberflächen, um Ressourcen zu sparen oder maximale Kontrolle zu ermöglichen [18, 79].

Letztlich ist die Wahl der Benutzeroberfläche nicht nur Geschmackssache, sondern auch eine Frage des Einsatzzwecks – und der Hardware. Linux lässt beides zu: visuell modern und aufgeräumt, aber ebenso kompakt und minimalistisch, wenn es darauf ankommt.

1.4.7 Anwendungssoftware

Ein System ist erst dann wirklich alltagstauglich, wenn es mehr kann als nur booten. Deshalb enthalten die meisten Distributionen eine Auswahl an Anwendungssoftware – Programme, die konkrete Aufgaben lösen: Texte schreiben, Webseiten anzeigen, Musik abspielen, Bilder bearbeiten oder E-Mails verwalten.

Was mitgeliefert wird, variiert je nach Ausrichtung der Distribution. Einsteigerfreundliche Systeme setzen auf ein komplettes Set typischer Anwendungen: LibreOffice als Office-Suite, Firefox oder Chromium für das Web, VLC oder MPV für Multimedia, Bildbetrachter, Kalender, Taschenrechner, Mailprogramme, PDF-Reader – oft ergänzt durch grafische Hilfswerkzeuge zur Systemverwaltung [37, 40, 41, 42].

Andere Distributionen liefern bewusst nur eine minimale Grundausstattung aus – nach dem Prinzip: Installiert wird nur, was auch wirklich gebraucht wird. Der Nutzer entscheidet, welche Werkzeuge verwendet werden sollen – und woher sie stammen.

Die Auswahl ist groß, die Möglichkeiten sind es auch. Fast alle relevanten Open-Source-Projekte – und viele proprietäre Anwendungen – sind heute auch unter Linux verfügbar [4]. Die meisten Distributionen stellen ihre Software über eigene Repositorien zur Verfügung, sortiert in Pakete, kategorisiert, überprüft, oft in mehreren Varianten (z. B. Stable, Testing, Backports) [56–58, 62]. Die Paketverwaltung übernimmt die Organisation – sucht, installiert, aktualisiert, entfernt. Und sie sorgt auch dafür, dass jede Anwendung genau die Bibliotheken findet, die sie braucht.

Was unter Windows oft mühsam zusammengesucht werden muss, ist unter Linux meist zentral gepflegt – ein stiller Komfortgewinn, den viele erst zu schätzen wissen, wenn sie ihn einmal erlebt haben.

1.4.8 Installationsprogramme

Bevor eine Distribution genutzt werden kann, muss sie auf einem System installiert werden. Dafür bringen die meisten Distributionen ein eigenes Installationsprogramm mit – ein Werkzeug, das durch die wesentlichen Schritte führt: Festplatten vorbereiten, System einrichten, Benutzer anlegen, Software auswählen.

Diese Programme unterscheiden sich je nach Distribution in Aufbau und Umfang. Systeme wie Ubuntu oder Manjaro setzen auf grafische Installer wie Ubiquity oder Calamares, die auch technisch weniger versierten Nutzer:innen eine geführte und sichere Einrichtung ermöglichen [13, 44]. Partitionierung, Spracheinstellungen, Zeitzone, Benutzername, Desktopumgebung – alles wird Schritt für Schritt abgefragt, meist mit sinnvollen Voreinstellungen [13].

Andere Distributionen wie openSUSE verwenden YaST, ein sehr leistungsfähiges Konfigurationswerkzeug mit modularem Aufbau, das nicht nur während der Installation, sondern auch später zur Systemverwaltung dient [69, 70]. Arch Linux hingegen verzichten ganz bewusst auf grafische Assistenten – hier wird das System manuell eingerichtet, mit viel Freiheit, aber auch viel Verantwortung [11, 16].

Unabhängig vom gewählten Ansatz prägt das Installationsprogramm oft den ersten Eindruck. Ein gut durchdachter Installer nimmt Hürden, vermittelt Struktur und verleiht dem System seinen Charakter. Manche Distributionen liefern vorkonfigurierte Profile oder Live-Systeme, die sich direkt aus dem laufenden Betrieb heraus installieren lassen [34, 35]. Andere führen gezielt durch erweiterte Optionen wie Verschlüsselung, Mehrfachboot oder LVM – ein Verfahren zur flexiblen Speicherverwaltung, mit dem sich Partitionen dynamisch anpassen oder über mehrere Festplatten hinweg organisieren lassen [71].

Letztlich ist das Installationsprogramm kein bloßer Einstiegspunkt, sondern oft auch ein Statement (Tab. 1.2): Wie offen, wie komfortabel, wie flexibel soll ein System sein – schon bevor es startet?

Tab. 1.2 Zentrale Bausteine eines Linux-Systems – vom Kernel über Bibliotheken und Werkzeuge bis hin zur grafischen Oberfläche und Anwendungssoftware

Linux-Kernel:	Das technische Fundament des Systems. Er verwaltet Systemressourcen wie CPU, RAM und Gerätezugriffe und bildet die Schnittstelle zwischen Hardware und Software
Systembibliotheken:	Etwa die GNU C Library (glibc), die Standardfunktionen für Anwendungen bereitstellt. Hinzu kommen weitere Bibliotheken für z. B. Grafik, Audio, Verschlüsselung oder Netzwerkkommunikation
GNU-Werkzeuge:	Die klassischen Unix-ähnlichen Tools wie Bash, sed, grep, find oder coreutils – entscheidend für Skripting, Systemadministration und Alltagseinsatz
Init-System:	Programme wie systemd, OpenRC oder SysVinit sorgen für den Start von Diensten und Prozessen beim Hochfahren des Systems
Paketverwaltung	Systeme wie APT (Debian, Ubuntu), DNF/YUM (Fedora, RHEL), pacman (Arch) oder zypper (openSUSE) ermöglichen die Installation, Aktualisierung und Entfernung von Software
Grafische Oberfläche:	Desktop-Umgebungen wie GNOME, KDE Plasma, Xfce oder LXQt bieten visuelle Bedienung und Integration von Anwendungen
Anwendungssoftware	Vorinstallierte Programme wie LibreOffice, Firefox, GIMP, VLC oder Terminalemulatoren decken typische Anwendungsbereiche ab
Installationsprogramme:	Werkzeuge wie Calamares, Ubiquity oder YaST führen durch die Systeminstallation und bieten vorkonfigurierte Optionen

1.5 Die Philosophie: Offenheit, Zusammenarbeit, Freiheit

Die Entstehung von Linux ist eng mit einer Haltung verbunden, die weit über Technik hinausreicht. Offenheit, Zusammenarbeit und Freiheit – diese drei Prinzipien prägen nicht nur die Entwicklung des Kernels, sondern auch die Art und Weise, wie Software gedacht, genutzt und geteilt wird. Was als Reaktion auf geschlossene Systeme begann, ist heute eine weltweit etablierte Bewegung – technisch, gesellschaftlich und kulturell [1–3].

1.5.1 Offenheit – kein Blick durch die Scheibe, sondern durch die Tür

Linux ist offen. Aber nicht im Sinne von: „Man darf es benutzen." Sondern offen im wörtlichen Sinn: Es liegt offen vor. Wer wissen möchte, wie ein Treiber funktioniert, wie ein Speicherfehler behandelt wird oder was ein Netzwerkstack im Hintergrund genau macht, kann das herausfinden. Nicht über eine PR-Anfrage, sondern direkt im Quellcode [3, 8].

Der gesamte Quelltext des Linux-Kernels – und großer Teile der Software, die mit ihm ausgeliefert wird – ist öffentlich zugänglich. Jeder kann ihn einsehen, herunterladen, analysieren, verändern und weitergeben. Ohne Lizenzgebühr, ohne NDA, ohne Wartezeit [2, 3, 8].

Diese Offenheit ist keine Selbstverständlichkeit. Sie widerspricht dem klassischen Modell kommerzieller Softwareentwicklung, bei der der Code als Geschäftsgeheimnis gilt – verborgen hinter Binärdateien, Urheberrechtsvermerken und Endbenutzerlizenzverträgen. Bei Linux gilt das Gegenteil: Der Code ist das Produkt – und das Versprechen [1, 2].

Offenheit schafft Vertrauen – nicht nur ideell, sondern ganz konkret. Wenn der Quellcode sichtbar ist, kann man prüfen, ob das System tut, was es soll. Und ob es etwas tut, das es nicht sollte. Versteckte Hintertüren, Telemetrie, undokumentierte Netzwerkverbindungen oder ungewollte Abhängigkeiten – all das fällt auf. Früher oder später.

Das macht Linux nicht automatisch sicher – aber überprüfbar. Und diese Überprüfbarkeit ist in vielen Kontexten entscheidend: in Behörden, in kritischer Infrastruktur, in Forschungseinrichtungen, bei sicherheitsrelevanter Software oder schlicht überall dort, wo Vertrauen in die Funktionsweise eines Systems keine Gefälligkeit, sondern Voraussetzung ist [4].

Die Offenheit betrifft nicht nur das Lesen, sondern auch das Verändern. Wer eine bestimmte Funktion braucht, kann sie entwickeln. Wer einen Fehler findet, kann ihn beheben. Wer eine neue Architektur unterstützt, kann den Code anpassen. Nicht jeder tut das – aber jeder darf es tun. Das ist der Unterschied [2, 3].

Diese Offenheit macht Linux zu einem System, das sich nicht nur einsetzen, sondern auch formen lässt. In Schulen. Auf Spezialhardware. In verteilten Sensorennetzwerken. In Raumsonden. Oder auf dem eigenen Laptop – einfach, weil man sich ein dunkles Terminal ohne Tracker wünscht. Die Grenze ist nicht, was erlaubt ist – sondern was man versteht und was man umsetzen kann [1, 3].

1.5.2 Zusammenarbeit – kein Unternehmen, keine Behörde, sondern ein Kollektiv

Wer denkt, Linux sei das Produkt eines Unternehmens oder einer Stiftung, denkt zu kurz. Es gibt zwar die Linux Foundation, es gibt Sponsoren, Firmen, Projekte. Aber das eigentliche Prinzip dahinter ist Zusammenarbeit – verteilt, manchmal chaotisch, oft unbequem, aber wirkungsvoll. Und vor allem: offen für alle, die mitmachen wollen.

Der Linux-Kernel ist eines der größten kooperativen Softwareprojekte der Welt. Zehntausende Menschen haben im Laufe der Jahre beigetragen – manche mit einem Patch, andere mit tausenden. Viele sind Profis, bezahlt von Unternehmen wie IBM, Canonical oder SUSE. Andere arbeiten ehrenamtlich, abends, am Wochenende oder aus purer Neugier.

Diese Form der Entwicklung basiert nicht auf zentraler Steuerung, sondern auf einem Netz von Verantwortlichkeiten. Wer einen bestimmten Subsystembereich kennt, übernimmt dort das Review. Wer Fehler findet, schreibt einen Fix. Und wer eine Idee hat, muss sie nicht genehmigen lassen – sondern gut genug umsetzen, dass andere sie akzeptieren.

Koordiniert wird das alles über Git – ein Versionskontrollsystem, das Linus Torvalds selbst entwickelt hat. Nicht aus reinem Forscherdrang, sondern weil der alte Workflow für ein Projekt dieser Größe schlicht nicht mehr ausreichte.

Git macht es möglich, dass Tausende an einer Codebasis arbeiten, ohne sich in die Quere zu kommen. Jeder Branch ist ein Experiment, jeder Commit ein Dokument. Rückverfolgbar, diskutierbar, reversibel. Und: öffentlich. Wer zum Kernel beitragen will, muss sichtbar werden – mit allem, was dazugehört.

Vorschläge werden nicht einfach angenommen. Sie werden gelesen, kommentiert, kritisiert. Wer einen Patch einreicht, bekommt nicht immer Applaus – oft kommt Rückmeldung in Form von „NACK", „Needs more work" oder schlicht Stille. Aber auch das ist Teil der Kultur: Qualität entsteht durch Auseinandersetzung, nicht durch Dienstweg.

Wer sich in diesen Prozess einbringt, wird Teil eines Kollektivs, das weit mehr ist als die Summe seiner Commits. Es ist eine Community, die Wissen teilt, Verantwortung übernimmt – und gelegentlich streitet. Sachlich, technisch, öffentlich. Kein Marketing, kein Pitchdeck. Nur Code und Argumente.

Diese Offenheit hat auch eine pädagogische Seite. Wer lernen will, wie Betriebssysteme funktionieren, muss nicht spekulieren – man kann es nachlesen. Wer wissen will, wie professionelle Softwareentwicklung im großen Maßstab abläuft, findet im Kernelprojekt eine Art lebendes Beispiel. Mit Fehlern, mit Rückschlägen – aber auch mit Lösungen, die sonst nirgends dokumentiert sind [3, 8].

1.5.3 Freiheit – nicht gratis, sondern grundlegend

Freie Software wird oft mit „kostenlos" verwechselt. Dabei geht es nicht ums Geld, sondern um Kontrolle. Um die Möglichkeit, mit Technik nicht nur zu arbeiten, sondern sie zu verstehen, zu gestalten – oder im Zweifel zu verlassen. Diese Form von Freiheit war der Kern der GNU-Bewegung – und prägt auch Linux bis heute.

Die vier Freiheiten sind schnell erklärt, aber folgenreich: Software darf genutzt werden – für alles, ohne Einschränkungen. Ihr Quellcode darf gelesen, verstanden, verändert werden. Man darf sie kopieren – für sich, für andere. Und man darf Veränderungen weitergeben, ohne nach Erlaubnis fragen zu müssen.

Das bedeutet das kein Anbieter willkürlich Funktionen blockieren kann. Kein Unternehmen kann sich exklusives Nutzungsrecht an einer Arbeitsumgebung sichern. Und Sicherheitslücken müssen nicht im Verborgenen bleiben, weil der Quellcode verschlossen ist.

Damit das funktioniert, reicht ein guter Wille nicht aus. Deshalb gibt es Lizenzen wie die GPL (GNU General Public License). Sie ist das juristische Rückgrat vieler freier Projekte – auch des Linux-Kernels. Ihr Prinzip: Wer Code verändert und weitergibt, muss auch die Änderungen offenlegen. Freiheit für alle – nicht nur für den Erstnutzer.

Man nennt das Copyleft. Eine Art Umkehr des Urheberrechts. Es erlaubt alles – außer der Aneignung. Kein „fork and close", kein „Danke für den Code, ab jetzt gehört's uns". Das mag nicht jedem gefallen, sorgt aber dafür, dass aus freier Software keine Sackgasse wird.

Diese Freiheit hat Folgen. Nicht nur für Entwickler, auch für Nutzer. Wer Linux einsetzt, ist nicht an einen Hersteller gebunden. Keine Produktzyklen, keine Zwangsupdates, keine unerklärlichen Lizenzmodelle. Natürlich braucht es Wissen, manchmal auch Geduld. Aber man weiß, woran man ist – und was man hat.

Und man bleibt handlungsfähig. In Behörden, in Schulen, in Forschungseinrichtungen, auf veralteter Hardware, in Ländern ohne Zugang zu teurer Software. Freiheit bedeutet hier nicht ausgeliefert zu sein. Auch ohne Kreditkarte oder ohne Cloudkonto.

Freie Software ist keine Ideologie, aber sie basiert auf Haltung. Auf dem Gedanken, dass Technologie nicht nur Werkzeug, sondern auch Machtmittel ist – und dass diese Macht nicht exklusiv sein sollte.

Linux lebt diesen Gedanken nicht als Mantra, sondern im Alltag. In Paketquellen, in Konfigurationen, in Mailinglisten. Nicht perfekt, nicht reibungslos – aber konstant und nachvollziehbar [1, 2].

1.6 Der Unterschied zu Windows – kein Hersteller, sondern viele Varianten

Windows ist zentral gedacht. Ein Unternehmen, ein Produktname, eine Quelle für Updates und Lizenzen. Alles läuft über Microsoft – Entwicklung, Distribution, Support, Kontrolle. Der Quellcode bleibt unter Verschluss, die Architektur weitgehend unzugänglich. Wer Windows nutzt, gibt Kontrolle ab und erhält dafür ein fertig geschnürtes Gesamtpaket. Für viele ausreichend. Für andere: einschränkend [10].

Linux geht einen anderen Weg. Offenheit ist hier kein Schlagwort, sondern Grundlage. Der Quellcode ist einsehbar, veränderbar, weiterverwendbar – von Einzelpersonen, Gruppen oder Unternehmen [1, 2]. Sicherheitslücken verschwinden nicht in Supporttickets, sondern werden offen diskutiert, überprüft und behoben. Wer will, kann sich ein System von Grund auf anpassen – wer nicht, greift zu einer vorkonfigurierten Distribution [4].

Tab. 1.3 Gegenüberstellung zentraler Unterschiede zwischen Linux und Windows – von Quellcode und Varianten über Kosten und Anpassbarkeit bis hin zu Updates, Support und Sicherheitskonzept

Aspekt	Linux	Windows
Quellcode	Offen, einsehbar, modifizierbar	Proprietär, nicht öffentlich zugänglich
Varianten	Viele Distributionen, Community-geführt	Eine Hauptversion, zentral entwickelt
Kosten	In der Regel kostenlos	Lizenzkosten je nach Edition
Kontrolle & Anpassung	Hoch, inkl. Kernelmodifikation möglich	Eingeschränkt, vordefiniert
Updates	Nutzergesteuert, über Paketmanager	Zentralisiert, oft verpflichtend
Unterstützung	Community-getragen, optional kommerziell	Microsoft-zentriert, kommerzieller Support
Transparenz & Sicherheit	Offen diskutiert, unabhängig überprüfbar	Nur durch Microsoft kontrollierbar

Und davon gibt es viele. Nicht eine Version „Linux", sondern eine ganze Landschaft. Desktop-orientiert oder serverstabil, grafisch üppig oder bewusst minimalistisch. Ubuntu, Fedora, Debian, Arch – sie alle basieren auf dem gleichen Kernel, unterscheiden sich aber im Aufbau, in der Philosophie und im Umgang mit Updates, Paketen und Voreinstellungen [5, 13, 15, 56]. Es gibt Distributionen für Unternehmen, Schulen, Sicherheitsexperten, Künstlerinnen, Bastler und Menschen, die einfach keinen Elektroschrott mögen.

Auch die Kostenfrage stellt sich anders. Die meisten Distributionen sind frei verfügbar, inklusive Updates und ohne Zwang zur Registrierung. Wer Support braucht, kann ihn buchen oder in User-Foren suchen – muss aber nicht. Lizenzmodelle, Seriennummern oder Versionszwänge spielen keine Rolle [1, 2].

Kurz gesagt: Während Windows ein abgeschlossenes Produkt ist, ist Linux eine offene Plattform. Nicht ein Weg, sondern viele. Nicht zentral kontrolliert, sondern gemeinschaftlich getragen. Und genau das macht den Unterschied (s. Tab. 1.3)

1.7 Relevanz heute – und morgen

Wer versteht, woher Linux kommt – aus der Unix-Tradition, aber mit offenem Zugang – erkennt, warum es heute mehr ist als nur ein alternatives Betriebssystem [2, 7].

Es steht für einen anderen Umgang mit Technologie: transparenter, gemeinschaftlicher, nachhaltiger. Technisch ist der Linux-Kernel ein robustes Fundament – in Serverfarmen, Supercomputern, Routern, Android-Smartphones oder Autos [5, 8]. Gesellschaftlich ist Linux Teil einer Bewegung, die Kontrolle über digitale Werkzeuge nicht Konzernen überlassen will [1]. Und ökologisch? Ein System, das auch auf älterer Hardware läuft, spart Ressourcen – ganz ohne Leistungsversprechen im Halbjahrestakt [17].

Ob im Rechenzentrum, im Bildungslabor oder auf einem zehn Jahre alten Notebook – Linux zeigt, dass moderne IT auch anders geht. Und genau das macht es heute so relevant.

Der Umstieg leicht gemacht

2

2.1 Ist mein PC bereit für Linux?

Ob ein Rechner für Linux geeignet ist, lässt sich mit ein wenig Vorbereitung schnell herausfinden. Es geht nicht um Benchmarks oder High-End-Werte, sondern darum, ob die grundlegenden Voraussetzungen erfüllt sind – und ob die Hardware vom System erkannt wird. Das klingt jetzt dramatischer, als es wirklich ist. Für fast jede Systemarchitektur gibt es die passende Linux-Distro. Selbst zwanzig Jahre alte Geräte lassen sich so zu neuem Leben erwecken – unabhängig davon, ob es sich um einen alten PC oder Mac handelt.

2.1.1 Systemanforderungen, Kompatibilität, Hardware-Check.

Anders als proprietäre Systeme, die feste Mindestvorgaben machen, ist Linux modular – und damit flexibel. Der konkrete Ressourcenbedarf hängt von der gewählten Distribution und Desktop-Umgebung ab.

2.1.1.1 Prozessor

Für aktuelle Distributionen ist eine 64-Bit-CPU Standard. Seit etwa 2023 setzen viele Distributionen auf x86_64-v2 oder höher – das bedeutet: Ältere Prozessoren wie der Core2Duo, Athlon 64 oder erste Generationen von Intel i3/i5 könnten inkompatibel werden. Wer ein System mit 32-Bit-Architektur betreibt, ist auf spezialisierte Distributionen angewiesen, etwa Debian i386, antiX oder Slitaz. Auch ARM-basierte Geräte werden zunehmend unterstützt – Raspberry Pi, PineBook & Co. beweisen das eindrucksvoll [4, 9].

A. Zambito, *Linux für Einsteiger und Umsteiger*,
https://doi.org/10.1007/978-3-658-51091-6_2

2.1.1.2 Arbeitsspeicher (RAM)

Für moderne Desktop-Umgebungen wie GNOME oder KDE Plasma gelten 4 GB als praktikables Minimum. Ab 8 GB läuft das System flüssig – vor allem, wenn mehrere Anwendungen parallel genutzt werden. Leichtgewichte wie Xfce, LXQt oder sogar IceWM ermöglichen einen Betrieb mit nur 2 GB – allerdings mit spürbaren Einschränkungen, vor allem bei speicherintensiven Webseiten oder Office-Anwendungen. Wer plant, einen älteren PC wieder zu reaktivieren, sollte – wenn möglich – über ein Upgrade auf mindestens 4 GB RAM nachdenken [14, 17].

2.1.1.3 Massenspeicher

Der benötigte Speicherplatz hängt vom Charakter der gewählten Distribution ab – und davon, wie vielseitig das System genutzt werden soll.

Minimalistische Distributionen wie Arch Linux oder Alpine Linux begnügen sich mit 2 bis 5 GB für das Basissystem. Sie bringen nur die nötigsten Komponenten mit und setzen auf manuelle Einrichtung – ideal für versierte Nutzer oder ältere Hardware mit begrenzten Ressourcen [11, 18].

Vollausgestattete Systeme wie Ubuntu, Fedora oder Linux Mint bringen deutlich mehr mit: grafische Oberflächen, Office-Programme, Systemtools und diverse Hilfsdienste. Hier sollte man mit 25 bis 30 GB für die Grundinstallation rechnen – mehr, wenn regelmäßig Updates und zusätzliche Pakete ins Spiel kommen [13–15, 17].

Für den Alltag mit LibreOffice, Browser, Medienwiedergabe und vielleicht der einen oder anderen Snap- oder Flatpak-Anwendung sind 50 bis 100 GB ein sinnvoller Richtwert. Wer Backups auf der gleichen Festplatte ablegen will, virtuelle Maschinen betreibt oder große Spiele installiert, muss weiterdenken: Je nach Anwendungsfall können schnell einige Hundert Gigabyte zusammenkommen – und das schneller als erwartet.

2.1.1.4 Grafik

Intel-Grafik (iGPU)

Integrierte Grafiklösungen von Intel gelten unter Linux als vorbildlich unterstützt. Die nötigen Treiber sind bereits im Kernel enthalten, die 3D-Beschleunigung übernimmt das Mesa-Projekt. Auch neuere Features wie Vulkan werden von aktuellen Intel-GPUs abgedeckt – ohne zusätzliche Konfiguration [19–22, 24].

AMD-Grafik (APUs und dedizierte GPUs)

Moderne AMD-Karten nutzen den freien Treiber amdgpu, der sowohl im Kernel als auch in Mesa aktiv weiterentwickelt wird. Vulkan, OpenGL, Energiemanagement – alles an Bord. Ältere Modelle greifen eventuell noch auf den radeon-Treiber zurück, der jedoch nicht mehr aktiv weiterentwickelt wird. Wer eine halbwegs aktuelle AMD-GPU besitzt, fährt mit amdgpu besser – stabil, performant, offen [21, 22].

NVIDIA-Grafik – ein Sonderfall

Hier trennt sich die Welt in zwei Lager: nouveau (frei, aber limitiert) und nvidia (proprietär, leistungsfähig). Nouveau deckt Basisfunktionen ab – reicht für einfache Office-

Anwendungen oder Medienwiedergabe. Wer mehr will – Spiele, CUDA, 3D-Rendering – kommt um den proprietären Treiber nicht herum. Der bringt Leistung, aber auch etwas mehr Aufwand.

Einige Distributionen wie Pop!_OS oder Manjaro nehmen einem diese Entscheidung ab: Sie liefern den passenden NVIDIA-Treiber direkt mit – vorinstalliert, vorkonfiguriert, einsatzbereit. Bei anderen muss man manuell nachhelfen – etwa über die Paketverwaltung oder spezielle Werkzeuge wie nvidia-installer oder mhwd [25, 26].

Mesa – das Rückgrat der Grafik unter Linux

Das Mesa-Projekt stellt zentrale Grafikbibliotheken für Linux bereit – darunter Implementierungen von OpenGL und Vulkan. Es bildet die Grundlage für die 3D-Beschleunigung vieler freier Grafiktreiber und ist damit essenziell für eine funktionierende Desktop-Grafik.

Entstehung: Gegründet 1993 von Brian Paul als freie OpenGL-Implementierung, heute ein Schlüsselprojekt für moderne Grafik unter Linux.

OpenGL: Klassische Schnittstelle für 3D-Grafik, in Mesa vollständig umgesetzt.

Vulkan: Moderne, performante API – Mesa bietet offene Treiber (z. B. RADV für AMD, ANV für Intel).

Gallium3D: Abstraktionsschicht, die die Treiberentwicklung vereinfacht und vereinheitlicht.

Treiber: Unterstützung für Intel-GPUs, AMD-Karten und viele ältere Modelle – meist direkt im Kernel und über Mesa verfügbar.

Bedeutung: Ohne Mesa gäbe es keine brauchbare freie Grafikunterstützung unter Linux. Das Projekt wird von einer aktiven Entwicklergemeinschaft gepflegt – offen, kollaborativ und ständig in Bewegung.

2.1.1.5 WLAN, Sound & Peripherie

Die meisten Standardkomponenten funktionieren unter Linux inzwischen direkt und ohne Zutun – keine Treiber-CD, keine Zusatzsoftware, kein Frickeln. Verbreitete Chipsätze und Geräte werden vom Kernel erkannt, konfiguriert und einsatzbereit übergeben. Dazu zählen:

Intel-WLAN-Chipsätze – gelten als besonders zuverlässig. Wer ein Notebook mit Intel-WLAN nutzt, hat in der Regel sofort Verbindung [24, 30].

Realtek-Audio – onboard-Soundchips werden normalerweise problemlos erkannt. Die Grundfunktionen (Wiedergabe, Mikrofon, Lautstärkeregelung) laufen meist out of the box [25, 26, 29].

USB-Eingabegeräte – Standardmäuse, Tastaturen oder Gamepads sind plug-and-play-tauglich. Auch Trackpads und einfache Grafiktabletts funktionieren oft direkt [27, 28].

Ein paar Stolpersteine gibt es trotzdem – vor allem bei aktueller oder spezieller Hardware:

WLAN-Chipsätze außerhalb des Mainstreams (z. B. Broadcom oder Mediatek) benötigen manchmal proprietäre Firmware oder externe Treiberquellen [28, 30].

Gaming-Mäuse mit Sondertasten, Makrofunktionen oder RGB-Spielereien bringen zwar Basisfunktionen mit, lassen sich aber nicht immer vollständig konfigurieren.

Multifunktionsdrucker sind ein Kapitel für sich: Drucken geht meist, Scannen oder Faxen kann je nach Modell zum Ratespiel werden – besonders bei Geräten ohne offizielle Linux-Unterstützung.

Wer sich unsicher ist, sollte vorab einen Blick in die Hardwaredatenbank der gewählten Distribution werfen – oder ein Live-System starten. Letzteres zeigt schnell, ob WLAN, Ton und Eingabegeräte funktionieren oder ob es doch noch etwas Feintuning braucht [34–36].

2.1.1.6 Spezialhardware

Während Standardkomponenten meist reibungslos funktionieren, können bei Spezialhardware gelegentlich Probleme auftauchen. Besonders bei Funktionen, die Hersteller primär für Windows vorgesehen haben, ist manchmal Nacharbeit gefragt.

Fingerabdrucksensoren sind so ein Fall. Manche Modelle funktionieren out of the box, andere benötigen manuelle Treiberinstallation, ein Script oder funktionieren schlicht nicht – vor allem, wenn der Hersteller keine offenen Spezifikationen liefert [31–33].

Touchscreens haben in den letzten Jahren an Unterstützung gewonnen, besonders bei Geräten mit standardisierten HID-Protokollen. Trotzdem kann es bei bestimmten Panel-Herstellern oder exotischen Geräten zu Kalibrierungsproblemen kommen. Für viele Distributionen gibt es jedoch Tools oder Anleitungen zur manuellen Feinjustierung [27].

Multifunktionsdrucker erkennen meist ihre Grundfunktion – drucken geht. Scannen, Faxen oder die Nutzung spezieller Treiberfeatures (etwa Duplex-ADF oder Statusanzeigen) sind hingegen nicht immer vollständig eingebunden. Hier lohnt ein Blick in die Kompatibilitätslisten von Projekten wie OpenPrinting oder der jeweiligen Distribution.

Kurz gesagt, wer Spezialhardware nutzt, sollte sich vorab informieren. Viele Geräte laufen problemlos – manche nur mit Handarbeit. Ein Live-System hilft wie immer beim Test vor der Entscheidung [34–36] (Tab. 2.1).

Tab. 2.1 Systemanforderungen und Hardwarekompatibilität unter Linux

Komponente	Empfohlene Mindestanforderung	Hinweise zur Kompatibilität
Prozessor (CPU)	64-Bit-CPU (x86_64-v2 oder höher)	Ältere Prozessoren wie Core2Duo, Athlon 64 oder erste Generationen von Intel i3/i5 könnten inkompatibel werden; 32-Bit nur mit Spezialdistributionen wie Debian i386, antiX oder Slitaz; auch ARM wird zunehmend unterstützt
Arbeitsspeicher	4 GB für moderne Desktop--Umgebungen (z. B. GNOME, KDE); 8 GB empfohlen	Leichtgewichte wie Xfce, LXQt oder IceWM laufen mit 2 GB – allerdings mit spürbaren Einschränkungen, z. B. bei speicherintensiven Webseiten oder Office-Anwendungen

(Fortsetzung)

Tab. 2.1 (Fortsetzung)

Komponente	Empfohlene Mindestanforderung	Hinweise zur Kompatibilität
Massenspeicher	2–5 GB (minimalistische Distros wie Arch oder Alpine); 25–30 GB für vollausgestattete Systeme wie Ubuntu oder Linux Mint	Für den Alltag mit LibreOffice, Browser, Medienwiedergabe etc. sind 50–100 GB sinnvoll; bei Backups, VMs oder Spielen können einige Hundert GB nötig werden
Grafik	Intel-GPUs, moderne AMD--GPUs (amdgpu), NVIDIA mit proprietärem Treiber	Intel: Kernel + Mesa-Unterstützung; AMD: amdgpu empfohlen, radeon nur noch für ältere Modelle; NVIDIA: nouveau (frei, limitiert) oder nvidia (proprietär, leistungsfähig) – bei manchen Distributionen vorkonfiguriert
WLAN & Sound	Intel-WLAN, Realtek-Audio, Standard-USB-Eingabegeräte	Viele Komponenten funktionieren ohne Zusatzsoftware; Probleme bei exotischer Hardware (z. B. Broadcom-WLAN, Gaming-Mäusen, Multifunktionsdruckern); Live-System zur Prüfung empfohlen
Spezialhardware	Fingerabdrucksensoren, Touchscreens, Multifunktionsdrucker	Teilweise manuelle Einrichtung nötig; nicht alle Modelle vollständig unterstützt; Kalibrierungs- oder Treiberfragen möglich – Kompatibilitätslisten und Live-Systeme helfen

2.2 Hardware-Check – ohne Risiko mit Live-System

Der einfachste Weg zur Prüfung ist ein Live-System. Viele Distributionen lassen sich direkt von einem USB-Stick oder einer DVD starten, ohne etwas zu verändern. Das System läuft dann komplett im Arbeitsspeicher – langsam, aber funktional.

▶ **Wichtiger Hinweis zu Live-Systemen** Live-Systeme enthalten nur eine reduzierte Auswahl an Treibern und Software. Ob wirklich alle Hardwarekomponenten vollständig unterstützt werden, lässt sich damit nicht zuverlässig beurteilen. Einige Funktionen – etwa spezielle Energiesparmodi, WLAN-Treiber oder Druckerunterstützung – sind unter Umständen erst im vollständig installierten System verfügbar. Eine positive Einschätzung im Live-Modus ist daher hilfreich, aber keine Garantie.

Schon wenige Minuten im Live-Betrieb zeigen, ob sich das System mit der vorhandenen Hardware versteht. Wird das WLAN-Modul erkannt, lässt sich eine Verbindung zum Netzwerk herstellen. Kommt Ton aus den Lautsprechern oder dem Kopfhöreranschluss, ist der Audiochip sauber eingebunden. Auch das Touchpad sollte präzise reagieren – mit Tippfunktion, Rechtsklick und Gestenerkennung. Die Bildschirmauflösung verrät, ob die Grafikkarte korrekt angesprochen wird. Obendrein zeigen sich oft auch Details wie die Funktion der FN-Tasten für Helligkeit oder Lautstärke (Tab. 2.2).

Tab. 2.2 Was man mit einem Live-System prüfen kann

Komponente	Testmöglichkeit
WLAN	Verbindung herstellen
Audio	Ton über Lautsprecher oder Kopfhörer
Touchpad	Tippfunktion, Rechtsklick, Gesten
Grafik	Auflösung, flüssige Darstellung
Standby	Zuklappen oder Ruhemodus aktivieren
Schnittstellen	USB-Stick, Smartphone, Monitor anschließen
Bluetooth	Headset oder Maus koppeln
Webcam	Kamera-App starten
Drucker	Modellkennung in Druckerverwaltung prüfen
Alltagstest	Fenster verschieben, surfen, Video abspielen

Wer testen will, ob Standby und Energiesparmodi funktionieren, sollte das Notebook einfach zuklappen – oder im Menü den Ruhestand aktivieren. Wer zusätzlich einen USB-Stick, ein Smartphone oder einen externen Monitor anschließt, bekommt einen guten Eindruck davon, ob weitere Schnittstellen wie USB, HDMI oder DisplayPort korrekt angesprochen werden.

Bluetooth lässt sich meist direkt in den Systemeinstellungen aktivieren. Wenn sich ein Gerät koppeln lässt – etwa ein Headset oder eine Maus – funktioniert die Unterstützung.

In vielen Fällen genügt es, eine vorinstallierte Kamera-Anwendung wie „Kamera" oder „Cheese" zu starten, um zu sehen, ob die Webcam einsatzbereit ist. Auch Drucker lassen sich oft erkennen – Gerät anschließen, Druckerverwaltung öffnen, Modellkennung prüfen. Ob tatsächlich alles funktioniert, hängt vom Modell ab – und davon, ob die benötigten Treiber bereits enthalten sind. Je nach Distribution kann es notwendig sein, weitere Pakete oder Firmware nachzuladen.

Noch aussagekräftiger wird der Test, wenn man mit dem System arbeitet. Dateien öffnen, Videos abspielen, im Web surfen, Fenster verschieben. Ruckler, Darstellungsfehler oder Hänger deuten auf Probleme im Grafikstack hin. Bleibt alles stabil und flüssig, ist das ein gutes Zeichen – vor allem, wenn mehrere Anwendungen parallel laufen.

Nicht jede Distribution erkennt jedes Gerät automatisch. Vor allem bei bestimmten WLAN-Chipsätzen fehlt gelegentlich die passende Firmware. In solchen Fällen hilft ein einfacher Workaround. Ein LAN-Kabel oder ein unterstützter USB-WLAN-Stick verschafft Netzwerkzugang – damit lassen sich die nötigen Treiber meist direkt nachladen.

Auch Tools für die Kommandozeile wie lshw, inxi oder grafische Systeminformationen liefern vorab eine gute Übersicht über verbaute Hardware und helfen dabei, gezielt nach Kompatibilitätslisten zu suchen.

Wer seinen Rechner kennt, hat gute Karten. Und wer ein Live-System startet, weiß es bald ganz genau.

Tipps zur Lösung von Hardware-Problemen

Hardware-Datenbank des Distributors: Viele Linux-Distributionen bieten Hardware-Datenbanken oder Kompatibilitätslisten an, in denen Sie überprüfen können, ob Ihre spezifische Hardware unterstützt wird.

Testen per Live-System: Ein Live-System ermöglicht es Ihnen, Linux direkt von einem USB-Stick oder einer DVD zu starten, ohne Änderungen an Ihrem System vorzunehmen. Dies ist eine hervorragende Möglichkeit, um zu testen, ob Ihre Hardware richtig erkannt und unterstützt wird.

Community und Foren: Oft finden Sie in Linux-Communitys und Foren hilfreiche Tipps und Anleitungen zur Lösung von Hardware-Problemen. Die Erfahrung anderer Benutzer kann Ihnen helfen, Lösungen für spezifische Hardware-Probleme zu finden.

Insgesamt ist die Hardware-Unterstützung unter Linux in den letzten Jahren deutlich besser geworden, und die meisten Standardkomponenten funktionieren problemlos. Bei spezieller oder sehr neuer Hardware kann es jedoch manchmal zusätzliche Schritte erfordern, um alles zum Laufen zu bringen.

3 Die Qual der Wahl: Welche Linux-Distribution passt zu mir?

Aus über 600 verschiedenen Distros die passende zu finden, kann überwältigend wirken. Zählt man historische, experimentelle und mittlerweile verwaiste Projekte hinzu, landet man schnell bei über tausend Varianten. Viele davon leben nicht lange, aber Sie hinterlassen meist eine Idee oder Detail das andere Entwickler in Ihre Systeme integrieren können.

Der beste Weg, einen klaren Blick zu bewahren ist, sich auf das Wesentliche zu konzentrieren. Die meisten Linux-Distributionen richten sich an besondere Einsatzzwecke – für Server, für Sicherheitstests, für Audioschnittplätze oder für Nischenhardware. Sie sind nicht für den Alltagsnutzer gedacht, der einfach nur surfen, schreiben oder Filme schauen möchte.

Lässt man diese spezialisierten Systeme außen vor – ebenso wie experimentelle Projekte und tagesaktuelle Eigenbauten aus der Community – schrumpft die Zahl der relevanten Optionen deutlich.

Im Folgenden stehen deshalb GNU/Linux-Distributionen im Mittelpunkt, die sich bewährt haben – und die auch für Einsteiger einen nachvollziehbaren und zuverlässigen Einstieg bieten. Systeme, die einem nicht nur die ersten Schritte erleichtern, sondern auch Raum lassen zum Wachsen.

Die Reihenfolge ist rein willkürlich und stellt keine Empfehlung dar.

3.1 Linux Mint

Die erste Version von Linux Mint, Ada, wurde im Jahr 2006 in Frankreich veröffentlicht. Seitdem hat es sich kontinuierlich weiterentwickelt und gehört jetzt zu den am weitesten verbreiteten und meist empfohlenen GNU/Linux Desktop-Distributionen weltweit.

A. Zambito, *Linux für Einsteiger und Umsteiger*,
https://doi.org/10.1007/978-3-658-51091-6_3

Das Ziel von Clément Lefèbvre und seinem Entwicklerteam war von Anfang an, ein System zu schaffen, das den Einstieg in Linux so einfach und angenehm wie möglich macht. So bietet es von Haus aus eine direkte Multimedia-Unterstützung nach der Installation an – ganz ohne Terminal-Pflicht, Treiberprobleme oder komplizierter Konfiguration. Gleichzeitig bleibt es auch für erfahrene Nutzer attraktiv.

Linux Mint basiert technisch auf Ubuntu (in der Standardausgabe) und profitiert dadurch von dessen stabilen Paketquellen, Hardware-Kompatibilität und großer Softwareauswahl. Im Vergleich zu seinem Ursprungssystem setzt Mint jedoch andere Schwerpunkte: Es verzichtet auf Snap-Pakete, setzt auf klassische Desktop-Paradigmen und legt großen Wert auf Konsistenz und Bedienbarkeit.

Als Standard-Desktop kommt Cinnamon zum Einsatz – eine Eigenentwicklung des Projekts, die bewusst an klassische Benutzeroberflächen erinnert, mit Startmenü, Panel, Taskleiste und konventionellem Fensterverhalten. Für ältere oder leistungsschwächere Geräte stehen mit MATE und Xfce zwei ressourcenschonende Alternativen bereit.

Zu den Stärken von Linux Mint zählen die geringe Einstiegshürde, die zuverlässige Update-Verwaltung und eine umfangreiche Vorauswahl an Alltagsanwendungen. Auch die mitgelieferten Tools – etwa für Treiberverwaltung, Backup oder Systemaufbereitung – sind praxisnah und gut durchdacht. Der Software Manager bietet eine übersichtliche, leicht zugängliche Oberfläche zum Durchsuchen und Installieren von Programmen – bewertet, kategorisiert, verständlich gegliedert. Für Systemaktualisierungen sorgt der Update Manager, der risikobasiert vorgeht und zwischen sicherheitskritischen und optionalen Änderungen unterscheidet.

Ein zentrales Merkmal ist die Integration von Multimedia-Codecs für MP3, H.264 oder DivX sowie Plug-ins wie Oracle Java, die in den Mutterdistributionen Ubuntu und Debian nicht standardmäßig enthalten sind. Zudem ist NDISwrapper für die Unterstützung von WLAN-Karten ohne eigenen Linux-Treiber vorinstalliert.

Die Hauptausgabe von Linux Mint basiert seit Mai 2014 ausschließlich auf der aktuellen Ubuntu-LTS-Codebasis, um Stabilität und eine hohe Integration aller Komponenten zu gewährleisten. Die Debian-Edition (LMDE) basiert seit August 2014 auf der stabilen Debian-Codebasis – als alternative Grundlage für den Fall, dass Ubuntu irgendwann nicht mehr als verlässlicher Unterbau infrage käme.

Ab Linux Mint 20 ist die 64-Bit-Prozessorarchitektur x64 Voraussetzung, wobei die 32-Bit-Version für LMDE 6 weiterhin verfügbar ist. Das entspricht dem allgemeinen Trend im Linux-Ökosystem – viele Distributionen verabschieden sich nach und nach von der 32-Bit-Unterstützung.

Das Team von Linux Mint – unterstützt durch eine sehr aktive Community, die durch ständiges Feedback zur kontinuierlichen Verbesserung beiträgt – arbeitet laufend an durchdachten Erweiterungen. Dabei bleibt das erklärte Ziel stets im Blick: ein Linux, das einfach funktioniert – und sich trotzdem nicht verbiegt [37, 82–85].

Linux Mint im Überblick

Herkunft und Ausrichtung

entwickelt vom Linux Mint Team unter Leitung von Clément Lefèbvre
finanziert durch Spenden und Community-Unterstützung
Zielgruppe: Einsteiger, Umsteiger von Windows/macOS, erfahrene Desktop-Nutzer
Fokus: sofort nutzbar, stabil, vertrautes Desktop-Konzept

Technische Basis und Varianten

Hauptausgabe basiert auf Ubuntu LTS
alternative Ausgabe LMDE (Linux Mint Debian Edition) basiert auf Debian Stable
Standard-Desktop Cinnamon, zusätzlich MATE und Xfce für ältere oder schwächere Systeme
ab Version 20 nur noch 64-Bit-Unterstützung (LMDE bietet auch 32-Bit)

Benutzerfreundlichkeit und Bedienkonzept

Cinnamon-Desktop mit klassischem Startmenü, Panel, Taskleiste
vorkonfigurierte Multimedia-Codecs und Treiberverwaltung
grafische Konfigurations- und Update-Tools ohne Terminalpflicht
stabile Paketquellen mit gezielter Paketpflege durch das Mint-Team

Zusätzliche Funktionen

Update-Manager mit Prioritätsstufen und Kernelverwaltung
Timeshift-Integration für System-Snapshots und einfache Wiederherstellung
Mint Tools wie „Mintinstall" (Software-Manager) und „Mintdrivers" (Treiberverwaltung)
integrierte Unterstützung für NDISwrapper (WLAN ohne nativen Linux-Treiber)

Multimedia & Software

vollständige Multimedia-Unterstützung ab Werk (MP3, H.264, DivX etc.)
Zugriff auf Ubuntu-Paketquellen, PPAs, Flatpak-Support
große Auswahl vorinstallierter Anwendungen für den Alltag (LibreOffice, Firefox, VLC)

Besondere Stärken

extrem niedrige Einstiegshürde
praxisnah vorkonfiguriert, ohne unnötige Zusatzsoftware
sehr aktive Community mit umfangreicher Dokumentation und Support-Foren

3.2 Zorin OS

Einen ähnlichen Weg geht die GNU/Linux Distribution Zorin OS. Die Zorin OS Technologies Limited mit Sitz in Dublin, Irland, spricht jedoch explizit Privatanwender, Institutionen und Firmen an, die einen Wechsel von MS Windows zu Linux in Betracht ziehen.

So legen die Macher, Artyom Zorin und seinem Bruder Kyrill Zorin, einen großen Wert darauf nicht nur eine Vielzahl von Desktop-Umgebungen und Open-Source-Apps zu bewerben, sondern auch die Möglichkeit native MS-Windows Programme direkt unter Zorin OS laufen zu lassen – ohne Garantie, dass es mit allen funktioniert.

Es bietet **Windows App Support** durch eine Kombination aus Kompatibilitätstools und Benutzerfreundlichkeit, die speziell für Umsteiger von Windows entwickelt wurde. Hierzu zählen Wine und PlayOnLinux, die anders als bei anderen Linux-Distributionen einfach über das Start-Menü installiert werden können.

- Wine ist eine Kompatibilitätsschicht, die es ermöglicht, viele Windows-Programme direkt unter Linux auszuführen.

- PlayOnLinux ist ein grafisches Frontend für Wine, das die Installation und Verwaltung von Windows-Programmen vereinfacht.

Es bietet Skripte für bekannte Anwendungen (z. B. Microsoft Office, Photoshop, Spiele) ebenso wie eine automatisierte Konfiguration für bessere Kompatibilität.

Neben der Integration von Windows-Kompatibilitätslösungen setzt Zorin OS auch auf eine gezielte visuelle Annäherung. Die Desktop-Layouts lassen sich mit wenigen Klicks an das gewohnte Erscheinungsbild von Windows 10, 11 oder sogar macOS anpassen. So entfällt für Umsteiger die oft zitierte visuelle „Umgewöhnung" – oder sie fällt zumindest deutlich milder aus.

Technisch basiert Zorin OS auf Ubuntu LTS, was für Stabilität, breite Hardwareunterstützung und ein umfangreiches Softwareangebot sorgt. Die Paketverwaltung erfolgt klassisch über APT, zusätzlich werden Flatpak-Pakete unterstützt – inklusive Integration in die grafische Softwareverwaltung.

Die Zorin-Distro gibt es in mehreren Ausführungen. Die kostenlose Core-Edition bietet alles, was man für den Alltag braucht – inklusive Firefox, LibreOffice, GIMP und anderen bewährten Programmen. Die Pro-Edition, kostenpflichtig und als Unterstützung für die Weiterentwicklung gedacht, erweitert das Angebot um zusätzliche Layouts, professionelle Anwendungen und Supportleistungen.

Auch für ältere Rechner wird gesorgt: Die Lite-Version nutzt die ressourcenschonende XFCE-Oberfläche und eignet sich damit für Systeme mit begrenztem Arbeitsspeicher oder schwächerer CPU – ohne beim Bedienkomfort allzu viele Abstriche zu machen.

Zorin OS richtet sich also an jene, die ein modernes, vertraut wirkendes und dennoch freies System suchen. Es setzt nicht auf radikale Umgewöhnung, sondern auf behutsame Brücken. Für viele ist das der entscheidende Unterschied – und der Grund, warum Zorin OS nicht nur als Einstieg, sondern auch als langfristige Alternative infrage kommt.

Neben dem klassischen Desktop-Erlebnis bietet es einige zusätzliche Werkzeuge, die den Alltag spürbar erleichtern – besonders in Umgebungen, in denen mehrere Geräte oder Nutzer miteinander interagieren.

Zorin Connect ist ein gutes Beispiel dafür. Es handelt sich dabei um eine Anwendung, mit der sich Android-Smartphones nahtlos mit dem Zorin-Desktop verbinden lassen. Nachrichten lassen sich am PC empfangen und beantworten, Dateien per Drag-and-drop austauschen, Benachrichtigungen synchronisieren – und sogar die Musikwiedergabe oder Präsentationen fernsteuern. Alles läuft dabei lokal im eigenen Netzwerk, ohne Cloud-Zwang oder externe Server. Wer einmal ein paar Screenshots vom Smartphone direkt auf dem Desktop gespeichert hat, wird die Funktion nicht mehr missen wollen.

Für größere Netzwerke – etwa in Bildungseinrichtungen oder Unternehmen – bietet Zorin OS mit Zorin Grid ein Verwaltungswerkzeug, das zentrale Steuerung ermöglicht. Damit lassen sich viele Systeme gleichzeitig verwalten: Software installieren, Updates verteilen, Konfigurationen anpassen – bequem über eine zentrale Web-Oberfläche. Besonders bei Schulen oder Organisationen, die auf Linux umstellen wollen, ist das eine willkommene Arbeitserleichterung.

Zorin Connect spricht eher den Einzelnen an – Zorin Grid den Admin. Gemeinsam zeigen sie, dass Zorin OS nicht nur ein freundliches Gesicht für Einsteiger ist, sondern auch durchdachte Werkzeuge für den professionellen Einsatz mitbringt [39]

Zorin OS im Profil

Herkunft und Ausrichtung

Entwickelt von Zorin OS Technologies Ltd. in Dublin
Zielgruppe: Privatanwender, Bildungseinrichtungen, Organisationen
Fokus: reibungsloser Umstieg von Windows auf GNU/Linux

Technische Basis und Varianten

basiert auf Ubuntu LTS
verschiedene Editionen: Core, Lite, Pro, Education
64-Bit-Unterstützung, moderne Desktop-Umgebungen

Benutzerfreundlichkeit und Windows-Kompatibilität

Windows-ähnliche Benutzeroberfläche (wahlweise klassisch, Touch-optimiert, macOS-ähnlich etc.)
native Ausführung vieler Windows-Anwendungen über Wine und PlayOnLinux
einfache grafische Einrichtung und zentrale Verwaltung über das Startmenü

Zusätzliche Funktionen

Zorin Connect: drahtlose Verbindung und Integration mit Android-Geräten
Zorin Grid: zentrale Systemverwaltung für Schulen, Organisationen und Unternehmen

Multimedia & Software
umfassende Multimedia-Unterstützung bereits vorinstalliert
Zugriff auf Ubuntu-Paketquellen, Flatpak-Unterstützung
benutzerfreundlicher Software-Manager
Besondere Stärken
ideal für Windows-Umsteiger
optisch modern und intuitiv bedienbar
durchdachte Werkzeuge für Privatanwender und Admins gleichermaßen

3.3 MX Linux

MX Linux entstand aus einer Zusammenarbeit der antiX-Community und ehemaligen Mitgliedern der MEPIS-Linux-Entwicklung. Ziel war von Anfang an eine Distribution, die sich leicht bedienen lässt, ohne auf Stabilität, Kontrolle oder Effizienz zu verzichten. Die Basis bildet Debian Stable – ergänzt um eigene Werkzeuge, optimierte Voreinstellungen und ein schlankes Gesamtkonzept, das sowohl auf moderner als auch auf älterer Hardware zuverlässig läuft.

Als Standardoberfläche kommt Xfce zum Einsatz, bewusst konservativ konfiguriert und aufgeräumt. Wer es moderner oder klassischer möchte, kann MX Linux auch mit KDE Plasma oder Fluxbox einsetzen. Auffällig ist die Sammlung an hauseigenen MX-Tools, die typische Verwaltungsaufgaben deutlich vereinfachen: Treiberinstallation, Boot-Optionen, System-Schnappschüsse, Live-USB-Erstellung oder ein grafischer Paketinstaller, der sowohl auf die Debian-Repositories als auch auf Flatpaks zugreifen kann.

MX Linux verzichtet auf unnötige Hintergrunddienste, was in einer schnellen Reaktion und geringer Systemlast resultiert. Multimedia-Codecs, Druckerunterstützung und Netzwerk-Tools sind von Beginn an vorhanden – ohne nachträgliche Installationshürden. Das Update-System ist bewusst zurückhaltend, um die Stabilität von Debian nicht zu gefährden, gleichzeitig stehen aber aktuelle Anwendungen über eigene Repositories bereit.

Die Distribution richtet sich nicht ausschließlich an Einsteiger, sondern an alle, die ein wartungsarmes, verlässliches und dennoch flexibles Linux-System suchen. MX Linux hat sich dadurch in den letzten Jahren zu einer der am häufigsten empfohlenen Allround-Distributionen entwickelt – nicht zuletzt, weil sie den Spagat zwischen Bedienfreundlichkeit und technischer Kontrolle meistert.

MX Linux basiert technisch auf Debian Stable und übernimmt dessen Paketquellen, ergänzt um eigene Repositories für aktuellere Anwendungen und Treiber. Das sorgt für eine stabile Grundbasis, ohne dass man auf moderne Software verzichten muss. Als Standardarchitektur wird seit Version 19 ausschließlich 64 Bit unterstützt, für ältere Systeme stehen weiterhin angepasste 32-Bit-Images bereit.

Die Standardausgabe nutzt Xfce als Desktop-Umgebung – leichtgewichtig, ressourcenschonend und mit einer klaren, klassischen Bedienlogik. Alternativ stehen offiziell gepflegte Varianten mit KDE Plasma und Fluxbox bereit, die unterschiedliche Hardware- und Nutzerpräferenzen abdecken.

Ein Alleinstellungsmerkmal sind die MX-Tools – eine Sammlung eigenentwickelter Verwaltungswerkzeuge, die viele sonst manuell zu erledigende Aufgaben vereinfachen. Dazu gehören unter anderem:

- MX Snapshot für vollständige Systemsicherungen und Live-USB-Erstellung
- Treiber-Installer mit Hardware-Erkennung
- Boot-Optionen-Editor für GRUB und Kernel-Parameter
- GUI-Frontends für Repositories, Updates und Softwareinstallation (inkl. Flatpak-Support)

Multimedia-Codecs, Drucker- und Netzwerktreiber sind in der Standardinstallation enthalten, sodass das System sofort einsatzbereit ist. Das Ressourcenmanagement ist konservativ gehalten – typische Xfce-Installationen benötigen nach dem Start weniger als 500 MB RAM und laufen auch auf älteren Dual-Core-Prozessoren flüssig.

Das Update-System orientiert sich an der Stabilität von Debian: sicherheitsrelevante Patches werden zügig ausgeliefert, größere Versionssprünge bleiben aber kontrolliert. Gleichzeitig bietet das eigene MX Test Repo Zugriff auf neuere Versionen ausgewählter Anwendungen, falls gewünscht.

MX Linux hat sich damit in der Praxis als robuste, wartungsarme Allzweck-Distribution etabliert, die sowohl für produktive Arbeitsumgebungen als auch für ältere Hardware geeignet ist – ohne den Nutzer zu bevormunden [40].

MX Linux im Profil

Herkunft und Ausrichtung

gemeinsames Projekt von antiX und ehemaligen MEPIS-Entwicklern
Zielgruppe: Einsteiger, Umsteiger, erfahrene Anwender
Fokus: ressourcensparend, stabil, vielseitig einsetzbar

Technische Basis und Varianten

basiert auf Debian Stable
Standard-Desktop: Xfce, optional auch KDE Plasma und Fluxbox
64-Bit und 32-Bit-Unterstützung (letztere vor allem für ältere Hardware)
reguläre Hauptversionen bei neuen Debian-Stable-Releases, dazwischen kontinuierliche Updates

Benutzerfreundlichkeit und Bedienkonzept

vorkonfigurierte, schlanke Desktop-Umgebung mit klassischem Panel-Layout

eigene MX-Tools-Suite für Systemverwaltung, Treiberinstallation, Live-USB-Erstellung, Boot-Optionen und mehr

grafische Installer und Konfigurationstools ohne Terminalpflicht

Zusätzliche Funktionen

Snapshot-Funktion: Erstellung eigener Live-System-Images auf Knopfdruck

Unterstützung aktueller Kernel (AHS-Variante für neue Hardware)

Liquorix-Kernel optional für optimierte Desktop-Performance

Multimedia & Software

vollständige Multimedia-Unterstützung ab Werk

Zugriff auf Debian-Paketquellen, Flatpak- und AppImage-Support

benutzerfreundlicher Paketmanager (Synaptic + MX-Paketinstaller mit kuratierten Anwendungen)

Besondere Stärken

sehr ressourcenschonend und damit ideal für ältere Systeme

praxisorientierte Eigenwerkzeuge, die im Alltag spürbar Zeit sparen

stabile Debian-Basis kombiniert mit aktueller Softwareauswahl

3.4 Ubuntu

Ubuntu ist eine der bekanntesten und am weitesten verbreiteten Linux-Distributionen – nicht zuletzt, weil sie den Anspruch verfolgt, GNU/Linux für eine breite Nutzerschaft zugänglich zu machen. Entstanden ist das Projekt 2004 unter der Leitung von Mark Shuttleworth und seiner Firma Canonical. Ziel war es von Beginn an, die Stabilität und Flexibilität von Debian mit einer modernen, benutzerfreundlichen Oberfläche und einem klar strukturierten Release-Modell zu verbinden, das sowohl für Einsteiger als auch für den produktiven Einsatz geeignet ist.

Technisch baut Ubuntu auf Debian auf. Es übernimmt APT/dpkg und einen großen Teil der Paketbasis; die Pakete stammen überwiegend aus Debian *Unstable* und werden für Ubuntu stabilisiert. Anders als Debian mit seinem konservativen Veröffentlichungsrhythmus folgt Ubuntu einem festen Takt: alle sechs Monate ein reguläres Release, alle zwei Jahre eine LTS-Ausgabe mit fünf Jahren Support. Für Server-LTS verlängert Canonical den Sicherheitszeitraum per ESM (Extended Security Maintenance) auf bis zu zehn Jahre. Diese Planbarkeit macht die Distribution attraktiv für Unternehmen, Bildungseinrichtungen und Anwender, die verlässliche Wartungsfenster schätzen.

Als Standard-Desktop setzt Ubuntu seit Version 17.10 auf GNOME Shell, angepasst mit eigenem Theme und verändertem Bedienkonzept. Die endgültige Umstellung erfolgte mit 18.04 LTS; zuvor nutzte Ubuntu von 2011 bis 2017 die selbst entwickelte Unity-Oberfläche. Die Standardinstallation ist darauf ausgelegt, sofort nutzbar zu sein – mit vorinstallierten Alltagsanwendungen, breiter Hardwareunterstützung für gängige Geräte und einfachen grafischen Konfigurationswerkzeugen. Proprietäre Treiber, etwa für NVIDIA-Grafikkarten, lassen sich bei Bedarf über das „Additional Drivers“-Werkzeug nachrüsten.

Ein zentrales Merkmal ist die Integration des Snap-Paketformats, das es erlaubt, Anwendungen isoliert vom restlichen System zu installieren und automatisch aktuell zu halten. Damit verfolgt Canonical einen anderen Ansatz als viele andere Distributionen, die primär auf klassische Paketquellen setzen. Neben Snaps bleiben aber auch Deb-Pakete aus den Ubuntu- und Debian-Repositories nutzbar.

Obwohl Ubuntu technisch klar als Debian-Derivat einzustufen ist, nimmt es innerhalb der Linux-Landschaft eine besondere Zwischenrolle ein. Die Distribution ist selbst zur Basis für zahlreiche andere Systeme geworden – darunter Linux Mint, Pop!_OS, Zorin OS oder elementary OS. Damit fungiert Ubuntu zugleich als *Downstream*-Projekt von Debian und als *Upstream*-Projekt für seine eigenen Derivate. Dieser doppelte Status ist in der Linux-Welt vergleichsweise selten und unterstreicht die zentrale Bedeutung von Ubuntu im gesamten Ökosystem.

Ubuntu richtet sich an eine breite Zielgruppe – vom Heimanwender über Entwickler bis hin zu Server- und Cloud-Betreibern. Neben der Desktop-Ausgabe existieren offizielle Varianten mit unterschiedlichen Desktop-Umgebungen *(Ubuntu Flavours),* Server-Images und speziell angepasste Versionen für IoT-Geräte [42].

Ubuntu im Profil
Herkunft und Ausrichtung
gegründet 2004 von Mark Shuttleworth/Canonical
Zielgruppe: Einsteiger, Umsteiger, Unternehmen, Entwickler
Fokus: benutzerfreundlich, aktuell, für Desktop und Server geeignet

Technische Basis und Varianten
basiert auf Debian (primär Debian Testing als Grundlage)
Standard-Desktop: GNOME (angepasst)
Offizielle Flavours: Kubuntu (KDE Plasma), Xubuntu (Xfce), Lubuntu (LXQt), Ubuntu MATE, Ubuntu Budgie, Ubuntu Studio
Release-Zyklus: alle 6 Monate reguläre Versionen, alle 2 Jahre LTS-Versionen (5 Jahre Support)
Architekturen: primär 64 Bit, spezielle Builds für ARM, RISC-V

Benutzerfreundlichkeit und Bedienkonzept
vorkonfigurierte, einsatzbereite Desktop-Umgebung mit eigenem Theme
Software-Center für einfache Paketinstallation
Snap-Integration für aktuelle Anwendungen mit automatischen Updates
grafische Installer und Konfigurationstools

Zusätzliche Funktionen
Snap-Paketformat für isolierte, distributionsunabhängige Software
Live-USB-Start mit vollständiger Hardwareunterstützung
Cloud-Images für AWS, Azure, Google Cloud
spezielle Server-Edition mit vorkonfigurierten Rollen

Multimedia & Software
vollständige Multimedia-Unterstützung (Codecs teils nachinstallierbar über „Multiverse"-Repository)
Zugriff auf Ubuntu-, Debian- und Snap-Repositories
Flatpak-Unterstützung über zusätzliche Paketquellen möglich
große Auswahl an Desktop- und Server-Software

Besondere Stärken
klare Release-Planung mit langfristigem Support
sehr große Anwender- und Entwickler-Community
starke Unternehmensunterstützung durch Canonical
breite Hardwareunterstützung vom Desktop bis zur Cloud

3.5 Manjaro Linux

Die erste stabile Version von Manjaro Linux erschien 2011. Entwickelt wird die Distribution von einem internationalen Team rund um Philip Müller und Bernhard Landauer, unterstützt von einer aktiven Community. Das Ziel von Anfang an war klar – die Leistung und Flexibilität von Arch Linux in ein System zu bringen, das auch für weniger erfahrene Nutzer zugänglich ist, ohne auf den Arch-typischen Rolling-Release-Charakter zu verzichten.

Technisch basiert Manjaro auf Arch Linux, weicht aber in entscheidenden Punkten ab. Statt einer minimalen Grundinstallation mit komplett manueller Einrichtung liefert Manjaro ein vorkonfiguriertes, sofort nutzbares System – inklusive Treibern, Desktop-Umgebungen, Multimedia-Codecs und eigener grafischer Werkzeuge für die Systemverwaltung. Dadurch entfällt der komplexe Installationsprozess von Arch, der Neueinsteiger oft abschreckt.

Offizielle Editionen werden mit den Desktop-Umgebungen Xfce, KDE Plasma und GNOME angeboten. Xfce gilt als besonders ressourcenschonend und stabil, KDE Plasma erinnert optisch stark an Windows und ist damit für Umsteiger besonders interessant, während GNOME einen moderneren, aufgeräumten Ansatz verfolgt. Daneben gibt es eine Vielzahl inoffizieller Community-Editionen mit Oberflächen wie Cinnamon, MATE oder i3.

Eine Besonderheit ist die enge Integration von Treibern und Hardware-Unterstützung. Der Manjaro Hardware Detection Tool (MHWD) erkennt Grafikkarten, WLAN-Adapter und andere Komponenten automatisch und schlägt passende Treiber vor – inklusive proprietärer NVIDIA-Treiber, die auf Wunsch gleich mitinstalliert werden.

Für die Softwareverwaltung steht Pamac zur Verfügung, ein grafisches Tool, das den Zugriff auf die offiziellen Manjaro-Repositories ebenso erlaubt wie auf das Arch User Repository (AUR). Letzteres ist eine riesige Sammlung von Community-Paketen, die praktisch jede denkbare Software verfügbar macht. Die Integration ist komfortabel, birgt aber auch das Risiko, instabile oder unsichere Pakete zu installieren – etwas, das vor allem Einsteiger im Hinterkopf behalten sollten.

Als Rolling-Release-System liefert Manjaro stets aktuelle Software und Kernel-Versionen. Updates erscheinen gebündelt, um die Stabilität zu erhöhen, dennoch kann es im Vergleich zu klassischen LTS-Distributionen wie Linux Mint gelegentlich zu Problemen kommen, wenn eine neue Version nicht vollständig ausgereift ist.

Manjaro richtet sich an Nutzer, die mehr wollen als ein reines „Installieren und Vergessen"-System. Es ist flexibel, aktuell und vielseitig, erfordert aber die Bereitschaft, sich zumindest gelegentlich mit der Technik auseinanderzusetzen. Wer diesen Weg gehen will, bekommt eine moderne, schnelle und optisch ansprechende Linux-Distribution, die Arch Linux für den Alltag zugänglich macht [43, 44].

Manjaro Linux im Profil

Herkunft und Ausrichtung

entwickelt seit 2011 von einem internationalen Team unter der Leitung von Philip Müller, bis 2024 gemeinsam mit Bernhard Landauer, seit 2024 mit Roman Gilg

Zielgruppe: Nutzer, die Arch Linux in einer benutzerfreundlichen, vorkonfigurierten Form nutzen wollen

Fokus: Rolling Release mit einfacher Installation, breiter Hardware-Unterstützung und aktuellen Softwarepaketen

Technische Basis und Varianten

basiert auf Arch Linux

Rolling-Release-Modell mit gebündelten, getesteten Updates

offizielle Editionen mit Xfce, KDE Plasma und GNOME

zahlreiche Community-Editionen (z. B. Cinnamon, MATE, i3)

64-Bit-Unterstützung, umfangreiche Treiberintegration

Benutzerfreundlichkeit und Windows-Kompatibilität
vorkonfigurierte Systeme mit vollständiger Multimedia-Unterstützung
Desktop-Umgebungen wie KDE Plasma oder Cinnamon mit vertrauter Windows-Optik verfügbar
grafische Werkzeuge zur System- und Treiberverwaltung (z. B. MHWD, Pamac)

Besondere Funktionen
MHWD (Manjaro Hardware Detection Tool) erkennt automatisch Hardware und installiert passende Treiber
Zugriff auf Arch User Repository (AUR) über Pamac mit integrierter Paketverwaltung
Kernel-Manager zum einfachen Wechseln zwischen Kernel-Versionen
ISO-Images mit vorinstallierten proprietären NVIDIA-Treibern verfügbar

Multimedia & Software
vollständige Multimedia-Codecs ab Werk
Zugriff auf offizielle Repositories und AUR
Unterstützung von Flatpak und Snap (optional)

Besondere Stärken
vereint Arch-Flexibilität mit Einsteigerfreundlichkeit
stets aktuelle Software dank Rolling Release
große Auswahl an Desktop-Umgebungen und Community-Editionen

3.6 GeckoLinux

GeckoLinux ist im Grunde ein komplett vorkonfiguriertes openSUSE, das dem Nutzer stundelanges Nachinstallieren und Feintuning von Treibern und Komponenten erspart. Das Projekt tauchte 2015 auf und verfolgte von Anfang an das Ziel, den starken Unterbau von openSUSE Leap und Tumbleweed in einer sofort einsatzbereiten Form anzubieten.

Während openSUSE traditionell als mächtige, aber eher nüchterne Distribution gilt, die man sich nach der Installation noch selbst einrichtet, nimmt GeckoLinux den Nutzern diesen Schritt ab. Codecs für MP3, H.264 oder proprietäre Treiber sind schon integriert, überflüssige Standardpakete wurden entfernt und sinnvolle Voreinstellungen sind gesetzt. Das Ergebnis ist ein System, das direkt nach dem ersten Start produktiv nutzbar ist – ohne Kompromisse bei Stabilität oder Funktionsumfang.

GeckoLinux gibt es in zwei Hauptvarianten. Static basiert auf openSUSE Leap, richtet sich an alle, die Wert auf langfristige Stabilität legen, und folgt dem klassischen Release-Zyklus. Rolling basiert auf openSUSE Tumbleweed und liefert ein kontinuierlich aktualisiertes System mit stets aktueller Software. Beide Varianten werden in einer ungewöhnlich großen Auswahl an Desktop-Umgebungen angeboten – von KDE Plasma über GNOME und Cinnamon bis hin zu Budgie, MATE oder Pantheon. So kann jeder die Oberfläche wählen, die am besten zum eigenen Workflow passt.

Technisch bleibt GeckoLinux zu 100 % kompatibel zu openSUSE, inklusive Zugriff auf alle offiziellen Repositories, Werkzeuge wie YaST oder zypper und den vollen Hardware-Support. Unterschiede zeigen sich vor allem in der Vorkonfiguration: GeckoLinux verzichtet standardmäßig auf Btrfs und Snapper, die bei openSUSE oft für Einsteiger ungewohnt sind, und setzt stattdessen auf ext4 als Dateisystem. Das macht das Handling für Neulinge einfacher, ohne die Möglichkeit zu nehmen, auf Wunsch selbst andere Dateisysteme zu nutzen.

Die Idee dahinter ist klar – die Stärken von openSUSE für ein breiteres Publikum zugänglich machen, ohne die Einrichtungsarbeit komplett dem Nutzer zu überlassen. GeckoLinux ist damit so etwas wie die „Out-of-the-box"-Variante eines der technisch stärksten Linux-Systeme am Markt [45, 46].

GeckoLinux im Profil

Herkunft und Ausrichtung

Erstveröffentlichung: 2015
Entwickler: anonyme Maintainer, stark community-orientiert
Zielgruppe: Nutzer, die openSUSE mit optimierter Vorkonfiguration und integrierter Multimedia-Unterstützung wollen
Fokus: sofort einsatzbereites System mit stabiler Basis oder Rolling-Release-Option

Technische Basis und Varianten

basiert zu 100 % auf openSUSE (Leap = Static, Tumbleweed = Rolling)
volle Kompatibilität zu openSUSE-Repositories und -Werkzeugen (zypper,)
verfügbar in vielen Desktop-Varianten (KDE Plasma, GNOME, Cinnamon, Xfce, MATE, Budgie, LXQt, Pantheon)

Besonderheiten

vorkonfigurierte Multimedia-Codecs (MP3, H.264 etc.)
proprietäre Treiber optional integriert
sinnvolle Voreinstellungen und aufgeräumte Paketbasis
standardmäßig ext4-Dateisystem statt Btrfs/Snapper

Multimedia & Software

direkte Nutzung der openSUSE-Paketquellen
Zugang zu Community-Repositories wie Packman für zusätzliche Software
volle Unterstützung für Flatpak und AppImage

Stärken
alle Vorteile von openSUSE ohne den initialen Einrichtungsaufwand
große Auswahl an Desktop-Umgebungen
geeignet für Einsteiger wie für erfahrene Nutzer
Rolling- oder Static-Variante je nach Bedarf

Schwächen
kleinere Community im Vergleich zu großen Namen wie Ubuntu oder Fedora
Sicherheits- und Funktionsupdates hängen von der Pflege durch die Maintainer ab

3.7 Exkurs: Spezialdistributionen für Sicherheit – Kali, Parrot & Tails

Linux ist vielseitig – und manchmal auch radikal spezialisiert. Drei Distributionen zeigen, wie unterschiedlich der Sicherheitsgedanke umgesetzt werden kann.

Kali Linux ist die bekannteste Security-Distribution. Mit Hunderten von Tools für Penetration Testing und digitale Forensik ist sie das Standardwerkzeug von Sicherheitsexperten. Für den Alltag taugt sie zwar technisch, doch dafür ist sie weder gedacht noch optimiert. Wer während eines Penetrationstests schnell einen Brief schreiben möchte, kann das zwar tun, aber das ist nicht der Fokus der Distribution.

Parrot Security verfolgt einen ähnlichen Ansatz, geht aber einen Schritt weiter. Neben der Security-Edition gibt es eine Home-Variante, die auf Privatsphäre und Sicherheit im Alltag setzt. Sie eignet sich tatsächlich als normales Linux-System, wenn Schutz der persönlichen Daten im Vordergrund steht.

Tails schließlich ist ein Sonderfall – und doch mehr als nur ein Notfallsystem. Es startet standardmäßig als Live-System vom USB-Stick, leitet den gesamten Datenverkehr konsequent über das Tor-Netzwerk und hinterlässt keine Spuren auf dem Rechner. Gleichzeitig bringt es Anwendungen wie LibreOffice, Thunderbird oder GIMP mit. Wer möchte, kann einen persistenten Speicher auf dem USB-Stick einrichten und Tails damit wie ein mobiles Desktop-Linux nutzen – mit klarer Ausrichtung auf Anonymität und Sicherheit.

Damit wird deutlich: Kali und Parrot sind Werkzeuge für Sicherheitstests, Parrot Home zielt auf den Alltagsschutz, und Tails steht für maximale Anonymität – ein portabler Desktop für alle, die ihre digitale Spur möglichst unsichtbar halten wollen oder müssen [47–52].

3.8 Kern-Linux-Distributionen

Die meisten GNU/Linux-Distributionen haben ihre Wurzeln in einer Handvoll großer Kernsysteme. Diese Kern-Distribution – im Englischen core distributions – sind eigenständige Projekte, die entweder als technische Basis für andere Systeme dienen oder eine besondere historische und philosophische Bedeutung haben. Sie sind keine einfachen Abwandlungen bestehender Systeme, sondern unabhängig entwickelte Plattformen.

Solche Kernsysteme haben die Entwicklung von GNU/Linux geprägt und treiben sie bis heute voran. Sie liefern die erprobten Grundlagen für unzählige Derivate, eröffnen unterschiedliche technische Ansätze und helfen sowohl Anwendern als auch Entwicklern, Linux in seiner Tiefe zu verstehen. Beispiele sind Debian [56], Red Hat Enterprise Linux (RHEL) [66], Arch Linux [11], openSUSE [69] oder Slackware [74]. Sie definieren die technischen Standards, an denen sich viele andere orientieren – von der Paketverwaltung über Systembibliotheken bis zu den Sicherheits- und Wartungsprozessen.

Auf diesen Grundlagen entstehen abgeleitete Distributionen, die im Englischen oft als *downstream distributions* bezeichnet werden [55]. Sie übernehmen die Basis ihrer jeweiligen Kern-Distribution weitgehend unverändert – einschließlich Kernel, Paketverwaltung, Bibliotheken und grundlegender Systemstruktur – und ergänzen sie um eigene Anpassungen, Werkzeuge und Voreinstellungen. Ziel ist es meist, die Bedienung zu vereinfachen, zusätzliche Funktionen bereitzustellen oder bestimmte Einsatzszenarien zu bedienen.

Ein typisches Beispiel ist Ubuntu, das auf Debian aufbaut [42]. Während Debian in erster Linie für Stabilität, eine sehr große Auswahl an Softwarepaketen und eine konservative Release-Politik steht [56], ergänzt Ubuntu diese Grundlage um einen festen Veröffentlichungszyklus, benutzerfreundliche Voreinstellungen, eigene Werkzeuge wie den Snap-Paketmanager und angepasste Desktop-Umgebungen. Andere Systeme wie Linux Mint oder Pop!_OS wiederum setzen auf Ubuntu auf und fügen weitere Anpassungen hinzu – Mint mit einem Desktop-Konzept, das traditionelle Bedienweisen pflegt, Pop!_OS mit einem Fokus auf Entwickler, Kreative und leistungsfähige Hardwareunterstützung.

Ähnlich verhält es sich im Red-Hat-Umfeld. Fedora dient als Upstream für RHEL (Red Hat Enterprise Linux) [64] und erprobt neue Technologien, während CentOS Stream als Rolling-Release-Zwischenschritt einen Ausblick auf kommende RHEL-Features gibt. Daraus wiederum entstehen Rocky Linux und AlmaLinux als vollständig kompatible Alternativen zu RHEL. Arch Linux bildet die Grundlage für Distributionen wie Manjaro [43] oder EndeavourOS, die den Installationsprozess vereinfachen und zusätzliche grafische Werkzeuge bereitstellen.

Der Unterschied zwischen Kern- und abgeleiteten Distributionen lässt sich in drei Punkten zusammenfassen:

- **Unabhängigkeit** – Kern-Distributionen entwickeln und pflegen ihre technische Infrastruktur selbst, während abgeleitete Distributionen auf dieser Arbeit aufbauen.
- **Abhängigkeit von Upstream** – Abgeleitete Distributionen sind auf Aktualisierungen und Architekturentscheidungen ihrer Basis angewiesen. Änderungen bei der Kern-Distribution wirken sich direkt auf alle davon abgeleiteten Systeme aus.
- **Fokus** – Kernsysteme stellen die grundlegende Plattform bereit, abgeleitete Systeme konzentrieren sich auf spezifische Zielgruppen, Anwendungsbereiche oder Bedienkonzepte.

Diese Aufgabenteilung hat sich über die Jahre bewährt. Kern-Distributionen sorgen für ein stabiles, gut dokumentiertes Fundament und treiben zentrale Entwicklungen voran. Abgeleitete Systeme bringen Vielfalt, Spezialisierung und oft auch mehr Benutzerfreundlichkeit in die Linux-Welt. Zusammen bilden sie ein Ökosystem, das Stabilität und Innovation miteinander verbindet – und genau das macht die Faszination von GNU/Linux aus.

3.8.1 Debian

Debian zählt zu den ältesten und einflussreichsten Linux-Distributionen – und gilt vielen als das Fundament der modernen Linux-Welt. Die erste Version erschien 1993 in einer noch sehr frühen Form, die erste stabile Ausgabe folgte 1996 mit Debian 1.1 „Buzz". Die Nummer 1.0 wurde bewusst übersprungen, weil ein CD-Hersteller versehentlich eine unfertige Version unter diesem Namen ausgeliefert hatte – eine Kuriosität, die bis heute in den Debian-Geschichten erzählt wird. Gegründet 1993 von Ian Murdock – der Name setzt sich aus „Deb" (Debra, seine damalige Partnerin) und „Ian" zusammen – steht Debian seit jeher für Stabilität, Sicherheit und eine klare Verpflichtung zu freier Software. Die Entwicklung erfolgt gemeinschaftlich und demokratisch organisiert – festgeschrieben im „Debian Social Contract", der die Prinzipien des Projekts seit Jahrzehnten prägt.

Technisch basiert Debian auf dem Linux-Kernel, daneben gibt es aber auch experimentelle Varianten wie Debian GNU/Hurd. Debian GNU/kFreeBSD ist dagegen eingestellt worden. Die Softwareverwaltung erfolgt über APT und dpkg – ein Paketmanagementsystem, das im Debian-Umfeld längst zum Standard geworden ist. Die Paketquellen sind klar gegliedert in „main" für vollständig freie Software, „contrib" für freie Software mit Abhängigkeiten zu unfreien Komponenten und „non-free" bzw. „non-free-firmware" für Treiber und Firmware, die nicht unter einer freien Lizenz stehen.

Die Entwicklung folgt einem dreistufigen Modell. „Stable" als getestete Version für den produktiven Einsatz, „Testing" als Vorbereitung der nächsten stabilen Veröffentlichung und „Unstable" – intern „Sid" genannt – als Spielwiese für aktuelle, noch nicht ausgereifte Pakete. Neue Ausgaben erscheinen in der Regel alle zwei bis drei Jahre und tragen Codenamen aus dem Film Toy Story. Jede stabile Version wird rund fünf Jahre mit Sicherheitsupdates versorgt. Wer darüber hinaus Unterstützung benötigt, kann auf das Extended LTS-Programm zurückgreifen, das von Freexian und weiteren Anbietern organisiert und finanziert wird.

Debian unterstützt eine beeindruckende Zahl an Hardware-Architekturen – vom klassischen PC über ARM und MIPS bis hin zu IBM-Mainframes und experimentell RISC-V. Eine vorinstallierte Desktop-Umgebung gibt es nicht – die Wahl zwischen GNOME, KDE Plasma, Xfce, LXQt und anderen erfolgt bei der Installation. Der Debian-Installer ist funktional und flexibel, verzichtet aber auf den Komfort grafischer Assistenten wie bei Ubuntu oder Linux Mint.

Bekannt ist Debian nicht nur für seine eigenen Stärken, sondern auch als Grundlage zahlreicher anderer Distributionen – darunter Ubuntu, Linux Mint, Raspbian und MX

Linux. Wer Debian nutzt, entscheidet sich für ein System mit langer Lebensdauer, großer Paketauswahl und klarer Linie. Wer hingegen aktuelle Software oder sofort verfügbare Multimedia-Unterstützung erwartet, muss selbst Hand anlegen – proprietäre Treiber und Codecs lassen sich über die Repositories „non-free" und „non-free-firmware" hinzufügen.

Mit Debian 12 „Bookworm", veröffentlicht im Juni 2023, wurde unter anderem die Trennung der „non-free-firmware"-Pakete eingeführt, um die Installation auf aktueller Hardware zu erleichtern. In Entwicklung befindet sich Debian 13 „Trixie", das für 2025 erwartet wird.

Debian ist damit mehr als nur eine Linux-Distribution – es ist ein Fundament, auf dem ein großer Teil der heutigen Linux-Landschaft aufbaut – stabil, verlässlich und konsequent in seiner Ausrichtung. Für Einsteiger mögen benutzerfreundlichere Ableger wie Ubuntu oder Linux Mint der leichtere Einstieg sein. Wer jedoch ein System sucht, das Stabilität, Kontrolle und eine klare Linie in den Mittelpunkt stellt, findet hier genau das – und oft noch ein wenig mehr [56–62].

Debian im Profil

Herkunft und Ausrichtung

Erstveröffentlichung 1993 (Version 0.01), erste stabile Ausgabe 1996 (1.1 „Buzz")
Gründer Ian Murdock, Name aus „Debra" und „Ian" zusammengesetzt
Zielgruppe Administratoren, Entwickler, erfahrene Anwender und Puristen
Fokus Stabilität, Sicherheit, freie Software, breite Hardware-Unterstützung

Technische Basis und Varianten

Eigenständige Distribution, überwiegend Linux-Kernel
Debian GNU/Hurd experimentell, Debian GNU/kFreeBSD eingestellt
Paketverwaltung mit APT und dpkg
Drei Entwicklungszweige Stable, Testing, Unstable („Sid")
Unterstützt über zehn Hardware-Architekturen (u. a. amd64, i386, ARM, MIPS, s390x, RISC-V – noch experimentell)
Keine festgelegte Desktop-Umgebung, Auswahl während der Installation (z. B. GNOME, KDE Plasma, Xfce, LXQt)

Besonderheiten

Paketquellen in „main", „contrib", „non-free" und „non-free-firmware" unterteilt
Jede Stable-Version rund fünf Jahre Sicherheitsupdates, Verlängerung über Extended LTS (ELTS) möglich, organisiert und finanziert von Freexian und weiteren Anbietern
Codenamen nach Figuren aus *Toy Story*
Basis für zahlreiche andere Distributionen, darunter Ubuntu, Linux Mint, Raspbian und MX Linux – viele davon wiederum Grundlage für weitere Derivate

Multimedia & Software
Über 60.000 Pakete in offiziellen Repositories
Proprietäre Treiber und Codecs über „non-free" bzw. „non-free-firmware" nachinstallierbar
Unterstützung für Flatpak und AppImage über Zusatzpakete

Stärken
Hohe Stabilität und Sicherheit
Große Hardware- und Architekturunterstützung
Riesige Paketauswahl
Demokratische, community-getragene Entwicklung

Schwächen
Konservativer Release-Zyklus, Software in Stable oft älter
Weniger komfortabler Installer im Vergleich zu benutzerfreundlichen Derivaten
Multimedia- und Treiberunterstützung nicht standardmäßig komplett

3.8.2 Red Hat/Fedora

Red Hat Enterprise Linux kann man nicht ohne Fedora Linux betrachten. Beide Systeme sind so eng miteinander verflochten und doch eigenständige Distributionen, dass sie ein in der Linux-Welt einzigartiges Ökosystem bilden. Eine isolierte Betrachtung würde den Zusammenhang verwischen.

Die Wurzeln reichen zurück ins Jahr 1993. Marc Ewing, Student an der Carnegie Mellon University in Pittsburgh, stellte damals eine eigene Linux-Variante zusammen keine vollständige Neuentwicklung, sondern eine gezielte Verbesserung bestehender Komponenten. Kernstück war ein verbesserter Paketmanager (Vorläufer des späteren Red Hat Package Manager – RPM), der es erstmals in dieser Form ermöglichte, Softwarepakete mitsamt ihren Abhängigkeiten in einem standardisierten Format zu installieren, zu aktualisieren und zu entfernen. Ergänzt wurde er um eine Installationsroutine, die für damalige Verhältnisse einen gewaltigen Fortschritt darstellte. Ein menübasierter, klar strukturierter Ablauf, der im Vergleich zu den oft kryptischen Methoden anderer Distributionen wie ein Quantensprung wirkte. RPM bot von Anfang an mehr als nur einen Installationsmechanismus – es ermöglichte reproduzierbare Builds, einfache Updates und legte damit die Grundlage für den Einsatz in größeren IT-Umgebungen.

Der Name „Red Hat" geht auf eine rote Lacrosse-Mütze zurück, die Ewing häufig trug. An der Universität war er dafür bekannt, auch komplizierte technische Fragen zuverlässig zu beantworten – „den Kerl mit dem roten Hut fragen" wurde sprichwörtlich. 1994 lernte er den Unternehmer Bob Young kennen, der mit seiner Firma ACC Corporation bereits einen Versandkatalog für UNIX- und Linux-Software betrieb. Young erkannte das Potenzial eines zugänglichen, gut gepflegten Linux-Systems für den wachsenden Markt professioneller Anwender. Im selben Jahr gründeten Ewing und Young Red Hat Software und veröffentlichten die erste offizielle Version von Red Hat Linux. 2019 wurde Red Hat von IBM für 34 Mrd. US$ übernommen, bleibt aber als eigenständige Tochtergesellschaft innerhalb von IBM erhalten.

Der Erfolg stellte sich schnell ein. Neben dem quelloffenen Ansatz bot Red Hat eine klare Struktur, stabile Paketpflege, vollständige Dokumentation und eine im Vergleich zu anderen Distributionen ausgezeichnete Hardware-Erkennung. Während viele Systeme stark auf unkoordinierte Community-Freiwilligkeit setzten, brachte Red Hat einen professionellen Entwicklungsprozess ein – mit definierten Release-Zyklen, konsistenter Versionierung und umfangreichen Testreihen. Diese Mischung aus technischer Tiefe, klarer Organisation und hoher Benutzerfreundlichkeit machte Red Hat Linux zu einer festen Größe – sowohl bei ambitionierten Privatanwendern als auch in Unternehmen, die bis dahin ausschließlich proprietäre Unix-Systeme kannten.

Bis Anfang der 2000er-Jahre erschienen regelmäßig neue Versionen, die sowohl von Privatnutzern als auch im professionellen Umfeld eingesetzt wurden. Doch Red Hat verfolgte langfristig eine andere Strategie.

2003 fiel die Entscheidung, die Entwicklung zu teilen. Diese Aufspaltung war mehr als nur eine Marketing-Entscheidung, sie war strategisch. Sie trennte bewusst den Bereich der Innovation vom Bereich der Stabilität.

Fedora wurde zur frei verfügbaren, community-getragenen Distribution mit kurzen Release-Zyklen – ein bewusst offenes Labor, in dem Entwickler neue Ideen einbrachten, aktuelle Softwareversionen testeten und technologische Konzepte erprobten. Hier sollten Innovationen entstehen, ohne auf jahrzehntelange Abwärtskompatibilität Rücksicht nehmen zu müssen.

Das Ziel war klar. Technologien, die sich in Fedora bewährten, sollten nach einer Phase intensiver Erprobung ihren Weg in Red Hat Enterprise Linux (RHEL) finden. Dieser Übergang war nie zufällig, sondern Teil eines strukturierten Prozesses. Erst wenn eine Funktion in Fedora stabil lief, sicherheitsgeprüft war und den Anforderungen großer IT-Umgebungen entsprach, wurde sie in RHEL übernommen – von neuen Kernel-Funktionen über Init-Systeme wie systemd bis hin zu Sicherheitsframeworks wie SELinux.

RHEL selbst wurde als kommerzielle, stabil gepflegte Distribution konzipiert – mit klar definiertem Lebenszyklus, zertifizierter Hardware-Unterstützung und zehn Jahren Support pro Hauptversion. Planbare Updates, reproduzierbare Builds und sicherheitsgeprüfte Komponenten sollten Unternehmen die Gewissheit geben, dass sich die Systemumgebung nicht alle paar Monate grundlegend verändert.

So entstand ein in der Linux-Welt einzigartiges Modell. Ein eng verzahntes, aber klar arbeitsteiliges Ökosystem. Fedora lieferte den technologischen Vorsprung und die Innovationskraft, RHEL die Stabilität, Planbarkeit und die unternehmerische Verlässlichkeit. Beide zusammen definierten einen Entwicklungsweg, der bis heute als Blaupause für die Verbindung von Community-Engagement und professioneller Produktpflege gilt.

Zwischen Fedora und RHEL klaffte lange eine Lücke. Fedora war zu schnelllebig, RHEL zu konservativ – und dazwischen lag jahrelang das klassische CentOS. Dieses CentOS war im Grunde eine freie Kopie von RHEL, nur ohne die kostenpflichtigen Support-Leistungen. Für viele war das ideal: die Stabilität und Kompatibilität von RHEL, ohne einen Cent dafür zu bezahlen. Für Red Hat hingegen war es weniger attraktiv, wenn Millionen Systeme ihre Software nutzten, ohne dass dafür auch nur ein Supportvertrag abgeschlossen wurde.

Ende 2020 zog Red Hat den Stecker. Das klassische CentOS wurde eingestellt und durch CentOS Stream ersetzt – ein Konzeptwechsel mit Ansage. CentOS Stream ist kein statischer RHEL-Klon mehr, sondern eine kontinuierlich aktualisierte Version, die zeitlich *vor* dem nächsten RHEL-Release liegt. Wer CentOS Stream einsetzt, bekommt also schon heute zu sehen, was in ein bis zwei Jahren im nächsten RHEL landet – und darf gerne testen, kommentieren oder Fehler melden.

Für viele klassische CentOS-Nutzer war das ein Bruch. Wer weiterhin ein kostenfreies, stabiles und RHEL-kompatibles System wollte, musste auf neue Projekte wie Rocky Linux oder AlmaLinux ausweichen. Diese beiden bauen den RHEL-Quellcode neu und liefern binärkompatible, frei verfügbare Alternativen – nicht als perfektes Spiegelbild, aber in der Praxis funktional gleichwertig.

RHEL selbst bleibt das Herzstück des gesamten Ökosystems: Jede Hauptversion wird bis zu zehn Jahre gepflegt – fünf Jahre voller Funktions- und Sicherheitssupport, gefolgt von fünf Jahren erweiterter Wartung. Unterstützt werden neben x86-64 auch ARM64, IBM Power und IBM Z. Und weil in der Enterprise-Welt nichts ohne Stempel geht, kommen umfangreiche Zertifizierungen hinzu – von FIPS-140-2-konformer Kryptografie über SAP-HANA-Freigaben bis zu branchenspezifischen Compliance-Anforderungen.

Mit den Universal Base Images (UBI) öffnet Red Hat außerdem einen Teil seiner Technologie für alle: frei nutzbare Container-Basisimages, die auch ohne Subskription eingesetzt werden können. So spannt sich der Bogen vom schnellen Innovationsrhythmus in Fedora, über die Vorschauphase in CentOS Stream, bis hin zur langfristig geprüften Stabilität in RHEL und seinen freien Alternativen. Ein abgestuftes Modell, das in der Linux-Welt einzigartig ist – und das Red Hat zugleich zum Testlabor, Produktionslieferanten und Gatekeeper für einen großen Teil der professionellen Linux-Landschaft macht [63–66].

Red Hat/Fedora im Profil

Herkunft und Ausrichtung

Erstveröffentlichung Red Hat Linux 1.0 („Mother's Day Release") im März 1995

Gründer Marc Ewing (Technik) und Bob Young (Geschäftsmodell), Red Hat Software gegründet 1995

Name „Red Hat" geht auf Ewings rote Lacrosse-Mütze zurück – wer nicht weiterwusste, fragte eben „den Typen mit dem roten Hut"

2019 Übernahme durch IBM für 34 Mrd. US$, bleibt aber als eigenständige Einheit innerhalb von IBM erhalten

Zielgruppe Fedora: Entwickler, Tester, Enthusiasten – Zielgruppe RHEL: Unternehmen, Server, Rechenzentren, Cloud-Infrastrukturen

Fokus Fedora: kurze Release-Zyklen, neue Technologien ausprobieren – Fokus RHEL: Stabilität, Sicherheit, Langzeitsupport und Zertifizierungen

Technische Basis und Varianten

Eigenständige Distributionen auf Linux-Kernel-Basis, eng verzahnt, aber klar getrennt in ihrer Aufgabe

Paketverwaltung über RPM (Red Hat Package Manager), Frontends: yum (RHEL ≤7), dnf (seit Fedora 18 und RHEL 8)

Release-Zyklen Fedora: alle 6 Monate, Support ca. 13 Monate – RHEL: 10 Jahre Support (5 Jahre Full + 5 Jahre Extended Support, optional EUS)

Architekturen: x86-64, ARM64 (aarch64), IBM Power (ppc64le), IBM Z (s390x), RISC-V experimentell seit RHEL 9.2

Besonderheiten

Fedora als Innovationsplattform: SELinux (2004, Fedora Core 2), systemd (2011, Fedora 15), Wayland (2016, Fedora 25), Podman (2018, Fedora 29)

RHEL als stabile Enterprise-Distribution mit breiter Zertifizierung: FIPS-140-2, SAP HANA, branchenspezifische Compliance-Standards

CentOS Stream seit 2019 als Rolling-Release-Vorschau zwischen Fedora und RHEL, seit Dezember 2020 Ersatz für das klassische CentOS Linux

Rocky Linux (Juni 2021) und AlmaLinux (März 2021) als freie, binärkompatible Alternativen zu RHEL, entstanden nach dem Ende von CentOS Linux

Multimedia & Software

Fedora mit aktuellem Software-Stack und offiziellen Spins (KDE, Xfce, LXQt u. a.), proprietäre Codecs und Treiber über RPM Fusion

RHEL konservativ gepflegt, aber erweiterbar über EPEL (Extra Packages for Enterprise Linux) und Subscription-Repositories

Universal Base Images (UBI) seit RHEL 8 (2019): frei verfügbare Container-Basisimages, auch ohne Subskription nutzbar

Stärken

Einzigartiges Modell: Innovation (Fedora) ↔ Stabilität (RHEL) ↔ Vorschau (CentOS Stream) ↔ freie Alternativen (Rocky/AlmaLinux)

Professionelle Entwicklung mit klar definierten Release-Zyklen und Tests

Hohe Verbreitung im Enterprise-Bereich, von Banken bis Supercomputern

Enge Verzahnung von Community-Entwicklung und kommerzieller Produktpflege

Schwächen
Fedora zu kurzlebig für produktive Langzeiteinsätze
RHEL kostenpflichtig, auch wenn Entwickler-Subscriptions und UBI die Einstiegshürde senken
CentOS-Umstellung 2020 sorgte für Vertrauensbruch in der Community
Rocky und AlmaLinux abhängig von RHEL-Quellcode – keine volle Eigenständigkeit

3.8.3 SUSE und openSUSE

SUSE Linux Enterprise lässt sich kaum unabhängig von openSUSE betrachten. Beide Systeme bilden ein eng verzahntes Ökosystem offen, kooperativ und zugleich klar arbeitsteilig. Während openSUSE als Community-Distribution neue Technologien erprobt, steht SUSE Linux Enterprise (SLE) für Stabilität, langfristige Pflege und professionelle Integration – ein Modell, das in Struktur und Anspruch gewisse Parallelen zu Fedora und Red Hat Enterprise Linux erkennen lässt, dabei aber eigene Wege geht.

Die Wurzeln reichen zurück ins Jahr 1992. Vier junge Informatiker – Roland Dyroff, Thomas Fehr, Hubert Mantel und Burchard Steinbild – gründeten in Nürnberg die S.u.S.E. GmbH. Der Name stand für „Software- und System-Entwicklung" und hatte das Ziel, Linux in eine Form zu bringen, die auch für den deutschsprachigen Markt zugänglich und benutzbar war. Anfangs basierte das System auf Slackware, wurde aber konsequent angepasst, dokumentiert und weiterentwickelt – nicht als Revolution, sondern als gut durchdachte Evolution.

Ein zentrales Werkzeug war von Beginn an YaST – das „Yet another Setup Tool". Was bei anderen Distributionen durch viele Einzelwerkzeuge geregelt wurde, fasste SUSE in einem einzigen, durchdachten System zusammen. Benutzerverwaltung, Netzwerkeinrichtung, Partitionierung, Bootloader – alles zentral konfigurierbar, zunächst textbasiert, später grafisch. YaST wurde zum Markenzeichen und ist es bis heute geblieben.

Mit dem Start von openSUSE Leap 16 erfolgte jedoch ein grundlegender Richtungswechsel: Der klassische YaST-Stack wurde größtenteils eingestellt, stattdessen kommen moderne Werkzeuge zum Einsatz: der web-basierte Installer Agama, das grafische Frontend Myrlyn für Software-Installation und das browserbasierte Systemmanagement-Tool Cockpit.

Schon früh setzte SUSE auch auf grafische Elemente. Das X Window System gehörte ebenso zum Paket wie Fenstermanager und erste Desktop-Umgebungen. Mit SUSE Linux 5.2, veröffentlicht 1998, fand KDE 1.0 erstmals standardmäßig Eingang in eine große Distribution – nicht mehr als Zusatz, sondern als zentrales Element der Benutzeroberfläche. Der Desktop war vorinstalliert, vorkonfiguriert und über YaST direkt einrichtbar. Ob

SUSE damit die erste Distribution war, lässt sich historisch nicht eindeutig belegen – sicher ist aber: SUSE gehörte zu den ersten großen Systemen, die KDE nicht nur bereitstellten, sondern gezielt als Standard einsetzten. Für viele war das der Moment, in dem Linux den Sprung aus der Kommandozeile schaffte – hin zu einem vollständigen grafischen Arbeitsplatz. Ein klarer Schritt, um auch Ein- und Umsteigern den Zugang zu erleichtern.

Die Distribution professionalisierte sich technisch, organisatorisch und visuell. Die Einführung von RPM als Paketformat – in enger Zusammenarbeit mit Red Hat – und der konsequente Ausbau der Dokumentation machten SUSE bald zur bevorzugten Wahl vieler Privatanwender, Bildungseinrichtungen und Unternehmen. Besonders im deutschsprachigen Raum wurde SUSE zum Synonym für ein verlässliches, benutzerfreundliches Linux-System.

2003 folgte die Übernahme durch Novell – ein strategischer Schritt, der neue Ressourcen erschloss und gleichzeitig die Öffnung des Entwicklungsprozesses beschleunigte. Zwei Jahre später wurde openSUSE ins Leben gerufen: eine vollständig offene, frei verfügbare Distribution, deren Entwicklung öffentlich verfolgt und aktiv mitgestaltet werden konnte. Das Projekt war mehr als nur ein Nebenschauplatz – es wurde zur Grundlage aller künftigen SUSE-Systeme.

Nach weiteren Eigentümerwechseln wurde SUSE vom schwedischen Investor EQT übernommen und als eigenständiges Unternehmen neu aufgestellt. Damit wurde SUSE zu einer der größten unabhängigen Open-Source-Softwarefirma weltweit – ein seltener Status in einer Branche, die zunehmend von Konzernen dominiert wird.

Heute bietet openSUSE zwei Varianten: Leap, als stabiler Ableger mit direkter technischer Verwandtschaft zu SLE und Tumbleweed, ein Rolling Release mit ständiger Aktualisierung und stets aktuellen Paketversionen. Leap ist ideal für produktive Arbeitsumgebungen, Tumbleweed für alle, die die neuesten Entwicklungen unmittelbar testen und nutzen möchten.

SUSE Linux Enterprise wiederum bleibt das Rückgrat im professionellen Einsatz, mit klar definiertem Lebenszyklus, zertifizierter Hardware-Unterstützung, SAP-Integration und langjähriger Wartung. Besonders in Rechenzentren und bei SAP-Infrastrukturen ist SUSE weit verbreitet, nicht zuletzt wegen der engen Partnerschaft mit SAP, die sich bis in die Systemarchitektur erstreckt.

Ein besonderes Merkmal ist der open Build Service (OBS): ein plattformübergreifendes Build- und Veröffentlichungssystem, das nicht nur für openSUSE genutzt wird, sondern auch Pakete für Fedora, Debian, Arch und viele andere Distributionen bereitstellen kann. Eine offene Infrastruktur, die den Gedanken freier Software konsequent weiterdenkt.

Und dann ist da noch Geeko – das grüne Maskottchen von SUSE, eine Mischung aus Geckosaurier und freundlicher Karikatur. Benannt nach „GEcko“ und „Ko“ (für Community/Kompilieren), steht Geeko heute für ein Linux, das offen, stabil und sympathisch zugleich ist – ein System mit Ecken, Kanten und Charakter [67–71].

SUSE (SLE)/openSUSE im Profil

Herkunft und Ausrichtung

Gründung 1992 durch Roland Dyroff, Thomas Fehr, Hubert Mantel und Burchard Steinbild in Nürnberg

Erstes eigenes System: S.u.S.E. Linux 1.0 (1994), basierend auf Slackware, später eigenständig

openSUSE richtet sich an Entwickler, Enthusiasten und anspruchsvolle Desktop-Nutzer

SUSE Linux Enterprise richtet sich an Unternehmen, Rechenzentren und SAP-Infrastrukturen

Zwei klar getrennte Entwicklungsmodelle bei openSUSE: Tumbleweed (Rolling Release, stets aktuell), Leap (SLE-basierte Release-Variante mit planbarer Entwicklung)

Technische Basis und Varianten

Paketverwaltung über RPM, zypper als Frontend, YaST als zentrales Konfigurationswerkzeug

openSUSE Leap: regelmäßige Releases im Takt mit SLE-Service-Packs – Tumbleweed: kontinuierlich aktualisiertes Rolling Release

SLE: 10 Jahre Support pro Hauptversion (7 regulär, 3 Jahre LTSS optional), erweiterbar für Unternehmenskunden

Unterstützte Architekturen: x86-64, ARM64, IBM Power, IBM Z, RISC-V (offiziell seit Leap 15.3)

Besonderheiten

YaST als Alleinstellungsmerkmal für konsistente Konfiguration und Systempflege

Mit dem Start von openSUSE Leap 16 erfolgte jedoch ein grundlegender Richtungswechsel – der klassische YaST-Stack wurde weitgehend eingestellt, stattdessen kommen moderne Werkzeuge zum Einsatz:

- der webbasierte Installer **Agama** ersetzt den bisherigen Installationsprozess
- **Myrlyn** dient als grafisches Frontend für die Software-Verwaltung
- **Cockpit** übernimmt zentrale Systemverwaltungsfunktionen im Browser

open Build Service (OBS) als distributionsübergreifende Build-Infrastruktur für Pakete – auch für Fedora, Debian, Arch u. a.

Geeko als Maskottchen – fester Teil der visuellen Identität und Symbol für Offenheit, Stabilität und Community-Verbundenheit

Enge Partnerschaft mit SAP, führend bei SAP HANA-Betriebssystemen

Multimedia & Software

openSUSE mit großem Softwareangebot über offizielle Repositories und Community-Quellen (z. B. Packman)

SLE konservativ gepflegt, ergänzt durch Partner- und Drittanbieter-Repositories
Integration moderner Technologien: Flatpak, Podman, Snap (optional)

Stärken

Über 30 Jahre kontinuierliche Entwicklung, starke europäische Verankerung
Klare Trennung zwischen Community-Innovation und Enterprise-Stabilität
Leistungsfähige Konfigurationswerkzeuge, transparente Entwicklungsprozesse
Zwei Modelle: Rolling (Tumbleweed) und konservativ (Leap), jeweils mit hoher Paketqualität
Bedeutende Rolle im SAP- und Enterprise-Markt

Rahmenbedingungen

openSUSE Leap folgt dem Zyklus von SUSE Linux Enterprise – das bringt Verlässlichkeit, aber auch Einschränkungen bei schnellen Versionswechseln
Tumbleweed Tumbleweed richtet sich an erfahrene Anwender – der tägliche Updatefluss verlangt technisches Verständnis.
SLE ist ein kommerzielles Produkt – kostenlos testbar, aber auf Dauer an eine Subskription gebunden

3.8.4 Slackware

Wenn man die Entwicklungsgeschichte von Linux erzählt, führt kein Weg an Slackware vorbei. Es ist so etwas wie das Urgestein unter den Linux-Distributionen. Sie wird bis heute aktiv gepflegt und gilt als ein Symbol für Stabilität, Unabhängigkeit und den klassischen Unix-Weg.

Die Geschichte beginnt Ende 1992 und war eher pragmatisch als Visionär. Patrick Volkerding, Informatikstudent aus North Dakota, begann damals, auf Wunsch seines Professors für Künstliche Intelligenz auf dessen Rechner Linux zu installieren, um es zu Hause und für seine Doktoranden nutzen zu können.

Nachdem fast ebenso viel Zeit in die nachträglichen Korrekturen wie in die eigentliche Installation geflossen war, kam die entscheidende Frage auf, ob man die Installationsdisketten nicht gleich so anpassen könne, dass neue Systeme von Anfang an korrekt eingerichtet würden. Volkerding überarbeitete die SLS-Skripte, beseitigte Fehler und ergänzte zentrale Funktionen – darunter die automatische Installation wichtiger Komponenten wie Shared Libraries und Kernel-Image.

Aus den Korrekturen entwickelte sich schnell mehr. Am 17. Juli 1993 (17:21:20 PST) veröffentlichte Volkerding Slackware 1.0 – ein vollständiges, eigenständiges Linux-System. Damit legte er den Grundstein für eine Distribution, die inzwischen über drei Jahrzehnte überdauert.

Der Name hat eine ganz eigene Geschichte. „Slackware" sollte nie eine Marke im klassischen Sinn sein, sondern war eher eine augenzwinkernde Bezeichnung. Inspiriert von der satirischen „Church of the SubGenius" übernahm Volkerding den Begriff „Slack" als ironischen Verweis. Im *Linux Journal* erinnerte er sich 1994 daran, dass er sein System ursprünglich gar nicht ernsthaft veröffentlichen wollte. Als es dann doch auf einem FTP-Server landete, blieb der Name. „Ich wollte nicht, dass die Leute es zu ernst nehmen", sagte er – und fügte mit einem Lächeln hinzu, dass „Slackware" ohnehin besser klinge als „Microsoft".

Von Anfang an verstand sich Slackware als bewusst konservativ. Während andere Distributionen auf grafische Installer, automatische Abhängigkeitsauflösung oder zentrale Konfigurationstools setzten, blieb Slackware bei schlichten, textbasierten Werkzeugen. Pakete bestehen bis heute aus einfachen Archiven, Abhängigkeiten müssen von Hand aufgelöst werden. Wer Slackware einsetzt, weiß genau, was installiert ist – und warum. Diese Transparenz ist Teil des Programms.

Philosophisch steht Slackware für Minimalismus. Software wird so nah wie möglich am Original übernommen, Automatismen gibt es kaum. Die Paketverwaltung erfolgt über einfache Werkzeuge wie pkgtools und slackpkg, Abhängigkeiten hat man selbst im Blick. Auch der Installer ist textbasiert, grafische Komfortfunktionen sucht man vergebens. Dienste werden klassisch über SysVinit gesteuert – und nicht über systemd. Eine bewusste Entscheidung, die Slackware bis heute von fast allen anderen großen Distributionen unterscheidet.

Gerade dadurch wurde Slackware in den 1990er-Jahren zu einer beliebten Wahl an Universitäten, bei Administratoren und erfahrenen Nutzern. Es war ein System für Puristen, die Linux in seiner ursprünglichen Form wollten – ohne Komfortschichten und Automatismen. Die steile Lernkurve war dabei kein Nachteil, sondern fast schon ein pädagogisches Prinzip: Slackware zwingt dazu, Linux wirklich zu verstehen.

Trotz seines Purismus hat Slackware den Desktop nie vernachlässigt. Schon Ende der 1990er-Jahre gehörte KDE fest zum Lieferumfang, später ergänzt durch GNOME und Xfce als schlankere Alternative. Heute bietet die aktuelle stabile Version Slackware 15.0 (erschienen im Februar 2022) einen modernen Software-Stack: Linux Kernel 5.15 LTS, KDE Plasma 5.23, Xfce 4.16, PipeWire, PAM und Python 3. Parallel dazu existiert mit slackware-current ein Rolling-Release-Zweig, der kontinuierlich aktualisiert wird und stets den neuesten Entwicklungsstand widerspiegelt.

Organisatorisch ist Slackware bis heute ein Unikum. Die Entscheidungen liegen nach wie vor bei Patrick Volkerding, der seit mehr als drei Jahrzehnten als „Benevolent Dictator for Life" die Richtung vorgibt. Unterstützt wird er von einer kleinen Kerngruppe und einer treuen Community, die über SlackBuilds, Foren und IRC wichtige Bausteine beisteuert. Einen Bugtracker, große Firmenstrukturen oder gar eine Marketingabteilung sucht man vergeblich – Slackware bleibt bewusst klein, unabhängig und eigenwillig.

Dass Volkerdings Distro über drei Jahrzehnte hinweg bestehen konnte, liegt auch an seinen Derivaten, die die Mutterdistribution ergänzten oder zugänglicher machten. Schon SUSE orientierte sich in den Anfangsjahren stark an Slackware, später folgten Abkömmlinge wie Zenwalk oder Salix OS, die Benutzerfreundlichkeit, vorkonfigurierte Desktops oder ein Abhängigkeitsmanagement hinzufügten. Absolute Linux richtete sich gezielt an Ein- und Umsteiger, während Slackware ARM den Weg auf Geräte wie den Raspberry Pi eröffnete. Und mit Slackware Live gibt es heute eine Variante, die direkt vom USB-Stick gestartet werden kann – für viele der bequemste Einstieg in die Welt von Slackware.

Heute steht Slackware da wie ein Fels in der Brandung: kein System für Anfänger, kein Komfortpaket, sondern Linux in Reinform – puristisch, stabil und kompromisslos. Es zwingt dazu, die Mechanismen selbst zu verstehen, und bleibt damit für die einen Hürde, für die anderen genau der Reiz. Seit über drei Jahrzehnten ist Slackware so eine Konstante im Linux-Universum – eigenwillig, unbeirrbar und gerade deshalb bis heute lebendig [72–76].

Slackware im Profil

Herkunft und Ausrichtung

Erste Veröffentlichung: 17. Juli 1993 (Slackware 1.0)

Gründer: Patrick Volkerding („Benevolent Dictator for Life")

Ursprung in SLS – begann als bereinigtes SLS, später eigenständig entwickelt

Zielgruppe: Erfahrene Nutzer, Puristen – gilt ausdrücklich nicht als Einsteiger-Distribution

Technische Basis und Varianten

Paketverwaltung: pkgtools (installpkg, removepkg, upgradepkg), und optional slackpkg – keine automatische Abhängigkeitsauflösung

Paketformat: .tgz und .txz

Init-System: SysVinit (kein systemd)

Architekturen: × 86–64 (seit 2016 ausschließlich), ARM-Ports als Community-Projekte

Release-Strategie: stabile Versionen mit langer Unterstützung & ein „Slackware-current" als Rolling Release

Aktuell stabil: **Slackware 15.0** (Februar 2022), Kernel **5.15 LTS**

Besonderheiten

Bewusster Minimalismus, Orientierung am Unix-Prinzip

Textbasierte Installation und Konfiguration, keine grafischen Installer

Keine zentrale grafische Verwaltung, keine Automatismen

Sehr lange Releasezyklen und entsprechend hohe Stabilität

Upstream-nahe Pakete, minimale Modifikationen

Desktop-Integration: KDE ab Version 4.0 (1999); GNOME zeitweise enthalten, später wieder entfernt; heute KDE Plasma & Xfce als Standard

Eigenständige Community-Infrastruktur via SlackBuilds, Foren, IRC – keine formalen Bugtracker oder kommerziellen Strukturen

Einflussreich: Grundlage für SUSE in frühen Versionen und mehrere Derivate

Derivate & Abkömmlinge

Salix OS: benutzerfreundliches Slackware mit Abhängigkeitsmanagement, vorkonfigurierten Desktops und grafischem Paketmanager

Zenwalk: optimiert für Desktop- und Multimedia-Einsatz, schlankere Grundinstallation

Absolute Linux: für Ein- und Umsteiger, mit vorinstallierter Softwareauswahl

Slackware ARM (ARMedslack): Portierung für ARM-Architekturen, inkl. Raspberry Pi

Slackware Live Edition: bootfähiges Live-System, ohne Installation nutzbar

Stärken

Älteste noch aktive Distribution, über 30 Jahre kontinuierlich gepflegt

Extrem stabil und transparent, ohne versteckte Automatismen

Ideal für Lernzwecke, folgt Unix-Prinzipien

Volle Kontrolle, keine unerwarteten Automationseffekte

Einflussreich auf andere Distributionen

Rahmenbedingungen

Nicht für Einsteiger geeignet – steile Lernkurve

Manuelle Abhängigkeitsverwaltung notwendig

Textbasierte Installation, keine automatische Hardware-Erkennung

Entwicklung stark an eine Person (Volkerding) gebunden

Langsamer Releaserhythmus

Kein offizieller kommerzieller Support, Community-getragene Hilfe

3.8.5 Exkurs: Gentoo und Alpine – Linux jenseits des Mainstreams

In der Welt der Linux-Distributionen existieren Systeme, die ganz bewusst einen anderen Weg gehen. Zwei Beispiele dafür sind Gentoo und Alpine – grundverschieden, aber beide ein Beleg für die enorme Spannweite, die Linux bietet.

Gentoo versteht sich als Baukasten in Reinform. Nahezu alles wird aus dem Quellcode kompiliert, zugeschnitten auf die eigene Hardware und die individuellen Anforderungen. Wer Gentoo nutzt, bestimmt nicht nur, welche Pakete installiert werden, sondern auch, mit welchen Compiler-Optionen. Das Ergebnis ist maximale Kontrolle – und ein tiefer Einblick in die Funktionsweise von Linux.

Alpine Linux verfolgt das Gegenteil. Minimalismus, Sicherheit und Effizienz. Statt der üblichen glibc setzt Alpine auf musl, statt auf umfangreiche Werkzeuge auf BusyBox. Heraus kommt ein System, das mit wenigen Megabyte auskommt und sich vor allem in Containern und Cloud-Infrastrukturen wohlfühlt. Nicht zufällig ist Alpine das Standard-Image in vielen Docker-Umgebungen – ein kleiner, unscheinbarer, aber unverzichtbarer Baustein der modernen IT.

Beide Systeme – Gentoo wie Alpine – sind nichts für den schnellen Einstieg. Sie richten sich an Spezialisten, Puristen oder Entwickler, die genau wissen, was sie tun wollen. Doch gerade dadurch machen sie sichtbar, wie breit die Linux-Welt gefächert ist: von voll ausgestatteten Desktop-Systemen bis hin zu extrem schlanken oder hochgradig angepassten Lösungen [77–80].

Desktop-Umgebungen – (k)eine oberflächliche Entscheidung

4

4.1 Bedeutung, Funktion und Auswahlkriterien moderner Desktop-Umgebungen

Jede Linux-Distribution hat in der Regel eine bevorzugte Desktop-Umgebung – sie bestimmt, wie das System aussieht, sich bedienen lässt und welche Werkzeuge im Mittelpunkt stehen. Welche Oberfläche zum Einsatz kommt, hängt dabei meist weniger von optischen Vorlieben ab als von strategischen Überlegungen. Manche Distributionen setzen bewusst auf besonders ressourcenschonende Umgebungen, um auch auf älterer oder leistungsschwächerer Hardware flüssig zu laufen. Andere zielen auf ein möglichst vollständiges Ökosystem mit durchgängigem Design, enger Integration von Anwendungen und umfassender Funktionalität. Auch die Community-Prägung spielt eine Rolle: KDE, GNOME, Xfce oder Cinnamon stehen nicht nur für unterschiedliche Bedienkonzepte, sondern auch für verschiedene Philosophien im Umgang mit Technik, Modularität und Nutzerführung.

Einige Beispiele machen diese Entscheidungen greifbar: MX Linux setzt auf Xfce – leichtgewichtig, solide und angenehm unspektakulär [40]. Wer es klassisch mag, wird hier nichts vermissen. Fedora liefert GNOME als Standard – modern, designorientiert und eng mit aktuellen technischen Entwicklungen verzahnt [15]. Auch Ubuntu setzt in der Hauptausgabe auf GNOME – gepflegt direkt von Canonical [13, 42]. Daneben existieren offizielle Varianten mit anderen Desktop-Umgebungen, etwa KDE Plasma oder Xfce. Diese sogenannten Flavors – etwa Kubuntu, Xubuntu oder Ubuntu MATE – werden von jeweils eigenständigen Community-Teams betreut und bringen ihre eigene Ausrichtung und gestalterische Handschrift mit.

openSUSE wiederum setzt auf KDE Plasma – eine funktionsreiche, hoch anpassbare Oberfläche, die sich im Ressourcenverbrauch auf ähnlichem Niveau bewegt wie GNOME [67–69]. Linux Mint geht bewusst einen anderen Weg. Mit Cinnamon liefert es eine Umgebung, die sich stark an klassischen Windows-Oberflächen orientiert und damit besonders

A. Zambito, *Linux für Einsteiger und Umsteiger*,
https://doi.org/10.1007/978-3-658-51091-6_4

Umsteigern vertraut vorkommt – funktional ausgewogen, ohne Experimente [82–85]. Manjaro schließlich tritt gleich in mehreren Varianten auf: mit Xfce, GNOME oder KDE. Im Unterschied zu Ubuntu erfolgt die Pflege hier jedoch zentral durch das Manjaro-Team, nicht durch separate Flavors [43, 44]. Die Wahl der Desktop-Umgebung erfolgt vor der Installation durch Auswahl des passenden ISO-Abbilds.

Nicht jede Distribution legt sich strikt auf eine einzige Desktop-Umgebung fest. Manche lassen dem Nutzer schon bei der Installation die Wahl: GNOME, KDE Plasma, Xfce, Cinnamon oder etwas ganz anderes? Debian etwa überlässt diese Entscheidung ganz dem Nutzer. Auch bei Arch-basierten Systemen wie EndeavourOS oder ArcoLinux steht eine breite Palette bereit – ein flexibler Ansatz, der allerdings etwas mehr Vorwissen verlangt. Diese Offenheit spiegelt den Grundgedanken vieler Linux-Systeme: Nicht das System entscheidet, wie man arbeitet, sondern der Nutzer.

Diese unterschiedlichen Strategien – feste Vorgaben, flexible Auswahl oder eigenständige Varianten – zeigen, wie vielfältig der Umgang mit Desktop-Umgebungen unter Linux ist. Für Einsteiger lohnt sich der Blick auf die Konzepte hinter der Oberfläche (Tab. 4.1).

4.1.1 Vertraute Oberflächen für Umsteiger

Wer von Windows zu Linux wechselt, ist oft auf der Suche nach einer Umgebung, die vertraut wirkt – ohne große Umstellung, ohne grafische Abenteuer. In solchen Fällen kommen Desktop-Umgebungen wie Cinnamon, Zorin OS Desktop oder bestimmte Konfigurationen von KDE Plasma ins Spiel: Sie orientieren sich am klassischen Windows-Layout mit Startmenü, Taskleiste und Fenstersteuerung. Für alle, die möglichst schnell loslegen wollen, ist das eine willkommene Erleichterung.

Linux Mint mit Cinnamon gilt in diesem Bereich als besonders zugänglich. Die Oberfläche ist bewusst unaufgeregt gestaltet, klar gegliedert und verzichtet auf visuelle Spielereien. Zorin OS unterscheidet dabei zwischen einer Core-Edition mit angepasster GNOME-Shell und einer Lite-Variante auf Basis von Xfce. Beide verfolgen das Ziel, Windows-Umsteigern eine vertraute Oberfläche zu bieten – optisch angepasst, funktional reduziert und leicht zu bedienen.

Auch KDE Plasma lässt sich so einrichten, dass es visuell und funktional sehr nah an Windows herankommt – mit klassischer Fensterlogik, Rechtsklick-Menüs und Taskleiste. Anders als Cinnamon oder Zorin ist KDE dabei allerdings ein echtes Chamäleon: mal minimalistisch, mal verspielt, mal sachlich, mal bunt – ganz nach Geschmack und Bedarf [38, 39, 84, 85, 87, 89].

4.1.2 Designorientierte Desktop-Umgebungen

KDE Plasma führt zugleich in eine andere Welt: zu grafischen Oberflächen, die sich nicht an Bekanntem orientieren, sondern eigene Wege gehen. Hier steht neben KDE vor allem

Tab. 4.1 Vergleich ausgewählter Desktop-Umgebungen nach technischer Basis, Designstil, Ressourcenbedarf, Vorteilen für Windows-Umsteiger und Beispiel-Distributionen

Desktop Umgebung	Technische Basis	Designstil	Ressourcenbedarf	Vorteile für Windows-Umsteiger	Beispiel-Distributionen
KDE Plasma	Qt	Hochgradig anpassbar	Mittel bis hoch	Stark anpassbar, Windows-ähnlich konfigurierbar	Kubuntu, openSUSE, KDE Neon
GNOME	GTK	Minimalistisch, modern	Mittel	Reduziert, fokussiert, neue Bedienlogik	Fedora, Ubuntu, Pop!_ OS
Cinnamon	GTK	Klassisch, vertraut	Mittel	Sehr Windows-nah, einfache Umgewöhnung	Linux Mint
Budgie	GTK	Elegant, aufgeräumt	Mittel	Modernes Design, intuitiv, vertraute Logik	Solus, Ubuntu Budgie
Xfce	GTK	Klassisch, funktional	Niedrig	Klassische Metaphern, leicht anpassbar	Xubuntu, MX Linux, Kali Linux
MATE	GTK	Traditionell, robust	Niedrig bis mittel	Vertrautes Layout, sehr stabil	Linux Mint MATE, Ubuntu MATE
LXQt	Qt	Minimalistisch, modular	Sehr niedrig	Schnell, klar strukturiert, ressourcenschonend	Lubuntu, Artix, Manjaro LXQt
Zorin OS	GTK (Core/Pro: GNOME, Lite: Xfce)	Windows-nah, modern	Mittel/Niedrig	Windows-Layout, schnell verständlich	Zorin OS Core, Pro, Lite

GNOME im Fokus: ein klar strukturiertes, tastaturfreundliches Konzept mit Schwerpunkt auf Reduktion, Klarheit und Effizienz. Auch Budgie, ursprünglich für Solus entwickelt, gehört in diese Kategorie: modern im Aufbau, aufgeräumt im Design und für alle, die Wert auf eine ruhige, konsistente Benutzererfahrung legen.

4.1.3 Ressourcenschonende Desktop-Umgebungen

Nicht jeder Rechner ist auf dem neuesten Stand der Technik. Und nicht jede Aufgabe verlangt nach Transparenzeffekten oder animierten Menüs. Gerade auf älterer Hardware braucht es eine Umgebung, die mit wenig RAM und CPU-Leistung auskommt – und trotzdem stabil, funktional und benutzerfreundlich bleibt.

Xfce gehört zu den bewährten Leichtgewichten unter den Desktop-Umgebungen. Es verzichtet auf visuelle Spielereien, bietet aber alles Wesentliche: Panel, Fensterverwaltung, Dateimanager, Terminal, Einstellungsdialoge. Viele Distributionen setzen Xfce gezielt in ihren schlanken Varianten ein – etwa Linux Lite oder Manjaro Xfce.

MATE, eine Abspaltung von GNOME 2, richtet sich an alle, die es klassisch, übersichtlich und ressourcenschonend mögen. Es bringt ein eigenes Konfigurationssystem mit und wird in Ubuntu MATE oder Linux Mint MATE aktiv gepflegt.

Noch sparsamer geht es mit LXQt: ein modularer Desktop, der mit sehr wenig Speicher auskommt und flott startet – auch auf betagter Hardware. Lubuntu ist hier das bekannteste Beispiel.

Auch Zorin OS Lite verdient eine Erwähnung: Es kombiniert Xfce-Technik mit einer besonders einsteigerfreundlichen Oberfläche – ideal für alle, die einen alten Rechner weiter nutzen, aber auf gewohnte Strukturen nicht verzichten wollen [39, 98–103].

4.1.4 Spezialisierte Desktop-Umgebungen und Sonderdistributionen

Neben den klassischen und ressourcenschonenden Oberflächen gibt es Systeme, die für ganz bestimmte Zwecke gedacht sind – weniger für den Alltag, mehr für Spezialisten. Dazu zählen etwa Kali Linux, Parrot OS oder Tails.

Kali Linux, entwickelt von Offensive Security, richtet sich an Sicherheitsexperten und bringt eine umfangreiche Sammlung an Werkzeugen für Netzwerkanalyse, Penetration Testing und digitale Forensik mit. Standard ist eine angepasste Xfce-Oberfläche, optional lassen sich auch KDE oder GNOME nutzen. Eine Besonderheit: Per Mausklick lässt sich ein Windows-ähnliches Layout aktivieren – für Tarnung in sensiblen Umgebungen.

Parrot OS verfolgt ein ähnliches Ziel, legt aber stärkeres Gewicht auf Datenschutz und sichere Kommunikation. Standardmäßig wird MATE als Desktop-Umgebung eingesetzt – für alle Editionen, ob Home, Security oder HTB. Alternativ lassen sich auch Xfce, GNOME oder KDE nachinstallieren. Die Anpassbarkeit der Oberfläche gehört ausdrücklich zum Konzept.

Tails – „The Amnesic Incognito Live System" – geht noch einen Schritt weiter: Es läuft ausschließlich als Live-System, speichert keine Daten und routet den gesamten Internetverkehr über das Tor-Netzwerk. Die verwendete GNOME-Oberfläche ist stark reduziert, aber bewusst vertraut gehalten.

Im Alltag der meisten Nutzer spielen solche Systeme kaum eine Rolle. Sie zeigen aber eindrucksvoll, wie flexibel sich Desktop-Umgebungen anpassen lassen, wenn der Anwendungsfall es verlangt [47–53].

4.1.5 Desktop-Umgebungen im Porträt

4.1.5.1 Cinnamon – Vertrautes mit System

Cinnamon entstand 2011 als Reaktion auf die radikale Neuausrichtung von GNOME: Die klassische Desktop-Metapher wurde in der GNOME Shell durch ein neues Bedienkonzept ersetzt – modern, aber nicht jedermanns Sache. Das Team hinter Linux Mint entschied sich, einen eigenen Weg zu gehen – und entwickelte Cinnamon: eine Oberfläche, die Bewährtes bewahrt und zugleich aktuelle Technik nutzt.

Technisch basiert Cinnamon auf GTK – dem „GIMP Toolkit", einer weit verbreiteten Programmbibliothek für grafische Benutzeroberflächen unter Linux. Auch GNOME und Xfce setzen auf diese Grundlage. Seit Version 2.0 ist Cinnamon eine eigenständige Desktop-Umgebung – unabhängig von GNOME und konsequent auf Stabilität und Alltagstauglichkeit ausgelegt.

Im Design setzt Cinnamon auf vertraute Strukturen: Startmenü unten links, Taskleiste am unteren Bildschirmrand, Fenster mit Schließen-Knopf rechts oben – alles dort, wo man es erwartet. Für viele Umsteiger eine willkommene Konstante. Die Menüführung ist logisch, die Systemeinstellungen übersichtlich – wer produktiv arbeiten will, findet sich schnell zurecht.

Trotz seiner klassischen Anmutung ist Cinnamon kein statisches System. Die Oberfläche lässt sich mit Desklets, Applets und Themes anpassen – wer will, kann gestalten. Wer nicht will, bekommt eine aufgeräumte, funktionale Umgebung, die direkt einsatzbereit ist.

Im professionellen Einsatz punktet Cinnamon mit einem guten Gleichgewicht: weniger ressourcenhungrig als KDE, aber deutlich komfortabler als minimalistische Alternativen wie LXQt. Dank der engen Anbindung an Linux Mint profitiert Cinnamon von stabilen LTS-Versionen, planbaren Updates und einer aktiven Entwicklung. Auch Zusatzwerkzeuge wie Timeshift (für System-Snapshots) oder die X-Apps sind direkt integriert.

Cinnamon eignet sich für alle, die eine verlässliche, anpassbare und dennoch unkomplizierte Arbeitsumgebung suchen – im Büro, im Homeoffice oder als solide Basis für produktives Arbeiten unter Linux [82–85, 90].

4.1.5.2 KDE Plasma – Flexibilität ohne Limit

Im Oktober 1996 stellte Matthias Ettrich, damals Informatikstudent in Tübingen, im Usenet eine Idee vor: eine Desktop-Umgebung für Unix-Systeme, die benutzerfreundlich, konsistent und grafisch einheitlich sein sollte. Der Name KDE stand ursprünglich für

„Kool Desktop Environment“ – eine augenzwinkernde Anspielung auf das kommerzielle Common Desktop Environment (CDE), von dem man sich bewusst absetzen wollte. Zwei Jahre später erschien KDE 1.0 in seiner ersten stabilen Version.

KDE Plasma gilt als eine der flexibelsten Desktop-Umgebungen unter Linux – kaum ein anderes System lässt sich so umfassend anpassen. Es basiert auf Qt, einem leistungsstarken Framework für die plattformübergreifende Entwicklung grafischer Anwendungen. Diese technische Grundlage unterscheidet Plasma deutlich von GTK-basierten Umgebungen wie GNOME oder Cinnamon – nicht nur in der Architektur, sondern auch im Erscheinungsbild.

Die Oberfläche ist hochgradig konfigurierbar: Panels, Widgets, Arbeitsflächen, Themes – fast alles lässt sich ändern oder austauschen. Das kann anfangs überfordern, eröffnet aber enorme Freiheiten. Wer möchte, kann Plasma wie Windows aussehen lassen. Oder wie macOS. Oder wie aus einem Science-Fiction-Film – ganz nach Geschmack und Vorstellungskraft.

Trotz der Funktionsvielfalt bleibt Plasma ressourcenschonend. Moderne Versionen bieten eine ausgewogene Balance zwischen Effizienz und visueller Qualität. Dank ausgeklügeltem Speichermanagement läuft Plasma heute auch auf mittelstarker Hardware flüssig.

Ein weiterer Vorteil ist die enge Verzahnung mit KDE-eigenen Anwendungen wie Dolphin (Dateimanager), Konsole (Terminal) oder KRunner (Such- und Befehlszeile): Sie wirken nicht nur optisch wie aus einem Guss, sondern greifen auch funktional ineinander – ideal für durchdachte Workflows.

Plasma ist wie gemacht für alle, die gern selbst bestimmen, wie ihr System aussieht und funktioniert. Wer Freude an Individualisierung und Detailarbeit hat, findet hier eine Umgebung, die fast keine Grenzen kennt – oder einfach so genutzt werden kann, wie sie ist [86–89, 91].

▶ **GTK und Qt – zwei Welten, ein Ziel** Wer sich mit Linux-Desktops beschäftigt, stößt schnell auf zwei technische Grundpfeiler: GTK und Qt. Beide sind sogenannte Toolkits – also Programmbibliotheken für grafische Benutzeroberflächen. Sie bestimmen, wie Fenster, Buttons, Menüs oder Dialoge aussehen und wie sie sich verhalten.

GTK („GIMP Toolkit“) entstand ursprünglich im Umfeld des Bildbearbeitungsprogramms GIMP und bildet heute die Grundlage für GNOME, Cinnamon, Xfce und viele weitere Anwendungen. Es ist in C geschrieben, modular aufgebaut und offen dokumentiert – ideal für schlanke, klassische Oberflächen.

Qt wurde Anfang der 1990er-Jahre vom norwegischen Unternehmen Trolltech (heute: The Qt Company) vorgestellt. Die Abkürzung ist kein Akronym: Das „Q“ wurde wegen seiner eleganten Form gewählt, das „t“ steht schlicht für Toolkit – inspiriert vom damaligen Xt-Toolkit des X Window Systems. Qt ist in C++ geschrieben und bietet ein umfangreiches Framework für plattformübergreifende grafische Anwendungen – die Grundlage für KDE Plasma und viele seiner Anwendungen.

GTK- und Qt-Anwendungen unterscheiden sich nicht nur im technischen Aufbau, sondern auch im Erscheinungsbild und Bediengefühl. Unter der Oberfläche ist das jedoch keine Glaubensfrage, sondern schlicht eine Frage der Architektur – beide Toolkits haben ihre Stärken [90, 91].

4.1.5.3 GNOME – Reduktion mit Konzept

Das GNOME-Projekt wurde im August 1997 von Miguel de Icaza und Federico Mena Quintero in Mexiko ins Leben gerufen. Ziel war eine vollständig freie Desktop-Umgebung – als Alternative zu KDE, das seinerzeit noch auf proprietäre Qt-Komponenten setzte. GNOME sollte auf GTK basieren und unter einer freien Lizenz stehen – ein Prinzip, das bis heute gilt.

Während KDE für maximale Gestaltungsfreiheit steht, verfolgt GNOME einen anderen Ansatz: konsequente Reduktion, klare Strukturen, durchdachtes Design.

Die GNOME Shell, wie die aktuelle Oberfläche heißt, unterscheidet sich deutlich vom klassischen Desktop-Modell: kein Startmenü, keine Taskleiste, keine Fensterknöpfe in gewohnter Formation. Wer von Windows kommt, mag das zunächst befremdlich finden – vieles ist anders organisiert. Doch genau darin liegt auch eine Stärke: GNOME denkt den Desktop neu, setzt auf Übersicht statt Überladung und fördert eine effiziente Arbeitsweise mit Tastenkombinationen und virtuellen Arbeitsflächen. Wer sich darauf einlässt, entdeckt schnell eine durchdachte, störungsarme Umgebung, die den Fokus auf das Wesentliche lenkt – nicht auf das Drumherum.

Zentrales Element ist das Aktivitäten-Menü, ergänzt durch ein klares Fenstermanagement, eine einheitliche Designsprache und die konsequente Ausrichtung auf Tastaturbedienung. Was anfangs gewöhnungsbedürftig erscheint, entpuppt sich mit der Zeit oft als angenehm entschlackt – minimal, aber funktional.

GNOME legt großen Wert auf Konsistenz und Einfachheit. Anwendungen folgen gemeinsamen Designrichtlinien, wodurch sich alles vertraut und aus einem Guss anfühlt. Das schafft Ruhe – aber auch Grenzen. Wer gerne an jeder Ecke schraubt, wird hier eher gebremst. Wer hingegen eine sofort nutzbare, unaufgeregte Umgebung sucht, könnte hier fündig werden.

Technisch basiert GNOME auf GTK und bringt ein ganzes Ökosystem eigener Anwendungen mit: vom Dateimanager „Files" (ehemals Nautilus) über das Terminal bis hin zu Softwareverwaltung und Systemeinstellungen – alles aus einem Guss. Erweiterungen erlauben dennoch gewisse Anpassungen, etwa alternative Menüs, Themen oder zusätzliche Funktionen. Aber: Wer tief eingreifen will, muss sich einarbeiten.

GNOME polarisiert – und genau das macht es interessant. Kaum eine andere Umgebung wird so intensiv diskutiert, geliebt oder kritisiert. Doch GNOME bleibt sich treu: mit einer klaren Linie, einem eigenen Selbstverständnis und einer aktiven Entwicklergemeinschaft. Wer bereit ist, umzudenken, findet hier eine moderne, produktive Umgebung, die nicht jedem Trend folgt – sondern ihren eigenen Weg geht [90, 92].

Praktische Tastenkombinationen in GNOME

GNOME lässt sich am besten mit der Tastatur bedienen – das ist kein Muss, aber oft effizienter. Hier eine Auswahl nützlicher Shortcuts für den Einstieg:

Super (Windows-Taste): Öffnet die Aktivitäten-Übersicht
Super + A: Zeigt alle installierten Anwendungen
Super + ↑↓: Maximieren oder minimieren ein Fenster

Super + ←→: Platziert ein Fenster auf der halben Bildschirmbreite
Alt + Tab: Wechselt zwischen geöffneten Anwendungen
Alt + F4: Schließt das aktuelle Fenster
Ctrl + Alt + T: Öffnet ein Terminal (vorausgesetzt, es ist konfiguriert)
Print/Shift + Print: Bildschirmfoto, Bereichsauswahl, oder Screenshot eines Fensters
Super + L: Sperrt den Bildschirm
Ctrl + Alt + Pfeiltasten (←/→): Wechselt zwischen Arbeitsflächen

Diese Kombinationen funktionieren in der Regel ohne zusätzliche Konfiguration. Wer mehr möchte, findet unter „Tastaturkürzel" in den GNOME-Einstellungen eine komplette Übersicht – und kann dort auch eigene definieren.

4.1.5.4 Budgie – Modern, leicht und aufgeräumt

Budgie ist eine vergleichsweise junge Desktop-Umgebung, ursprünglich entwickelt vom Solus-Projekt. Die erste Veröffentlichung erschien 2014, initiiert von Ikey Doherty in Großbritannien. Ziel war eine moderne, elegante Oberfläche – ansprechend im Design, aber ohne unnötige Komplexität.

Technisch basiert Budgie auf GTK, nutzt jedoch viele eigene Komponenten sowie eine speziell entwickelte Shell. Anders als GNOME oder KDE verfolgt Budgie keinen neuen Paradigmenwechsel, sondern setzt auf klassische Desktop-Elemente: Panel, Anwendungsmenü, Systemtray. Das Ergebnis ist eine Oberfläche, die modern wirkt, aber vertraut bleibt – angenehm neutral, im besten Sinne zurückhaltend.

Für Einsteiger und Umsteiger bietet Budgie einen unkomplizierten Zugang zur Linux-Welt. Das Menü ist klar gegliedert, die Bedienung intuitiv, die Oberfläche schnörkellos – und dennoch individuell anpassbar. Besonders Windows-Umsteiger finden hier eine sanfte Lernkurve: Das Startmenü erinnert an bekannte Strukturen, Fenster lassen sich klassisch verwalten, die Bedienphilosophie bleibt vertraut. Wer keine Lust auf radikale Umgewöhnung hat, aber dennoch eine moderne Umgebung sucht, findet mit Budgie einen überzeugenden Mittelweg.

Standardmäßig kommt Budgie bei Solus zum Einsatz, wird aber auch in Ubuntu Budgie gepflegt – einem offiziellen Ubuntu-Flavor mit eigenem Entwicklerteam. Darüber hinaus lässt sich Budgie problemlos in anderen Distributionen installieren, etwa in Arch, Fedora oder openSUSE [94–97].

4.1.5.5 Xfce – Bewährt, schlank und angenehm unspektakulär

Xfce gehört zu den ältesten noch aktiv entwickelten Desktop-Umgebungen unter Linux. Das Projekt wurde Mitte der 1990er-Jahre von Olivier Fourdan in Frankreich ins Leben gerufen – ursprünglich als freie Alternative zum Common Desktop Environment (CDE). Der Name Xfce stand einst für „XForms Common Environment", ist heute jedoch nur noch als Kürzel in Gebrauch – ohne offizielle Bedeutung.

Von Beginn an verfolgt Xfce ein klares Ziel: eine leichtgewichtige, ressourcenschonende Oberfläche zu bieten, die trotzdem funktional und benutzerfreundlich bleibt. Technisch basiert Xfce auf GTK, verzichtet aber bewusst auf aufwendige visuelle Effekte oder moderne Designexperimente. Wer ein klassisches Desktop-Paradigma mit Panel, Menü, Fensterleiste und Taskbar sucht, wird hier fündig – ohne Schnickschnack, aber mit allem, was man braucht.

Ein großer Pluspunkt ist die Stabilität: Xfce entwickelt sich langsam, aber stetig – ein Vorteil für produktive Umgebungen oder alle, die keine bösen Überraschungen mögen. Auch ältere oder leistungsschwächere Systeme profitieren von der Effizienz: Xfce gilt als eines der sparsamsten GTK-basierten Desktops überhaupt.

Trotz der schlanken Basis lässt sich Xfce gut anpassen: Ob dunkles Theme, transparente Panels oder alternative Fenstermanager – wer möchte, kann die Oberfläche nach eigenen Vorlieben gestalten. Bekannte Distributionen wie Xubuntu, Linux Lite oder MX Linux setzen gezielt auf Xfce, um eine schnelle, übersichtliche und verlässliche Nutzererfahrung zu bieten.

Auch spezialisierte Systeme wie Kali Linux setzen auf Xfce – und das mit gutem Grund. Kali, entwickelt für Penetration Testing und digitale Forensik, nutzt seit Version 2019.4 standardmäßig Xfce als Desktop-Umgebung. Die Wahl fiel auf Xfce wegen seiner geringen Ressourcenanforderungen, Stabilität und unaufdringlichen Gestaltung – ideal für den Betrieb als Live-System, in virtuellen Maschinen oder vom USB-Stick. Und: Die klassische Fensterlogik, Taskleiste und das Anwendungsmenü erleichtern den Einstieg – gerade für Umsteiger aus der Windows-Welt. Auch im Fernzugriff via xRDP läuft Xfce zuverlässig. Wer produktiv arbeiten möchte, ohne von der Oberfläche abgelenkt zu werden, ist hier genau richtig [41, 47, 98].

4.1.5.6 MATE – Klassisch, robust und vertraut

MATE ist eine Desktop-Umgebung mit klarer Ausrichtung: Sie setzt auf klassische Bedienkonzepte und führt den Ansatz von GNOME 2 konsequent weiter. Entstanden ist das Projekt als Reaktion auf die Neuausrichtung von GNOME 3 – mit dem Ziel, eine verlässliche, übersichtliche und bewährte Oberfläche zu bewahren.

Benannt nach dem südamerikanischen Mate-Tee, wurde MATE ab 2011 von einer Gruppe engagierter Entwickler gepflegt – heute vor allem vom Team rund um Linux Mint und Ubuntu MATE. Technisch basiert MATE auf GTK, inzwischen überwiegend auf GTK3, und bietet viele der alten GNOME-Komponenten in modernisierter Form.

Für Windows-Umsteiger ist MATE oft ein willkommener Einstieg: Es sieht vertraut aus, verhält sich vorhersehbar und stellt die klassischen Elemente bereit – von der Menüleiste über das Panel bis hin zu systemnahen Tools. Wer bislang mit Windows XP, 7 oder 10 gearbeitet hat, wird sich in MATE schnell zurechtfinden – das gewohnte Layout mit Menü, Taskleiste und Fensterrahmen fühlt sich sofort vertraut an. Anders als GNOME verfolgt MATE keine neuen Bedienkonzepte, sondern bleibt bewusst beim Altbewährten – was keineswegs rückständig ist, sondern in vielen produktiven Szenarien einfach gut funktioniert.

MATE bringt auch eine Reihe eigener, gut integrierter Anwendungen mit: Der Dateimanager Caja, der Texteditor Pluma, der Terminal-Emulator Mate Terminal oder der Fenstermanager Marco sind funktional solide, optisch konsistent und angenehm schnörkellos. Alles wirkt, als gehöre es zusammen – was nicht nur optisch, sondern auch im täglichen Gebrauch überzeugt.

Distributionen wie Linux Mint MATE oder Ubuntu MATE zeigen, wie stimmig MATE in ein modernes System integriert werden kann: schnell, schlank und durchdacht. Wer klassische Desktop-Metaphern schätzt und nicht auf ein minimalistisches, aber vollständiges Arbeitsumfeld verzichten möchte, wird an MATE viel Freude haben [99–101].

4.1.5.7 LXQt – Leicht, nüchtern, effizient

LXQt ist der Nachfolger von LXDE und entstand aus der Fusion von LXDE und Razor-qt – zwei Projekten mit dem gemeinsamen Ziel, eine ultraleichte Desktop-Umgebung für leistungsschwache Systeme zu schaffen. Der Zusammenschluss wurde 2013 angekündigt, seither wird LXQt aktiv weiterentwickelt. Anders als viele andere Desktop-Umgebungen basiert LXQt nicht auf GTK, sondern auf Qt – und setzt damit bewusst auf eine moderne, modulare Architektur.

Das merkt man auch im Alltag: LXQt startet schnell, läuft flüssig und begnügt sich mit minimalen Systemressourcen. Die Oberfläche wirkt klassisch – mit Startmenü, Panel, Systemtray und Fenstern – verzichtet aber auf aufwendige Animationen oder visuelle Effekte. Das macht LXQt nicht nur effizient, sondern auch angenehm nüchtern. Wer keine Ablenkung will und lieber ein System hat, das sofort reagiert, ist hier genau richtig.

Für Umsteigerinnen und Umsteiger aus der Windows-Welt ist LXQt ein interessanter Kandidat: Das Bedienkonzept ist vertraut, die Menüstruktur logisch aufgebaut, und viele Grundfunktionen verhalten sich so, wie man es erwartet. Dabei bleibt genug Spielraum zur Individualisierung – von alternativen Fenstermanagern bis hin zu eigenen Tastaturkürzeln.

LXQt kommt unter anderem in Lubuntu zum Einsatz – einer offiziellen Ubuntu-Variante, die speziell für ältere Rechner entwickelt wurde. Auch Arch-basierte Systeme wie Manjaro oder Artix bieten Versionen mit LXQt an. Gerade auf älterer Hardware oder in virtuellen Maschinen spielt LXQt seine Stärken aus: schnell, schlank, stabil – ohne Schnickschnack, aber mit System [102].

4.1.5.8 Zorin OS – Vertraut und zugänglich

Zorin OS richtet sich gezielt an Umsteigerinnen und Umsteiger aus der Windows-Welt – und das merkt man der Oberfläche sofort an. Die Core- und Pro-Editionen basieren auf einer angepassten GNOME-Shell, die sich visuell stark an Windows 10 oder 11 orientiert: Startmenü, Taskleiste, klassische Fenstersteuerung – alles fühlt sich vertraut an, ohne dabei starr zu wirken. Per Mausklick lassen sich verschiedene Layouts auswählen, die bekannte Systeme nachbilden – auch macOS ist dabei.

Wer ältere Hardware nutzen möchte, greift zur Lite-Edition: Sie basiert auf Xfce und bietet die gleiche vertraute Oberfläche, aber mit deutlich geringeren Systemanforderungen. Auch hier bleibt das Ziel klar: eine angenehme Nutzererfahrung ohne große Hürden – optisch modern, aber funktional bewährt [38–39, 103].

4.1.6 Freiheit in Vielfalt

Die Wahl der Desktop-Umgebung ist keine Frage von richtig oder falsch – sondern von Anforderungen, Arbeitsweisen und Vorlieben. Manche mögen es klassisch, andere reduziert oder bis ins Detail konfigurierbar. Und das Schöne ist, man muss sich nicht für immer festlegen.

Wer experimentiert, lernt nicht nur die Systeme besser kennen, sondern auch die eigene Arbeitsweise. Es lohnt sich, verschiedene Oberflächen auszuprobieren – nicht, um die beste zu finden, sondern die, mit der man gerne arbeitet. Und genau das ist die Stärke von Linux: Es gibt nicht die eine Lösung, sondern viele gute.

5 Linux kennenlernen: Testumgebungen und erste Schritte

Die passende GNU/Linux Distribution zu finden, ist oft leichter, als man denkt – vorausgesetzt, man setzt sich selbst nicht unter Druck setzt. Je nachdem wie, schlicht oder komplex die eigenen Anforderungen sind, kann die Entscheidung unterschiedlich lange dauern.

Wer primär primär im Internet surft, Medien konsumieren und gelegentlich E-Mails schreibt oder Office-Anwendungen nutzt, muss sich keine großen Gedanken machen. Für diese Zwecke eignet sich fast jede Distribution. Wer gerne spielt und viel Zeit mit Games verbringt, kann sich auf spezialisierte Varianten konzentrieren, die das Spieleerlebnis fördern. Geht es eher um den beruflichen Einsatz, legt man vielleicht größeren Wert auf Stabilität – und damit auf längere Versionslaufzeiten und verlässliche Updates.

Egal welcher Nutzer-Typ man letztendlich ist – bevor man sich auf eine Installation einlässt, sollte man das System erst einmal in Ruhe kennenlernen. Linux lässt sich auf verschiedenen Wegen ausprobieren – unverbindlich, risikofrei und ohne dauerhafte Veränderungen am bestehenden Computer. Ob als Live-System vom USB-Stick, als virtuelle Maschine unter Windows oder auf einem älteren PC, der ohnehin nicht mehr produktiv genutzt wird. Der Einstieg in Linux muss kein radikaler Schritt sein. Er kann gut vorbereitet, kontrolliert und Schritt für Schritt erfolgen.

Gerade für Umsteigerinnen und Umsteiger ist dieser Weg ideal. Man bekommt ein Gefühl für das System, erlebt die Arbeitsweise und das Design verschiedener Distributionen – ohne gleich Partitionen anzufassen oder den Bootloader zu verändern. Auch wer einfach nur neugierig ist oder sich einen Überblick verschaffen möchte, findet hier einen sicheren Rahmen für erste Erfahrungen.

Dieses Kapitel zeigt, wie man Linux live erlebt, in einer virtuellen Umgebung testet oder auf einem Zweitrechner installiert – ohne Druck, ohne Risiko, aber mit allem, was dazugehört.

A. Zambito, *Linux für Einsteiger und Umsteiger*,
https://doi.org/10.1007/978-3-658-51091-6_5

5.1 Linux live erleben – ohne Risiko

Wer keine virtuelle Maschine auf seinem System laufen lassen will oder aufgrund geringen Speicherplatzes auf der Festplatte nicht kann, findet im USB-Live-System eine gute Möglichkeit, interessante Distributionen auszuprobieren [34, 35]. Auch wenn es darum geht, die Tauglichkeit eines Systems oder die Hardware-Unterstützung zu prüfen, ist man hier gut beraten. Beim Start über den USB-Stick wird automatisch ein Hardwarecheck durchgeführt, der die verbauten Komponenten erkennt und die passenden Module und Treiber lädt [36]. Das erspart das manuelle Durchforsten des Windows-Gerätemanagers und zeigt unmittelbar, was funktioniert – und was nicht.

Ein Live-System lässt sich aber nicht nur zum Ausprobieren nutzen, sondern auch unterwegs oder auf fremden Rechnern einsetzen. Wer auf einem anderen Gerät arbeiten möchte, ohne Spuren zu hinterlassen oder das bestehende System zu verändern, hat mit einem Live-Stick eine verlässliche Umgebung zur Hand. Besonders konsequent umgesetzt ist dieser Ansatz bei Tails – kurz für *The Amnesic Incognito Live System*. Es läuft ausschließlich vom USB-Stick und bietet optional einen passwortgeschützten persistenten Speicher. Damit lassen sich nicht nur Dateien ablegen, sondern auch persönliche Einstellungen sichern. Das System ist konsequent auf Anonymität und Datenschutz ausgelegt. Der gesamte Internetverkehr wird standardmäßig über das Tor-Netzwerk geleitet, es bleiben keine Spuren auf dem genutzten Rechner zurück, und alle temporären Daten werden beim Herunterfahren gelöscht [52, 53]. Wer Wert auf Privatsphäre legt oder unter besonderen Bedingungen arbeiten muss, findet hier eine verlässliche und durchdachte Lösung – etwa für Journalisten, Aktivisten oder Whistleblower.

Auch spezialisierte Distributionen wie Kali Linux setzen konsequent auf das Live-Prinzip – allerdings mit einem anderen Fokus. Kali richtet sich an IT-Sicherheitsprofis, die damit Penetrationstests, Netzwerkanalysen oder digitale Forensik betreiben [47, 48]. Für diese Einsatzzwecke bietet ein Live-System die nötige Flexibilität – für alle anderen bleibt Kali eher ein Sonderfall.

Ein weiterer Vorteil: Ein Live-System kann im Notfall auch zur Rettung dienen. Wenn das installierte System nicht mehr startet oder nicht mehr zuverlässig arbeitet, lässt sich über den Stick auf die Daten zugreifen, es können Sicherungen erstellt oder – mit den passenden Werkzeugen – Reparaturen vorgenommen werden. Ob man mit fsck ein beschädigtes Dateisystem überprüft, mit GParted die Partitionierung anpasst oder mit Tools wie TestDisk gelöschte Dateien wiederherstellt – viele klassische Rettungsaufgaben lassen sich direkt aus dem Live-Modus heraus erledigen [35].

Auch der Aufwand bleibt überschaubar. Es braucht keine Installation, keine Konfiguration, keine langwierigen Vorbereitungen. Stick einstecken, System starten, arbeiten – so einfach ist der Einstieg. Das macht das Live-System nicht nur für Neugierige interessant, sondern auch für alle, die eine saubere, sofort nutzbare Umgebung benötigen [34].

Für technisch Interessierte wird der Live-Stick schnell zum Experimentierfeld. Neue Software lässt sich gefahrlos ausprobieren, Skripte können getestet werden, ohne das eigentliche System zu berühren. Wer gern bastelt oder schlicht sicherstellen will, dass eine

Anwendung keine Nebenwirkungen verursacht, findet hier eine ideale Spielwiese – mit dem beruhigenden Wissen, dass ein Neustart alles wieder auf Anfang setzt.

Und nicht zuletzt: Die Flexibilität in Bezug auf die eingesetzte Hardware ist beachtlich. Ein Live-System startet auf nahezu jedem Rechner, solange die Grundkomponenten unterstützt werden. Ob auf einem älteren Zweitrechner oder einem aktuellen Notebook – der Stick macht den Unterschied. Keine aufwendige Treibersuche, keine speziellen Anforderungen. Einstecken, starten, fertig [36].

5.1.1 Linux mit einem USB-Stick ausprobieren – Schritt für Schritt

Ein Live-System bietet eine risikofreie Möglichkeit, Linux auszuprobieren – ohne Installation und ohne Eingriff in das bestehende System. Alles, was man dafür braucht, ist ein USB-Stick, ein ISO-Abbild einer Linux-Distribution und ein Werkzeug, das aus dem Stick ein startfähiges Medium macht.

1. **Eine Distribution auswählen**
   Bevor es losgeht, stellt sich die Frage, welche Distribution man ausprobieren möchte. Je nach Zielsetzung und technischer Ausstattung kommen unterschiedliche Varianten in Betracht – von klassischen Desktop-Systemen bis zu ressourcenschonenden Alternativen. Die jeweiligen ISO-Dateien findet man auf den Projektwebseiten der Distributionen. In der Regel genügt die Standard- oder Desktop-Edition.

2. **ISO-Datei herunterladen**
   Die ISO-Datei ist das Abbild des Systems, das später auf den Stick geschrieben wird. Wichtig ist, diese ausschließlich von der offiziellen Projektseite herunterzuladen. Dateien aus inoffiziellen Quellen – etwa von Torrent-Seiten oder Drittanbieter-Websites – können manipuliert oder mit Schadsoftware infiziert sein und sollten niemals verwendet werden.

   Um sicherzugehen, dass die ISO-Datei unverändert ist, geben die meisten Projekte eine Prüfsumme an, in der Regel SHA256. Diese lässt sich mit wenigen Schritten überprüfen.

- **Unter Linux**: sha256sum dateiname.iso
- **Unter macOS**: shasum -a 256 dateiname.iso
- **Unter Windows**: Mit Bordmitteln funktioniert der Befehl certutil -hashfile dateiname.iso SHA256 Alternativ lassen sich kleine Helfer wie **HashMyFiles** von NirSoft nutzen, die eine benutzerfreundliche Oberfläche bieten.

Stimmt die ausgegebene Prüfsumme mit der auf der Projektseite angegebenen überein, ist das Abbild in Ordnung und kann gefahrlos verwendet werden.

3. **USB-Stick vorbereiten**
   Für ein Live-System reicht meist ein Stick mit 4 bis 8 GB. Größere Distributionen oder Varianten mit persistentem Speicher benötigen mehr Platz. Da beim Schreiben alle Daten gelöscht werden, sollte der Stick leer sein oder vorher gesichert werden.

4. **Live-Stick erstellen**
   Damit das ISO-Abbild tatsächlich zu einem startfähigen System wird, muss es blockweise auf den Stick übertragen werden. Dafür braucht es ein entsprechendes Werkzeug. Je nach Betriebssystem stehen verschiedene Programme zur Verfügung, die sich in Bedienung und Funktionsumfang unterscheiden.

- **Etcher (balenaEtcher)**

Ein plattformübergreifendes Tool mit sehr einfacher Oberfläche. Man wählt das ISO-Abbild, den USB-Stick und startet den Schreibvorgang. Nach dem Schreiben überprüft Etcher das Ergebnis automatisch. Unterstützt werden Windows, macOS und Linux.

- **Rufus**

Ein unter Windows weit verbreitetes Programm mit zahlreichen Optionen. Neben dem Schreiben von ISO-Abbildern lassen sich Partitionierungsschema, Dateisystem und Boot-Modus (BIOS oder UEFI) einstellen. Rufus kann auch persistente Speicherbereiche einrichten, wenn die jeweilige Distribution dies unterstützt.

- **Ventoy**

Ein Sonderfall: Ventoy schreibt nicht das ISO selbst auf den Stick, sondern installiert einen Bootloader, der später direkt ISO-Dateien starten kann. Nach der einmaligen Einrichtung genügt es, neue ISOs per Dateimanager auf den Stick zu kopieren. Beim Start erscheint ein Auswahlmenü, aus dem sich die gewünschte Distribution starten lässt. Praktisch für alle, die mehrere Systeme testen oder regelmäßig neue Versionen ausprobieren möchten.

5. **Rechner vom USB-Stick starten**
   Nach dem Erstellen ist der Stick einsatzbereit. Damit der Rechner davon bootet, muss beim Start das Boot-Menü aufgerufen oder die Boot-Reihenfolge im BIOS/UEFI angepasst werden. Je nach Hersteller wird das Menü mit unterschiedlichen Tasten geöffnet, häufig F12, F10 oder ESC. Manche Systeme verhindern das Starten über externe Medien durch Secure Boot. In solchen Fällen hilft es, Secure Boot vorübergehend zu deaktivieren oder einen Stick mit entsprechender Signatur zu nutzen.

6. **Linux live erleben**
Nach dem Start erscheint meist ein Auswahlmenü. Üblich sind Optionen wie „Try Linux Mint without installing“ oder „Start Ubuntu in live mode“. Wählt man diese, lädt das System vollständig in den Arbeitsspeicher und läuft unabhängig vom installierten Betriebssystem. Jetzt lässt sich die Oberfläche erkunden, Software ausprobieren und ein erster Eindruck gewinnen – ganz ohne Risiko und ohne Spuren auf der Festplatte.
[13,15,17,34,35,52,104,105,106,110,113,114,116,118,119,120,121,123,126]

5.2 Linux in der virtuellen Maschine testen

Virtuelle Maschinen gehören heute selbstverständlich zur IT-Welt. Ursprünglich wurden sie entwickelt, um teure Server effizienter auszulasten, indem mehrere Systeme gleichzeitig auf derselben Hardware laufen konnten. Mittlerweile haben sie auch auf dem Desktop einen festen Platz gefunden. Dort erfüllen sie einen anderen Zweck: Sie schaffen eine sichere Umgebung, in der man gefahrlos mit neuen Betriebssystemen experimentieren kann.

Für Einsteiger in Linux ist das ein unschätzbarer Vorteil. Eine virtuelle Maschine läuft wie ein Programmfenster innerhalb von Windows, enthält aber ein vollständiges Linux-System, das unabhängig vom Rest des Rechners arbeitet. So lässt sich ausprobieren, wie sich eine Distribution bedienen lässt, welche Programme mitgeliefert werden und wie sich die Arbeitsumgebung anfühlt – ohne dass das gewohnte Windows in irgendeiner Weise verändert wird.

Der Reiz liegt nicht nur in der Sicherheit, sondern auch in der Flexibilität. Man kann mehrere Distributionen nebeneinander anlegen, verschiedene Desktops vergleichen und ganze Arbeitsabläufe durchspielen. Ebenso schnell wie eine VM erstellt ist, lässt sie sich auch wieder löschen. Auf dem Host-System bleiben keine Spuren zurück, abgesehen von den Dateien der virtuellen Maschine.

Die virtuelle Maschine ist damit ein ideales Übungsfeld. Sie erlaubt Experimente ohne Risiko und vermittelt zugleich ein realistisches Bild davon, wie sich Linux im Alltag nutzen lässt. Welche Werkzeuge dabei zum Einsatz kommen, ist keine Nebensache, denn die Unterschiede liegen weniger im Prinzip als in der praktischen Umsetzung.

Virtuelle Maschinen einrichten und nutzen

Die Idee, einen Rechner in einem Rechner laufen zu lassen, klingt zunächst nach Zauberei, ist aber ein Prinzip, das in der Informatik fast so alt ist wie das MehrBenutzer-Betriebssystem. Schon in den 1960er-Jahren entwickelte IBM Virtualisierungstechniken für ihre Großrechner, damit mehrere Nutzer gleichzeitig auf derselben Maschine arbeiten konnten, ohne sich gegenseitig in die Quere zu kommen. Später fanden diese Konzepte ihren Weg in Rechenzentren und Serverfarmen, wo sie helfen, die vorhandene Hardware effizienter auszulasten. Erst um die Jahrtausendwende kamen sie auch auf Desktops und Notebooks an. VMware spielte dabei eine entscheidende Rolle und brachte Virtualisierung in die

Büros und schließlich in die Privathaushalte. Heute ist Virtualisierung allgegenwärtig – in der Cloud, in Unternehmen und auch zu Hause.

5.2.1 Hypervisor

Im Kern sorgt ein sogenannter Hypervisor dafür, dass Ressourcen wie Prozessorzeit, Arbeitsspeicher, Festplatte und Netzwerk so aufgeteilt werden, dass eine virtuelle Maschine glaubt, auf einem eigenen Computer zu laufen. Man unterscheidet grob zwischen zwei Typen. Typ 1 läuft direkt auf der Hardware, ohne ein Host-Betriebssystem, und findet sich hauptsächlich im Rechenzentrum, wo maximale Effizienz und Stabilität gefragt sind. Typ 2 dagegen läuft als Anwendung auf einem bestehenden Betriebssystem – so wie VirtualBox, VMware Workstation Player oder VMware Fusion. Für den Alltag am Desktop ist das die naheliegende Variante, weil man einfach ein Programm startet und eine neue Maschine anlegt, ohne sein System grundlegend zu verändern. [127]

5.2.2 Virtualbox

Besonders beliebt für den Einstieg ist VirtualBox. Die Software ist kostenlos, quelloffen und für Windows, Linux und macOS erhältlich. Der Ablauf ist überschaubar. Man installiert das Programm, legt eine neue virtuelle Maschine an, weist Arbeitsspeicher zu, erstellt eine virtuelle Festplatte und bindet die ISO-Datei der gewünschten Linux-Distribution ein. Danach startet das System in einem Fenster – ob im Live-Modus ausprobiert werden kann, hängt allerdings von der ISO ab. Nur wenn das Abbild selbst ein Live-System enthält, ist sofortiges Testen möglich, ansonsten startet direkt der Installer. Schon dieser erste Start vermittelt ein Gefühl dafür, wie Linux aussieht und funktioniert.

Damit die Bedienung komfortabler wird, empfiehlt sich die Installation der sogenannten Guest Additions. Sie verbessern die Bildschirmauflösung, erlauben eine flüssige Mauszeigerintegration und sorgen dafür, dass sich Dateien und Inhalte per Zwischenablage zwischen Host und Gast austauschen lassen. Ergänzend gibt es das Extension Pack, das zusätzliche Funktionen wie USB 2.0 und 3.0, RDP, NVMe-Unterstützung und auch die Emulation eines TPM-Chips bereitstellt. Es ist kostenlos für den privaten und Bildungsbereich, jedoch proprietär lizenziert, an eine separate Nutzungsvereinbarung (PUEL) gebunden und damit nicht Teil des quelloffenen Hauptprojekts. Ohne dieses Paket fehlen manche modernen Features, die gerade für Tests aktueller Systeme relevant sind.

Ein Beispiel: Seit Version 7.0 kann VirtualBox einen virtuellen TPM-Chip emulieren. Damit ist es grundsätzlich möglich, Windows 11 in einer VM zu installieren. Allerdings reicht das allein nicht aus, denn Windows 11 verlangt zusätzlich UEFI und Secure Boot. VirtualBox bringt zwar eine EFI-Umgebung mit, Secure Boot ist jedoch nur eingeschränkt nutzbar, setzt passende Zertifikate voraus und erfordert manuelle Konfiguration. In der Praxis klappt die Installation nicht immer auf Anhieb. Wer plant, Linux später als

Hauptsystem einzusetzen und Windows in der VM weiterzuführen, sollte wissen, dass hier zusätzliche Schritte und Einschränkungen zu beachten sind.

Bei der Arbeitsspeicherverwaltung ist die Flexibilität eingeschränkt. VMware kennt mit „Memory Ballooning“ ein Verfahren, das Lastspitzen abfedern kann, indem Speicher dynamisch verteilt wird. VirtualBox dagegen setzt auf eine feste RAM-Zuweisung. Der Arbeitsspeicher, den man einer VM zuweist, bleibt fix und kann nicht automatisch je nach Last angepasst werden. Es gibt zwar Ansätze wie VBEMP, diese erreichen aber nicht die Flexibilität echter Ballooning-Mechanismen. Wer zu knapp kalkuliert, bekommt eine langsame VM, wer zu großzügig ist, nimmt dem Host-System die Luft. Es lohnt sich, eine Balance zu finden – genug für Linux, aber nicht so viel, dass Windows ins Stocken gerät.

Auch bei der Grafik gibt es Einschränkungen. VirtualBox stellt eine emulierte Standardgrafik bereit, die für Büroanwendungen und den Desktop ausreicht, für grafikintensive Anwendungen oder Spiele aber zu schwach ist. GPU-Passthrough wird offiziell nicht unterstützt – es gibt lediglich eine softwarebasierte 3D-Beschleunigung, die seit Version 7.0 auch DirectX 11 über DXVK erlaubt. Das verbessert die Leistung gegenüber älteren Versionen, ist aber nicht für aufwendiges Rendering oder Spiele gedacht. Für typische Alltagsaufgaben und gerade für Einsteiger ist das ausreichend, mehr sollte man jedoch nicht erwarten.

Wer mit verschachtelten virtuellen Umgebungen experimentieren möchte, kann bei geeigneter Hardware auf Nested Virtualization zurückgreifen. VirtualBox unterstützt das – abhängig vom Prozessor – seit Version 6.0 auf AMD- und seit Version 6.1 auf Intel-Systemen. Die Funktion muss in den VM-Einstellungen aktiviert werden und steht nicht auf allen Hosts automatisch zur Verfügung. [128]

5.2.3 VMware

Während VirtualBox eine breite Basis hat und von vielen genutzt wird, gilt VMware Workstation als stabilere und oft leistungsfähigere Alternative. VMware Workstation ist unter Windows und für ausgewählte Linux-Distributionen verfügbar. Seit Ende 2024 ist die Pro-Version sowohl für private als auch für kommerzielle Zwecke kostenlos erhältlich – eine Lizenz ist nicht mehr erforderlich. Die bisherige Unterscheidung in kostenlose Player-Variante und kostenpflichtige Pro-Ausgabe bleibt dennoch relevant, denn funktional unterscheiden sich beide weiterhin.

Die Einrichtung ähnelt VirtualBox, wirkt aber noch geführter. Ein Assistent fragt Schritt für Schritt nach den wichtigsten Parametern, bindet die ISO-Datei ein und erstellt die virtuelle Maschine. Mit Workstation Pro lassen sich mehrere VMs gleichzeitig betreiben, sofern der Rechner genügend Ressourcen bietet. Die Player-Variante erlaubt dagegen nur eine VM zur gleichen Zeit – eine Einschränkung, die man bei komplexeren Testszenarien im Hinterkopf behalten sollte. Besonders angenehm ist die Integration durch die VMware Tools, die wie die Guest Additions bei VirtualBox Auflösung, Grafikleistung, Mauszeiger und Dateiaustausch verbessern.

Ein Vorteil von VMware ist die Unterstützung aktueller Anforderungen. Ab Version 16 lässt sich mit wenigen Klicks ein virtueller TPM-2.0-Chip aktivieren, was die Installation von Windows 11 erheblich erleichtert. UEFI und Secure Boot sind ebenso vorhanden und einfacher einzurichten als bei VirtualBox. Für Linux spielt das keine Rolle, aber wer später ein gemischtes Setup plant – etwa Linux als Hauptsystem und Windows als VM – findet hier eine solide Basis.

Neben dem Workstation Player gibt es von VMware noch Fusion für macOS. Auch hier handelt es sich um einen Typ-2-Hypervisor, der sich auf den Apple-Desktop spezialisiert hat. Wer mit einem Mac arbeitet und dennoch Linux einsetzen möchte, bekommt mit Fusion eine Lösung, die sich eng in macOS integriert. Seit Ende 2024 ist auch Fusion ohne Lizenzbeschränkungen erhältlich – privat wie kommerziell. Unterschiede im Funktionsumfang gibt es vor allem bei der Unterstützung von Grafik-APIs. DirectX oder aktuelle OpenGL-Versionen sind nicht in vollem Umfang abgebildet, was für grafikintensive Anwendungen spürbar sein kann. Für den typischen Test einer Linux-Distribution oder für Entwicklungsumgebungen fällt das aber kaum ins Gewicht. Viel wichtiger ist, dass sich Linux auch hier wie gewohnt im Fenster oder im Vollbild starten lässt, parallel zu Safari, Mail oder Xcode, und dabei so stabil läuft, dass man es schnell in den Arbeitsalltag integrieren kann. [129, 130]

5.2.4 Hyper-V

Windows wiederum bringt einen eigenen HyperVisor mit, den Viele gar nicht kennen. Hyper-V ist Bestandteil von Windows 10 und 11 Pro, Enterprise und Education. Aktiviert wird er über die Windows-Features, danach steht der Hyper-V-Manager zur Verfügung, mit dem sich neue virtuelle Maschinen erstellen lassen. Die Einrichtung ähnelt im Prinzip den anderen Lösungen – man wählt eine ISO-Datei, weist Arbeitsspeicher und eine Festplatte zu und startet die Installation. Allerdings zeigt sich schnell, dass Hyper-V stärker auf Administratoren und Entwickler zugeschnitten ist. Die Oberfläche wirkt nüchterner, die Optionen sind eher auf Netzwerke und Server-Szenarien ausgelegt. Wer nur eine Linux-Distribution ausprobieren möchte, findet sich zwar zurecht, muss aber auf Komfort verzichten.

Einige Funktionen stehen zwar grundsätzlich zur Verfügung, erfordern aber zusätzliche Konfiguration. So ist etwa eine gemeinsame Zwischenablage zwischen Host und Gast nur über den sogenannten Enhanced Session Mode möglich, der explizit aktiviert werden muss. Ohne diesen Modus bleibt das System weitgehend isoliert. Auch bei der Grafik gibt es Einschränkungen: Hyper-V bietet keine GPU-Beschleunigung für Gast-Systeme – selbst einfache 3D-Effekte fehlen. Für grafikintensive Anwendungen ist das System daher nicht geeignet. Die Durchreichung physischer Grafikressourcen (GPU-Passthrough) ist nur in spezialisierten Server-Umgebungen möglich und für typische Desktop-Szenarien nicht vorgesehen.

Hinzu kommt, dass Hyper-V mit anderen Virtualisierungslösungen konkurriert. Ist es aktiv, nutzen VirtualBox und VMware nur noch eine Hyper-V-Kompatibilitätsschicht, die

Leistung und Funktionsumfang einschränkt. Zwar unterstützen neuere Versionen diese Schicht besser, doch Einschränkungen wie reduzierte Performance oder fehlende 64-Bit-Gastunterstützung bleiben möglich. Wer Hyper-V nutzen möchte, sollte sich daher bewusst dafür entscheiden und nicht versuchen, alles parallel laufen zu lassen.

In Windows Home fehlt die grafische Verwaltung von Hyper-V, allerdings setzt das Windows Subsystem for Linux 2 ebenfalls auf Hyper-V-Technik. Dort läuft Linux nicht in einer klassischen virtuellen Maschine, sondern in einer speziell angepassten Umgebung, die eng in Windows integriert ist. Für typische Desktop-Tests ist das nur bedingt vergleichbar, zeigt aber, wie tief Virtualisierung inzwischen in die Betriebssysteme eingebaut ist. [131]

5.2.5 Virtuelle Maschinen im Alltag

Dateiaustausch und Integration

Hat man sich für eine Lösung entschieden, stellt sich die Frage, wie man Linux in den eigenen Alltag integriert. Virtuelle Maschinen erlauben es, den Datenaustausch flexibel zu gestalten. Dateien können zwischen Host und Gast kopiert werden, Ordner lassen sich freigeben, sogar ganze Laufwerke einbinden. Gemeinsame Zwischenablagen ermöglichen es, Inhalte direkt zu übertragen – ohne Umwege über USB-Sticks oder Netzwerke. Das ist praktisch, birgt aber auch Risiken. Schadsoftware, die innerhalb einer VM läuft, kann über solche Schnittstellen theoretisch auch das Host-System erreichen. Besonders heikel wird es, wenn Hyper-V im sogenannten Enhanced Session Mode betrieben wird: Dann übernimmt das System intern RDP-Technik – mitsamt ihrer bekannten Schwachstellen. Eine davon, die unter dem Namen „Reverse-RDP" (CVE-2019-0887) bekannt wurde, ermöglichte es, über manipulierte Zwischenablageinhalte aus der VM auf den Host zuzugreifen. Wer eine unsichere Umgebung testet, etwa verdächtige Software oder unbekannte Downloads, sollte solche Funktionen besser deaktivieren und die VM möglichst isoliert betreiben.

Netzwerkmodi im Überblick

Auch beim Netzwerk gibt es unterschiedliche Modi. Standard ist NAT – die virtuelle Maschine geht dabei über den Host ins Internet und ist von außen nicht direkt sichtbar. Wer möchte, dass die VM im selben Netzwerk wie der Host erscheint, wählt Bridged. Dann bekommt sie eine eigene IP-Adresse und kann von anderen Geräten im Netz erreicht werden. Host-only schließlich erstellt ein isoliertes Netzwerk, das nur zwischen Host und Gast existiert. Das eignet sich für Testszenarien, bei denen keine Verbindung nach außen gewünscht ist.

Hyper-V verwendet eigene Begriffe, die sich aber grob zuordnen lassen: Der „Default Switch" entspricht NAT, „External" ähnelt Bridged, „Internal" ist vergleichbar mit Host-only – mit dem Unterschied, dass man hier genauer steuern kann, wie die Verbindung verläuft. Wer nur mal kurz surfen will, bleibt bei NAT, wer Serverdienste testen möchte, greift besser zu Bridged oder External. Entscheidend ist, was man vorhat – und wie sichtbar die VM im Netzwerk sein soll.

Leistung und Ressourcen

Leistung und Ressourcen sind ein weiteres Feld, bei dem es auf die richtige Balance ankommt. Eine virtuelle Maschine sieht standardisierte Hardware, die Grafik etwa wird emuliert und reicht für Desktop-Umgebungen, Büroarbeiten und Entwicklungsumgebungen völlig aus. Spiele oder 3D-Rendering stoßen hier jedoch schnell an Grenzen. Verfahren wie GPU-Passthrough sind zwar möglich, erfordern aber spezielle Hardware und eine passende Konfiguration – Hyper-V etwa kennt mit Discrete Device Assignment (DDA) eine Möglichkeit, physische Grafikkarten durchzureichen. Für Einsteiger ist das jedoch keine realistische Option. Ältere Ansätze wie RemoteFX wurden wegen Sicherheitslücken deaktiviert.

Die Zuteilung von Arbeitsspeicher und Prozessorleistung ist eine kleine Kunst. Zu wenig Ressourcen machen die VM träge, zu viele nehmen dem Host-System die Luft. Man muss also abwägen, wie viel man der VM gibt, ohne Windows zu sehr zu belasten. VMware kennt mit „Memory Ballooning" ein Verfahren, das Lastspitzen abfedern kann, indem es Speicher dynamisch verteilt. Hyper-V arbeitet mit „Dynamic Memory", bei dem der Hypervisor je nach Auslastung zwischen einem Minimal- und einem Maximalwert variiert. Auch VirtualBox kennt seit Version 6.0 eine Form von dynamischer Speicherverwaltung über die Guest Additions. Sie funktioniert ähnlich, ist in der Praxis aber weniger flexibel und stößt schneller an Grenzen. Für einfache Tests reicht das vollkommen, doch wer mehrere VMs parallel betreibt oder komplexe Szenarien durchspielen möchte, spürt den Unterschied.

Snapshots – eingefrorene Zustände

Ein besonders nützliches Werkzeug sind Snapshots. Damit lässt sich der Zustand einer VM einfrieren, bevor man eine riskante Änderung vornimmt. Ein misslungenes Update, eine falsche Konfiguration oder eine gescheiterte Installation verlieren ihren Schrecken, wenn man jederzeit zurückspringen kann. Man sollte jedoch wissen, dass Snapshots mit jeder Änderung anwachsen und die Leistung beeinträchtigen können – vor allem bei langen Ketten, die sich über Wochen hinziehen. Hyper-V unterscheidet hier zwischen Standard- und Produktions-Checkpoints. Letztere speichern nur den konsistenten Zustand der virtuellen Festplatte, aber keinen laufenden RAM-Inhalt – das ist sicherer, aber weniger flexibel. Wer aufräumt, sollte außerdem daran denken, die Snapshots sauber zusammenzuführen – sonst bleibt unnötiger Speicher belegt. Sie sind also ein hervorragendes Werkzeug zum Experimentieren, sollten aber sparsam eingesetzt und regelmäßig aufgeräumt werden.

Sicherheit und Isolation

Auch die Sicherheit verdient einen genaueren Blick. Eine VM bietet ein hohes Maß an Isolation, sie ist aber kein unüberwindbarer Schutzwall. Hypervisor-Lücken sind selten, aber nicht ausgeschlossen. Noch häufiger entstehen Risiken durch Konfigurationen: geteilte Ordner, USB-Passthrough oder gemeinsame Zwischenablagen öffnen Brücken in den Host, die Schadsoftware nutzen könnte. Besonders kritisch ist das in Verbindung mit Hyper-Vs Enhanced Session Mode – hier kommt intern RDP-Technik zum Einsatz, was theoretisch Angriffsflächen wie die bekannte Reverse-RDP-Schwachstelle (CVE-2019-0887) eröffnet. Wer auf Nummer sicher gehen will, sollte diesen Modus deaktivieren und auf Komfort verzichten.

Hyper-V bietet darüber hinaus mit den sogenannten „Shielded VMs" eine Schutzfunktion, bei der VMs verschlüsselt, durch ein virtuelles TPM gesichert und nur auf autorisierten Hosts gestartet werden können. Das ist zwar eher für den professionellen Einsatz gedacht, zeigt aber, dass auch im virtuellen Umfeld Sicherheitsarchitekturen greifen. Für alltägliche Tests gilt: lieber einmal zu viel abgeschottet als versehentlich eine Brücke geschlagen. Wer unsichere Software testen möchte, isoliert die VM konsequent und trennt das Netzwerk im Zweifelsfall vollständig.

Aufräumen und Entfernen von VMs

Virtuelle Maschinen sind erstaunlich flexibel, doch irgendwann kommt der Punkt, an dem man sie wieder aufräumen oder entfernen möchte. Dabei reicht es nicht, nur die große Image-Datei zu löschen. Je nach verwendetem Programm bleiben Snapshots, Logdateien und virtuelle Netzwerkadapter zurück. Auch temporäre Dateien können überdauern – und im Fall von Hyper-V zusätzlich virtuelle Switches, gespeicherte NIC-Profile oder WMI-Einträge, die sich nicht von selbst verabschieden. Wer wirklich sauber arbeiten möchte, entfernt VMs über die Verwaltungsoberfläche des jeweiligen Hypervisors und prüft anschließend, ob im Benutzerverzeichnis noch Konfigurationsreste liegen. Wer ganz gründlich sein will, schaut auch in den Netzwerk-Einstellungen nach – Vor allem bei Hyper-V. So bleibt das Host-System schlank und ordentlich, selbst wenn man viele Distributionen ausprobiert hat.

Grenzen der Virtualisierung

Allerdings sollte man sich nicht täuschen: So hilfreich und komfortabel eine VM ist, sie bildet nie die gesamte Realität ab. Eine virtuelle Maschine abstrahiert die Hardware und stellt eine standardisierte Umgebung bereit. Für den ersten Eindruck ist das perfekt. Man sieht, wie sich eine Distribution bedienen lässt, welche Programme vorinstalliert sind, wie der Desktop gestaltet ist und welche Arbeitsabläufe möglich sind. Doch die eigentliche Frage, ob die Distribution auch mit der vorhandenen Hardware zurechtkommt, lässt sich damit nicht endgültig beantworten.

Deshalb lohnt es sich, das System zusätzlich über ein Live-USB zu starten. Ein Live-System greift zwar direkt auf die Hardware zu und zeigt viele Treiber- und Firmwarefragen sofort an. Allerdings werden nicht immer alle Komponenten zuverlässig erkannt. Manche WLAN-Karten oder Hybrid-Grafiklösungen laufen im Live-Modus nur mit generischen Treibern, Probleme zeigen sich dann erst nach einer Installation – etwa bei Broadcom-WLAN oder NVIDIA-Optimus. Manche Dinge lassen sich nur so testen. Allerdings deckt auch das Live-System nicht alle Szenarien ab. Funktionen wie Suspend und Resume lassen sich in einer VM zwar erproben, gelten dann aber nur für die virtuelle Umgebung, nicht für das Zusammenspiel mit der Host-Hardware. Festplattenverschlüsselung wie LUKS lässt sich vollständig in einer VM testen, ein Dual-Boot-Setup dagegen nicht, da es zwingend auf einer physischen Partitionierung basiert. Auch Secure Boot, TPM und UEFI-Variablen verhalten sich auf echter Hardware oft anders als in der VM. Trotzdem ist es eine wichtige Ergänzung, um vor der endgültigen Installation Sicherheit zu gewinnen.

VM, Live-System oder Installation?
Die Entscheidung zwischen VM, Live-System und Installation hängt also vom Ziel ab. Eine VM ist ideal, um sich einen Überblick zu verschaffen, die Bedienung zu erlernen und verschiedene Distributionen zu vergleichen. Das Live-System ist der Härtetest für die eigene Hardware. Und die Installation schließlich ist der Schritt, bei dem man sich auf eine Variante festlegt und Linux tatsächlich in den Alltag holt. Wer diese Reihenfolge geht, bewegt sich sicher: erst virtuell, dann live, schließlich real.

Praxisbeispiele
In der Praxis gibt es unzählige Einsatzmöglichkeiten für virtuelle Maschinen. Studierende können eine Linux-Umgebung nutzen, um Programmierübungen zu absolvieren, ohne ihr Hauptsystem zu riskieren. Entwickler richten Testumgebungen ein, in denen sie Software unter unterschiedlichen Distributionen prüfen. Administratoren simulieren ganze Netzwerke mit Servern, Clients und Firewalls, um Konfigurationen zu erproben. Sicherheitsforscher verwenden VMs als Sandkasten, um Malware zu analysieren, ohne das Risiko, dass der eigene Rechner befallen wird. Und Privatanwender schließlich probieren verschiedene Desktops aus, vergleichen Bedienkonzepte und entdecken, welches Linux am besten zu ihnen passt.

Bewusstsein für Grenzen
Wer tiefer einsteigt, lernt auch die Grenzen kennen. Grafik bleibt eine Schwachstelle, solange keine spezielle Hardware für GPU-Passthrough eingesetzt wird. Für Spiele und aufwendige 3D-Anwendungen sind Desktop-Hypervisoren nicht gedacht. Auch die Ressourcenzuteilung erfordert Augenmaß. Zu viele parallele VMs bringen selbst starke Rechner ins Schwitzen. Snapshots sind ein Segen für Tests, können aber bei exzessiver Nutzung die Leistung in die Knie zwingen. Und nicht zuletzt bleibt die Frage der Sicherheit: So isoliert eine VM wirkt, sie ist keine uneinnehmbare Festung. Escape-Exploits, gemeinsam genutzte Schnittstellen oder unsaubere Konfigurationen können die Grenzen durchlässig machen. Bewusstsein und Vorsicht sind daher gefragt, nicht blindes Vertrauen.

Virtuelle Maschinen als Trainingslager
Am Ende zeigt sich, dass Virtualisierung ein ideales Werkzeug ist, um Linux gefahrlos auszuprobieren. Sie senkt die Einstiegshürde, macht Vergleiche einfach und erlaubt Experimente ohne Risiko. Wer die Technik nutzt, verschafft sich einen klaren Vorteil auf dem Weg zum Umstieg. Denn man geht nicht unvorbereitet in die Installation, sondern bringt bereits Erfahrung mit, weiß, wie das System reagiert, und hat vielleicht sogar den eigenen Workflow schon angepasst. Die virtuelle Maschine ist damit nicht nur ein Testfeld, sondern auch ein Trainingslager für den späteren Alltag.

Hinweis zum technischen Wandel

Ein Hinweis darf dabei nicht fehlen. Software ist im Wandel. Funktionen wie TPM-Emulation, Secure Boot, Grafikunterstützung oder auch Lizenzmodelle ändern sich mit neuen Versionen. Was heute selbstverständlich funktioniert, kann morgen anders aussehen. Die in diesem Kapitel beschriebenen Möglichkeiten entsprechen dem Stand von 2025. Wer tiefer einsteigt, sollte sich stets in der Dokumentation des jeweiligen Projekts vergewissern, welche Funktionen aktuell verfügbar sind. Auf diese Weise bleibt man auf der sicheren Seite – sowohl technisch als auch inhaltlich [132, 133].

5.2.5.1 Vergleich der wichtigsten Hypervisoren für den Linux-Einstieg

Merkmal	VirtualBox	VMware Workstation	Hyper-V
Lizenz	Open Source (GPLv2)	Kostenlos (nicht-kommerziell)	In Windows Pro/ Enterprise enthalten
Plattformen	Windows, macOS, Linux	Windows, Linux	Windows 10/11 Pro, Enterprise, Education
TPM-/Secure-Boot-Support	Eingeschränkt, teils experimentell	Vollständig ab Version 16	Ja, aber Konfiguration erforderlich
Snapshots	Ja	Ja	Ja (Standard & Production)
3D/GPU-Unterstützung	Software, kein Passthrough	Software, kein Passthrough	Kein 3D, DDA optional (komplex)
Gemeinsame Zwischenablage	Ja (Guest Additions)	Ja (VMware Tools)	Nur mit Enhanced Session Mode
Dynamischer Speicher	Eingeschränkt	Ja	Ja (Dynamic Memory)
Einsteigerfreundlich	Hoch	Hoch (Pro), mittel (Player)	Mittel (technischer Fokus)

5.3 Installation: Linux auf dem Windows-PC

Wer noch einen alten Rechner hat, kann diesen mit einer Linux Installation wieder zum Leben erwecken, sei es als Testumgebung für das neue Betriebssystem, als Zweitrechner für spezielle Aufgaben oder schlichtweg nur um die Dual-Boot Option auszuprobieren – bevor man an seinen Hauptrechner geht.

Wer das nicht hat, muss sich keine Sorgen machen, die Installation – ob nun zusätzlich zum vorhandenen Betriebssystem oder als Alleinsystem läuft, im Gegensatz zu den Anfangszeiten, mittlerweile ganz einfach.

5.3.1 Die Vorbereitung

Bevor man Linux installiert, lohnt sich ein genauer Blick auf den eigenen Rechner. Der wichtigste Schritt steht gleich zu Beginn: ein vollständiges Backup aller persönlichen

Daten. Dokumente, Bilder, Musik, Videos, E-Mails und auch Browser-Lesezeichen sollten auf einer externen Festplatte oder in der Cloud gesichert werden. Denn auch wenn Installer inzwischen sehr ausgereift sind, eine manuelle Änderung an Partitionen birgt immer das Risiko von Datenverlust.

Moderne Installer (z. B. Ubuntu-Ubiquity, Fedora-Anaconda) bieten eine automatisierte „Install alongside Windows"-Option, die das Risiko stark reduziert.

Wer sich die Mühe einer Datensicherung spart, riskiert im schlimmsten Fall mehr, als er gewinnen kann.

Sind die Daten gesichert, geht es an die Bestandsaufnahme. Welche Hardware steckt im Rechner, wie viel Arbeitsspeicher ist vorhanden, wie groß ist die Festplatte? In den meisten Fällen genügt die Ausstattung auch älterer Windows-10-PCs für Linux völlig. Wichtig ist, einen Blick ins BIOS oder UEFI zu werfen. Dort finden sich oft Einstellungen, die für die Installation entscheidend sein können – etwa Secure Boot, das manche Distributionen behindert, oder die Boot-Reihenfolge, die den Start vom USB-Stick erlaubt.

Wenn Linux neben Windows laufen soll, braucht es Platz auf der Festplatte. Hat man nur eine Partition, muss diese verkleinert werden – entweder mit der Datenträgerverwaltung von Windows, mit einem Tool wie GParted, oder ganz komfortabel. Als grobe Orientierung reichen für einen ersten Test 30 bis 40 Gigabyte, wer Linux ernsthaft nutzen möchte, plant deutlich mehr ein.

Ein weiterer Punkt ist die Auswahl der Distribution. Hier sollte man sich fragen, ob der Rechner in erster Linie für alltägliche Dinge wie Surfen und Office gedacht ist, oder ob es eher um ressourcenschonende Nutzung auf älterer Hardware geht. Grundsätzlich gilt: Die ISO-Datei wird immer von der offiziellen Projektseite heruntergeladen. Nur so lässt sich sicherstellen, dass man keine manipulierte Version erwischt.

Noch sicherer wird es, wenn die Integrität der ISO geprüft wird. Die meisten Projekte bieten eine Prüfsumme (meist SHA256) an. Unter Linux genügt dafür der Befehl ***sha256sum dateiname.iso***, unter macOS ist es ***shasum -a 256 dateiname.iso***. Windows bringt mit ***certutil -hashfile dateiname.iso SHA256*** ein eigenes Werkzeug mit, alternativ gibt es kleine Programme wie HashMyFiles. Wer die Prüfsumme vergleicht, weiß, dass das Image unverändert ist.

Ist die ISO-Datei geprüft, geht es an das Installationsmedium. Am einfachsten gelingt das mit einem USB-Stick. Programme wie Rufus oder balenaEtcher übernehmen das Schreiben der ISO und machen den Stick bootfähig. Bevor es an die eigentliche Installation geht, lohnt es sich, den Stick einmal im Live-Modus zu starten. So sieht man, ob das System grundsätzlich läuft und ob die Hardware erkannt wird.

Zum Schluss ist es hilfreich, ein paar Notizen parat zu haben. Wer ein Dual-Boot plant, notiert sich die bestehende Windows-Installation, Seriennummern und die aktuelle Partitionierung. Auch die Dokumentation der gewählten Distribution sollte griffbereit sein, sei es als PDF oder im Wiki. Wer vorbereitet startet, erspart sich im Ernstfall langes Suchen nach Lösungen und geht die Installation gelassen an [104–106, 109, 110, 112–116, 118, 119, 121, 122, 126].

5.3.2 Dual-Boot – Linux neben Windows

Nicht jeder möchte gleich einen klaren Schnitt machen. Viele Umsteiger entscheiden sich zunächst für einen Parallelbetrieb von Windows und Linux. Das sogenannte Dual-Boot-Verfahren erlaubt es, beide Systeme auf demselben Rechner zu installieren. Beim Start wird dann ausgewählt, welches Betriebssystem hochfährt. So bleibt Windows weiterhin verfügbar, während man Linux Schritt für Schritt kennenlernt.

Der entscheidende Punkt beim Dual-Boot ist die Partitionierung. Windows belegt in der Regel die gesamte Festplatte mit einer einzigen Partition. Um Platz für Linux zu schaffen, muss diese verkleinert werden. Das gelingt mit der Datenträgerverwaltung von Windows oder mit einem externen Werkzeug wie GParted. Die Installer vieler Linux-Distributionen bieten ebenfalls eine automatisierte Option, Linux neben Windows zu installieren – meiner Erfahrung nach funktioniert das auch sehr zuverlässig. Trotzdem ist es hilfreich, wenn man sich vorher schon einen Überblick verschafft. Für eine ernsthafte Linux-Nutzung sollten mindestens 50 Gigabyte freigehalten werden – zum Ausprobieren reichen auch 30.

Während der Installation richtet Linux einen Bootloader ein, in den meisten Fällen GRUB. Dieser übernimmt die Kontrolle über den Startvorgang und zeigt beim Einschalten ein Menü an. Dort wählt man, ob Windows oder Linux gestartet werden soll. Der Bootloader erkennt die bestehende Windows-Installation in der Regel automatisch. Sollte das nicht der Fall sein, lässt sich der Eintrag nachträglich ergänzen – etwa mit **os-prober** und **update-grub**.

Dual-Boot hat klare Vorteile. Man behält die vertraute Windows-Umgebung, kann Programme nutzen, die unter Linux fehlen, und hat gleichzeitig Zugriff auf die Linux-Welt. Gerade wer bestimmte Anwendungen oder Spiele noch braucht, fährt mit dieser Lösung sicher. Auf der anderen Seite bringt Dual-Boot auch Komplexität mit sich. Fehler bei der Partitionierung können Daten kosten, ein falsch konfigurierter Bootloader kann das Starten von Windows erschweren. Deshalb gilt: Datensicherung vorab ist Pflicht.

Im Alltag zeigt sich schnell, dass Dual-Boot ein Kompromiss ist. Wer häufig zwischen Windows und Linux wechseln möchte, wird das ständige Neustarten als störend empfinden. Für einen sanften Umstieg ist die Methode aber ideal. Man gewöhnt sich an Linux, probiert es im Alltag aus, hat aber jederzeit die Rückfallebene Windows parat [107, 108, 111, 112, 115].

5.3.2.1 Wenn Linux im Bootmenü nicht angezeigt wird

Linux wird heute in der Regel im UEFI-Modus installiert – und so auch im Bootmenü angezeigt. Das gilt auch für die meisten aktuellen Windows-Installationen, nicht zuletzt, weil nur im UEFI-Modus Funktionen wie Secure Boot genutzt werden können. Dennoch findet man vor allem auf älteren Rechnern noch Systeme, bei denen Windows im sogenannten Legacy-Modus installiert wurde – also ohne UEFI.

Das Problem: Befinden sich Linux und Windows in unterschiedlichen Boot-Modi, lässt sich beim Systemstart nicht einfach zwischen beiden wechseln. Der Rechner kennt dann gewissermaßen nur einen Modus auf einmal – und damit auch nur ein Betriebssystem.

Abhilfe schafft in solchen Fällen nur ein Eingriff ins BIOS. Man deaktiviert das sogenannte Compatibility Support Module (CSM), um Linux zu starten – und aktiviert es wieder, wenn Windows zum Zug kommen soll. Auf Dauer ist das keine besonders elegante Lösung.

Wer stressfrei zwischen beiden Systemen wechseln möchte, hat letztlich zwei Optionen. Entweder wird Linux ebenfalls im Legacy-Modus installiert – oder man entscheidet sich, Windows neu und sauber im UEFI-Modus aufzusetzen. Der zweite Weg ist zwar aufwendiger, erspart aber langfristig eine Menge Umstände [121, 122].

UEFI, BIOS und das Compatibility Support Module (CSM)

Wer sich mit Dual-Boot, Bootloadern oder Installationsmedien beschäftigt, stößt früher oder später auf Begriffe wie UEFI, BIOS oder CSM. Dahinter verbergen sich keine exotischen Abkürzungen, sondern die Grundlagen der modernen Startumgebung eines Rechners. UEFI steht für *Unified Extensible Firmware Interface* und ist der direkte Nachfolger des klassischen BIOS. Während das BIOS noch weitgehend textbasiert und auf alte Standards beschränkt war, bringt UEFI eine moderne Architektur mit – samt grafischer Oberfläche, Unterstützung großer Festplatten, besserer Modularität und wichtigen Sicherheitsfunktionen wie Secure Boot.

Gleichzeitig sorgt UEFI dafür, dass der Übergang zwischen Firmware und Betriebssystem sauberer abläuft – vor allem in Verbindung mit dem GPT-Partitionsschema, das das alte MBR-System abgelöst hat. Damit moderne Betriebssysteme diese Vorteile nutzen können, müssen sie im UEFI-Modus installiert werden.

Das Problem: Viele ältere Systeme – und erstaunlich viel noch im Umlauf befindliche Windows-Installationen – sind im sogenannten Legacy-Modus eingerichtet. Damit dieser Modus weiterhin genutzt werden kann, gibt es in vielen UEFI-Implementierungen das sogenannte *Compatibility Support Module* (CSM). Es emuliert ein klassisches BIOS-Verhalten, damit auch ältere Betriebssysteme ohne UEFI-Unterstützung starten können.

In der Praxis führt das dazu, dass ein Rechner entweder im UEFI- oder im Legacy-Modus startet – nicht in beiden gleichzeitig. Wenn Linux im UEFI-Modus installiert ist und Windows im Legacy-Modus, sehen sich die beiden Systeme beim Booten schlicht nicht. Der eine Bootloader weiß nichts vom anderen. Deshalb gilt: Wer beide Systeme parallel nutzen möchte, sollte entweder beide im selben Modus installieren – oder sich langfristig auf UEFI umstellen und das CSM abschalten. Denn je moderner die Hardware, desto weniger gut verträgt sie sich mit alten Boot-Techniken.

5.3.3 Komplettumstieg – Linux als einziges System

Wer sich sicher ist, dass Windows nicht mehr gebraucht wird, kann den klaren Schnitt wagen und Linux als einziges Betriebssystem installieren. Das ist oft der einfachere Weg, denn anstatt Partitionen zu verkleinern und einen Bootloader einzurichten, wird die gesamte Festplatte für Linux freigegeben. Der Installer löscht das alte System und richtet eine saubere Umgebung ein.

Es gibt keine Altlasten mehr, die Pflege des Systems ist übersichtlicher, und die gesamte Festplattenkapazität steht Linux zur Verfügung. Auch die Leistung profitiert, da kein Speicherplatz für Windows reserviert werden muss und der Bootvorgang ohne Umwege direkt ins neue System führt. Gerade auf älterer Hardware kann dieser Unterschied deutlich spürbar sein.

Natürlich bedeutet ein kompletter Umstieg auch, dass man sich endgültig von Windows verabschiedet. Programme, die ausschließlich dort laufen, stehen dann nicht mehr ohne Weiteres zur Verfügung. In manchen Fällen helfen Alternativen wie Wine – eine Kompatibilitätsschicht, mit der sich bestimmte Windows-Programme direkt unter Linux ausführen lassen. Das klappt nicht immer perfekt, reicht aber für viele Anwendungen aus. Wer auf spezielle Software angewiesen ist, kann auch eine virtuelle Maschine nutzen, in der Windows unter Linux weiterläuft. Das braucht etwas mehr Ressourcen, erlaubt aber den Zugriff auf Windows-Programme, ohne ständig zwischen zwei Systemen wechseln zu müssen.

Die Installation selbst gestaltet sich unkompliziert. Man wählt im Installer die Option, die gesamte Festplatte zu verwenden. Alle bestehenden Partitionen werden dabei überschrieben, weshalb eine vorherige Datensicherung absolut notwendig ist. Anschließend richtet das Setup die neue Partitionierung ein, installiert den Bootloader und bringt das System in wenigen Minuten zum Laufen.

Ein klarer Vorteil des Komplettumstiegs ist die Konzentration auf ein System. Es gibt keinen Spagat mehr zwischen zwei Welten, keine doppelten Updates und keine ständigen Neustarts. Man arbeitet in einer Umgebung, lernt sie intensiv kennen und richtet den Rechner ganz nach den eigenen Bedürfnissen ein. Für viele Umsteiger ist das der Punkt, an dem Linux nicht mehr nur ausprobiert, sondern tatsächlich genutzt wird – Tag für Tag [104, 109, 124].

5.3.4 Besonderheiten älterer Hardware

Gerade ältere Rechner sind ein ideales Feld für Linux. Was unter Windows träge wirkt, läuft mit einer passenden Distribution oft wieder erstaunlich flüssig. Dennoch gibt es einige Punkte, die man im Blick behalten sollte, bevor man sich auf eine Installation einlässt.

Zunächst stellt sich die Frage nach 32- oder 64-Bit. Die meisten heutigen Distributionen setzen auf 64-Bit-Systeme. Ältere Prozessoren ohne 64-Bit-Unterstützung sind selten geworden, können aber in sehr alten Geräten noch vorkommen. In diesem Fall bleibt nur eine spezielle 32-Bit-Version, die von einigen Projekten nach wie vor gepflegt wird. Für die meisten PCs ab etwa 2006 ist 64-Bit dagegen Standard.

Treiber sind ein weiteres Thema. Während die meisten Standardkomponenten – Tastatur, Maus, Netzwerkkarte, Audiochip – sofort funktionieren, können bestimmte Bauteile Probleme machen. Bekannt sind etwa manche WLAN-Chips von Broadcom, die unter Linux proprietäre Treiber benötigen. Auch Hybrid-Grafiklösungen wie NVIDIA Optimus verhalten sich nicht immer reibungslos. Oft läuft das System im Live-Modus zunächst mit generischen Treibern, erst nach der Installation zeigt sich, ob spezielle Treiber eingebunden werden müssen.

Ein Blick ins BIOS oder UEFI lohnt sich ebenfalls. Auf älteren Rechnern findet man nicht selten Eigenheiten wie deaktivierte Virtualisierung, problematische Secure-Boot-Implementierungen oder Eigenarten beim Booten von USB. Wer auf Nummer sicher gehen will, prüft diese Punkte vorab und passt die Einstellungen an. Secure Boot kann man bei Bedarf deaktivieren, um die Installation zu erleichtern.

Auch die Stromsparfunktionen verdienen Aufmerksamkeit. Suspend und Resume – also das Versetzen in den Ruhezustand und das spätere Aufwachen – funktionieren nicht auf jeder Hardware zuverlässig. Dasselbe gilt für Energiesparmodi bei alten Grafikchips oder Prozessoren. Hier hilft es, das System zunächst im Live-Modus zu testen und zu prüfen, ob es sauber einschläft und wieder aufwacht.

Am Ende zeigt sich, das Linux selbst aus in die Jahre gekommenen Geräten noch erstaunlich viel herausholen kann. Manche Einschränkungen sind möglich, aber oft gibt es Lösungen oder Workarounds. Wer sich bewusst macht, dass nicht jede Hardware sofort perfekt unterstützt wird, geht mit den richtigen Erwartungen an die Sache heran und erlebt keine bösen Überraschungen [114, 121, 122, 125].

▶ **Wenn das WLAN nicht gleich funktioniert** Gerade bei Broadcom-WLAN-Chips kann es vorkommen, dass nach der Installation kein passender Treiber geladen wird – auch wenn der Adapter im Live-Modus zunächst erkannt wurde. In solchen Fällen hilft oft ein einfacher Trick: das Gerät per Netzwerkkabel mit dem Internet verbinden. Viele Distributionen – etwa Ubuntu – bieten über ihre Treiberverwaltung sogenannte „zusätzliche Treiber“ an, die sich darüber bequem nachinstallieren lassen. Danach funktioniert das WLAN meist problemlos. Das betrifft nicht nur Ubuntu, sondern kann auch bei anderen Distributionen vorkommen – je nachdem, ob proprietäre Komponenten standardmäßig eingebunden sind oder nicht.

5.3.5 Nach der Installation

Ist die Installation abgeschlossen, begrüßt einen das frisch eingerichtete Linux-System. Doch bevor man sofort loslegt, lohnt es sich, ein paar grundlegende Schritte zu erledigen.

Der erste Handgriff ist fast immer ein Update – sofern bereits eine Internetverbindung besteht. Falls nicht, richtet man über die Netzwerkeinstellungen zunächst das WLAN oder eine Kabelverbindung ein. Auch wenn die Installationsmedien aktuell wirken, sind sie meist schon einige Wochen oder Monate alt. Über den Paketmanager oder das grafische Software-Update-Tool lässt sich das System mit wenigen Klicks auf den neuesten Stand bringen. Dabei werden nicht nur Programme, sondern auch Sicherheitsupdates und neue Treiber installiert.

Im Anschluss richtet man die wichtigsten Dinge nach den eigenen Bedürfnissen ein. Dazu gehört das Anlegen zusätzlicher Benutzerkonten, falls mehrere Personen den Rechner nutzen. Auch Energieeinstellungen oder die Gestaltung des Desktops lassen sich schon hier anpassen – Linux bietet dafür meist eine große Auswahl an Optionen.

Ein wichtiger Schritt ist die Installation zusätzlicher Software. Viele Distributionen bringen bereits eine breite Auswahl an Anwendungen mit, von Office-Programmen über Browser bis hin zu Mediaplayern. Dennoch fehlen oft Programme, die man gewohnt ist oder die für bestimmte Aufgaben gebraucht werden. Dank der Paketverwaltung ist die Nachinstallation in der Regel unkompliziert. Ob per grafischem Software-Center oder über die Kommandozeile – neue Programme sind schnell gefunden und installiert.

Für Umsteiger von Windows stellt sich die Frage nach den eigenen Daten. Dokumente, Bilder, Musik oder Videos lassen sich aus den Windows-Partitionen übernehmen, sofern diese beim Setup nicht gelöscht wurden. In einem Dual-Boot-Szenario kann man weiterhin auf die Windows-Partition zugreifen und Dateien direkt öffnen. Wer ganz umgestiegen ist, zieht seine Daten am besten von einem externen Backup zurück.

Ebenfalls sinnvoll ist es, sich einen Überblick über die Systemeinstellungen und Verwaltungswerkzeuge der Distribution zu verschaffen. Fast jede Variante bringt eigene Konfigurationsprogramme mit, die den Einstieg erleichtern. Hier lässt sich die Hardware verwalten, zusätzliche Drucker lassen sich einrichten, und viele weitere Einstellungen lassen sich komfortabel anpassen. Wer diese Werkzeuge einmal ausprobiert hat, bewegt sich schnell sicherer im neuen System.

Nach diesen Schritten ist Linux im Alltag einsatzbereit. Von hier an geht es vor allem darum, Routine zu entwickeln. Je mehr man mit dem System arbeitet, desto vertrauter wird es. Und wenn einmal Fragen auftauchen, helfen die Dokumentation der Distribution, Foren oder Wikis fast immer zuverlässig weiter [130, 137, 138, 141, 143, 144].

5.3.6 Dual-Boot oder Komplettumstieg?

Am Ende steht die Frage, ob man Linux dauerhaft neben Windows nutzt oder sich ganz für den Umstieg entscheidet. Eine pauschale Antwort gibt es nicht, denn beide Wege haben ihre Berechtigung.

Dual-Boot ist die vorsichtige Variante. Windows bleibt erhalten, vertraute Programme laufen weiter, und man kann dennoch in Ruhe Linux kennenlernen. Gerade wer spezielle Software benötigt oder noch nicht ganz sicher ist, ob der Umstieg gelingt, profitiert von dieser Sicherheit. Der Preis dafür ist etwas mehr Aufwand bei der Einrichtung und die Notwendigkeit, beim Wechsel zwischen den Systemen neu zu starten.

Der Komplettumstieg ist dagegen konsequent. Wer Windows nicht mehr braucht, erhält mit einer reinen Linux-Installation ein aufgeräumtes System, das weniger Pflege verlangt und oft schneller läuft. Der klare Schnitt sorgt dafür, dass man sich ganz auf das neue System einlässt und es Schritt für Schritt in den Alltag integriert. Fehlende Programme lassen sich oft durch Alternativen ersetzen oder im Notfall über eine virtuelle Maschine bereitstellen.

Eine dritte Möglichkeit kombiniert beide Welten: Linux wird als Hauptsystem installiert, während Windows in einer virtuellen Maschine weiterläuft. Diese Lösung bietet sich vor allem dann an, wenn man nur noch gelegentlich auf bestimmte Windows-Programme angewiesen ist – etwa für ältere Software oder Spezialanwendungen. Der Vorteil ist, Linux bleibt stets aktiv und aktuell, Windows läuft bei Bedarf parallel – ohne den Umweg über einen Neustart. Wer möchte, kann mit Funktionen wie dem exklusiven Modus (z. B. bei VMware Workstation Pro) sogar dafür sorgen, dass Windows bildschirmfüllend erscheint und sich fast wie ein eigenes System anfühlt.

Gerade für Nutzer:innen, deren Rechner offiziell nicht mehr für Windows 11 freigegeben sind, ist dieses Szenario interessant. Denn die Hardware bleibt in Betrieb, Linux sorgt für Sicherheit und Aktualität – und Windows (11) bleibt als Gast verfügbar, solange es gebraucht wird.

Welche Variante die richtige ist, hängt letztlich von den eigenen Anforderungen ab. So oder so landet der alte Windows-10-Rechner nicht im Elektroschrott, sondern bekommt ein zweites Leben. Und das ist in vielen Fällen nicht nur die nachhaltigere, sondern auch die angenehmere Lösung [107, 111, 117].

6 Alltag mit Linux

Nicht alles funktioniert wie unter Windows – aber vieles funktioniert besser, logischer oder schlicht nachvollziehbarer. Unterschiede werden nicht beschönigt, sondern erklärt. Der Fokus liegt auf dem praktischen Umgang: Wie startet man Programme? Wie installiert man neue Software? Wie wird das System aktuell gehalten – und worauf kann man getrost verzichten?

Wer umsteigt, muss sich umgewöhnen – aber nicht neu erfinden. Der erste Kontakt mit einem Linux-Desktop beginnt fast immer mit einem Moment der Neugierde und Nervosität. Wo ist was? Wie funktioniert das hier? Warum wirkt alles zugleich vertraut und fremd?

Wer bislang mit Windows gearbeitet hat, bringt bestimmte Erwartungen mit. Eine Taskleiste am unteren Bildschirmrand. Ein Startmenü links. Fenster mit Schließen-Knopf rechts oben. Und tatsächlich, vieles davon findet sich auch unter Linux. Nur eben nicht überall und nicht immer gleich.

Das liegt daran, dass Linux nicht *eine* Oberfläche kennt, sondern viele. Doch so unterschiedlich Cinnamon [82], KDE [86], GNOME [92] oder Xfce [98] auch wirken, sie folgen meist bekannten Mustern. Wer sich mit Windows zurechtgefunden hat, wird sich auch hier schnell orientieren. Der Wechsel ist kein technischer Kraftakt, sondern eine Umgewöhnung.

Programme starten per Klick, Fenster lassen sich verschieben, vergrößern, minimieren – alles wie gewohnt. Auch Kontextmenüs über die rechte Maustaste, Dateimanager mit Seitenleiste und Doppelklick-Navigation sind keine Überraschung. Selbst Funktionen wie Drag and Drop, Zwischenablage oder Bildschirmfotos verhalten sich ähnlich, wenn auch nicht immer identisch. In vielen Fällen entsteht der Eindruck, dass es gar nicht so anders ist und doch gibt es Unterschiede, die spürbar werden, sobald man genauer hinschaut. Linux ist kein Abbild von Windows und will es auch nicht sein. Die Systeme denken anders, und das zeigt sich an vielen kleinen Details. Updates laufen im Hintergrund, ohne

A. Zambito, *Linux für Einsteiger und Umsteiger*,
https://doi.org/10.1007/978-3-658-51091-6_6

ständige Neustarts [143]. Die Systemeinstellungen sind oft klarer gegliedert [130], weil sie nicht alles auf einmal abbilden wollen. Und wer will, kann mehr anpassen – muss es aber nicht.

Was besser ist, hängt vom Blickwinkel ab. Wer Wert auf Kontrolle legt, wird die übersichtlichere Struktur und geringere Ablenkung zu schätzen wissen. Wer gerne experimentiert, findet mehr Freiheit. Wer einfach nur arbeiten möchte, wird feststellen, dass vieles schneller geht, weil weniger dazwischenfunkt.

Am Ende zählt der Eindruck im Alltag. Und der ist oft erstaunlich vertraut – nur eben mit etwas mehr Klarheit, weniger Ballast und einer angenehm stillen Selbstverständlichkeit.

6.1 Die ersten Schritte auf dem Linux-Desktop – Unterschiede zu Windows, was gleich ist – und was besser

Die alltägliche Arbeit am Rechner beginnt mit einem Fenster. Programme öffnen sich, Dialoge erscheinen, Dateibrowser werden aufgerufen – immer in Form von grafischen Oberflächen, die sich verschieben, skalieren und schließen lassen. Wer von Windows kommt, ist damit vertraut. Und stellt schnell fest: Auch unter Linux funktioniert das Grundprinzip. Nur eben nicht überall gleich – und nicht immer exakt so, wie man es gewohnt ist.

Das beginnt bei den Steuerungselementen am oberen Fensterrand. Minimieren, Maximieren, Schließen – diese drei sind auch unter Linux Standard. Die Symbole sehen je nach Oberfläche leicht anders aus, ihr Verhalten ebenso. In KDE Plasma etwa führt ein Doppelklick auf die Titelleiste nicht zwangsläufig zur Maximierung, sondern kann – je nach Einstellung – das Fenster einrollen. Was auf den ersten Blick seltsam wirkt, ist kein Fehler, sondern eine Funktion: praktisch für bestimmte Workflows, unnötig für andere. Wer es nicht braucht, schaltet es ab. Die Systeme geben Optionen – nicht Vorgaben.

Auch der Rechtsklick ist nicht überall gleich. In Cinnamon, Xfce oder MATE öffnet sich ein Kontextmenü, das sich an dem orientiert, was man aus Windows kennt: „Öffnen“, „Eigenschaften“, „In den Papierkorb verschieben“. In GNOME hingegen ist das Menü reduziert – bewusst, nicht zufällig. Die Oberfläche folgt einem anderen Konzept: möglichst wenige Optionen, möglichst klare Strukturen. Nicht jeder mag das, aber es lässt sich nachvollziehen.

Tastenkombinationen funktionieren in den meisten Fällen wie gewohnt. Alt+Tab wechselt zwischen Fenstern, Alt+F4 beendet Anwendungen, Strg+C und Strg+V kopieren und fügen Inhalte ein. Wer umsteigt, muss nicht umlernen – aber er wird feststellen, dass manche Umgebungen deutlich stärker auf Tastatursteuerung setzen als andere. GNOME ist hier das deutlichste Beispiel: Viele Funktionen sind nicht per Maus erreichbar, sondern über definierte Shortcuts. Wer das Prinzip versteht, arbeitet schneller. Wer lieber klickt, kann sich Alternativen suchen.

KDE Plasma verfolgt einen anderen Weg: Alles lässt sich konfigurieren, alles lässt sich anpassen. Tastenkürzel, Fenstereffekte, Animationen, Arbeitsflächen – die Möglichkeiten sind umfassend, für manche sogar zu viel. Was dabei hilft: Voreinstellungen, die im Alltag gut funktionieren. Wer will, kann feintunen. Wer nicht, bleibt bei den Standards.

Was im Alltag auffällt: Fenster verhalten sich konsistenter als unter Windows. Sie öffnen dort, wo sie geschlossen wurden. Sie behalten ihre Größe. Sie erinnern sich an ihre Position. Nicht spektakulär, aber im täglichen Gebrauch angenehm. Wer sauber arbeitet, wird nicht ausgebremst.

Der Linux-Desktop setzt nicht auf visuelle Showeffekte. Er verzichtet auf künstliche Übergänge und Animationen. Er ist kein Erklärsystem, sondern ein Arbeitswerkzeug. Und genau das spürt man, wenn man anfängt, damit zu arbeiten [82, 86, 92, 98, 99, 130].

6.2 Fenster, Klicks und Tastenkürzel im Detail

Fenster verhalten sich unter Linux im Wesentlichen nicht anders, als wie man es von Windows kennt. Sie lassen sich verschieben, in der Größe verändern, minimieren, maximieren, schließen – per Maus oder Tastatur. Unterschiede ergeben sich durch die eingesetzte Desktop-Umgebung und den darunterliegenden Fenstermanager. KDE verwendet KWin, GNOME setzt auf Mutter. Unter Wayland, das in vielen aktuellen GNOME-Installationen standardmäßig aktiv ist, zeigen sich teils abweichende Verhaltensweisen – etwa bei der Fensterplatzierung. Anwendungen dürfen ihre Position hier nicht mehr selbst festlegen. Das steuert das System.

▶ Wayland ersetzt das seit Jahrzehnten genutzte X11-System nicht durch mehr Funktionen, sondern durch ein anderes Architekturprinzip. Anwendungen kommunizieren nicht mehr direkt mit dem Anzeigeserver, sondern mit einem Compositor – etwa KWin unter KDE oder Mutter bei GNOME. Dieser steuert Darstellung, Eingabe, Fensterplatzierung und Bildaufbau zentral. Das vereinfacht die Struktur, senkt die Latenz und schließt bestimmte Klassen von Darstellungsproblemen aus. Gleichzeitig verschiebt sich die Kontrolle. Anwendungen dürfen ihre Fensterposition nicht mehr selbst festlegen, auch andere direkte Eingriffe ins Fenstermanagement sind nicht mehr möglich. Das hat Auswirkungen auf Screenshot-Programme, Bildschirmaufzeichnungen und Remote-Zugriffe, die unter X11 anders funktionierten. Wayland ist kein bloßer Ersatz, sondern eine Neuausrichtung – und längst nicht überall Standard.

In den meisten Desktop-Umgebungen finden sich die Steuerungselemente oben rechts. Einige Themes, insbesondere unter GNOME, orientieren sich an macOS und platzieren die Schaltflächen links. Die Funktion bleibt gleich. Minimieren. Maximieren. Schließen. KDE Plasma hat ein interessantes Feature. Es reagiert auf einen Doppelklick in die Titelleiste mit einem Einrollen des Fensters. Das ist ganz praktisch, wenn man kurz Platz auf dem Bildschirm braucht, ohne die Fensteranordnung zu verändern. Das Fenster bleibt an Ort und Stelle – reduziert auf die Titelleiste, schnell wieder ausrollbar, ohne dass es in der Taskleiste verschwindet. Dieses Verhalten lässt sich ändern oder abschalten. Cinnamon und Xfce verhalten sich hier konservativer und folgen dem klassischen Windows-Prinzip.

Das Andocken von Fenstern an Bildschirmränder funktioniert in vielen Umgebungen von Haus aus – aber nicht überall. KDE, GNOME und Cinnamon beherrschen es ohne Erweiterungen. LXQt oder Openbox fehlt die Funktion – lässt sich aber ergänzen. Wer ein Fenster nach links oder rechts zieht, erhält eine halbseitige Darstellung. Wer es oben ansetzt, maximiert es. KDE bietet zusätzlich Raster, Vorschauen und umfangreiche Anpassungsmöglichkeiten. GNOME bleibt schlicht – lässt sich aber über Erweiterungen ausbauen.

Das Kontextmenü per Rechtsklick unterscheidet sich je nach Umgebung. Cinnamon, Xfce und MATE zeigen umfangreiche Menüs mit Dateiaktionen, Fenstersteuerung und systemnahen Funktionen. GNOME beschränkt sich auf das Nötigste. Wer mehr will, muss nachrüsten. Die GNOME Shell Extensions bieten entsprechende Ergänzungen.

Tastenkombinationen verhalten sich weitgehend wie erwartet. Alt+F4 schließt Fenster. Alt+Tab wechselt zwischen Anwendungen. Strg+C und Strg+V funktionieren wie gewohnt. Unterschiede zeigen sich im Bedienkonzept. GNOME setzt stark auf Tastaturinteraktion. Einige Funktionen – etwa das Kacheln von Fenstern – sind ausschließlich darüber erreichbar. Wer ein Fenster an die linke oder rechte Bildschirmhälfte setzen will, braucht Super + Pfeiltaste. Mausbedienung reicht hier nicht. Tastenkürzel greifen nicht überall gleich. Viele Distributionen liefern eigene Voreinstellungen, passen GNOME an oder ersetzen es ganz. Ubuntu ist ein Beispiel, Fedora ein weiteres – beide nutzen GNOME, aber mit jeweils eigenem Profil. Pop!_OS geht weiter. Dort ersetzt Cosmic weite Teile der klassischen GNOME-Oberfläche durch ein eigenes Bedienkonzept mit Kachelfenstern und klar strukturierten Workflows.

Auch Wayland bringt Eigenheiten mit. Tools wie xdotool oder wmctrl, die unter X11 Fenster direkt steuern konnten, greifen hier nicht mehr – die Kontrolle liegt beim Fenstermanager, nicht mehr bei der Anwendung. Alternativen wie ydotool oder Scripting--Werkzeuge wie swaymsg können das teilweise kompensieren, setzen aber spezielle Umgebungen voraus.

Fensterposition und -größe werden in der Regel beibehalten – sofern die Anwendung mitspielt. GTK-Programme halten sich nicht immer zuverlässig daran, vor allem ältere GTK3-Anwendungen oder solche, die die Systemvorgaben nur teilweise umsetzen. Screenshot-Programme, Bildschirmaufzeichnung oder Remote-Zugriffe müssen angepasst oder ersetzt werden. Wer mehr Kontrolle über Tastenkürzel und Fensterverhalten will, muss je nach Distribution nachjustieren – mal über die Systemeinstellungen, mal über Umwege.

KDE bietet maximale Konfigurierbarkeit. Tastenkürzel lassen sich systemweit definieren, erweitern oder durch Skripte kombinieren. Wer will, kann jeden Handgriff optimieren – muss es aber nicht.

Fenster behalten in der Regel ihre Größe und Position. Sie öffnen an der Stelle, an der sie zuletzt geschlossen wurden – sofern die Anwendung es unterstützt. Manche GTK-Programme halten sich nicht zuverlässig daran. Unter Wayland liegt die Kontrolle über Fensterplatzierung ohnehin beim System. Temporäre Dialoge folgen meist den globalen Vorgaben.

Im Alltag zeigt sich ein konsistentes Verhalten. Fenster verhalten sich nachvollziehbar. Anpassungen sind möglich, aber nicht notwendig. Wer einfach nur arbeiten will, muss nicht eingreifen. Wer mehr will, findet die Stellschrauben [82, 90, 92, 98, 99, 137].

6.3 Dateimanager – ohne Explorer, aber mit Struktur

Jede Desktop-Umgebung bringt ihren eigenen Dateimanager mit. Thunar bei Xfce, Nemo bei Cinnamon, Dolphin unter KDE, Nautilus in GNOME. Sie unterscheiden sich in der Oberfläche und im Funktionsumfang, verfolgen aber das gleiche Ziel: Dateien verwalten, durchsuchen, verschieben, öffnen. Drag and Drop, Kontextmenü, Zwischenablage – all das funktioniert auch hier. Die Suchfunktion ist meist oben rechts, Vorschauen für Bilder oder PDFs sind Standard.

Die Unterschiede zeigen sich im Detail. Dolphin bietet Tabs, Spaltenansicht und eine integrierte Terminalzeile. Nautilus bleibt funktional zurückhaltend, bietet aber Tabs (Strg + T), eine schlichte Listenansicht und eine gute Integration in die GNOME-Umgebung. Thunar ist bewusst einfach gehalten, ideal für schwächere Systeme. Dabei bringt Thunar nützliche Extras mit – etwa benutzerdefinierte Aktionen für eigene Skripte und eine robuste Umbenennungsfunktion für ganze Dateiserien. Nemo orientiert sich stärker an klassischen Windows-Mustern – mit Baumansicht und vielen Einstellungsmöglichkeiten.

Was unter Windows durch Buchstaben getrennt wird – C:, D:, E: – folgt unter Linux einer durchgehenden Struktur. Alles beginnt bei einem einzigen Wurzelverzeichnis, dem sogenannten *Root (/)*. Dort hängt sich alles ein – interne Festplatten ebenso wie USB-Sticks, externe Laufwerke oder Netzfreigaben. Die Benutzerverzeichnisse liegen unter */home*, automatisch erkannte Geräte erscheinen unter */media* oder – je nach Distribution – unter */run/media*. Für manuell eingebundene Datenträger ist */mnt* vorgesehen. Die Trennung zwischen logischen Laufwerken entfällt. Es gibt keine eigenständigen Einheiten mehr, sondern ein konsistentes Ganzes. Das ist logisch – aber für Umsteiger am Anfang etwas ungewohnt.

Auch bei der Darstellung gibt es Unterschiede. GNOME zeigt angeschlossene Geräte dynamisch in der Seitenleiste, KDE führt sie dauerhaft auf – inklusive Optionen zum sicheren Entfernen. Thunar bleibt sachlich und direkt. Die Technik im Hintergrund – GVfs in GNOME, KIO in KDE – bleibt dabei weitgehend unsichtbar. USB-Sticks, externe Festplatten, Netzfreigaben – alles erscheint dort, wo es hingehört.

▶ **GVfs und KIO** GVfs (GNOME Virtual File System) und KIO (KDE Input/Output) sind die Dateizugriffs-Schichten ihrer jeweiligen Desktop-Umgebungen. Sie ermöglichen es, entfernte Speicherorte wie SMB-Freigaben, FTP-Server oder Cloud-Dienste direkt im Dateimanager anzusteuern – ohne dass ein klassisches Mounten erforderlich wäre. Netzwerkpfade wie *smb://* oder *ftp://* verhalten sich dadurch wie normale Ordner. Der Zugriff erfolgt transparent im Hintergrund, eingebettet in die jeweilige Umgebung.

Anwendungen, die GIO (unter GNOME) oder das KIO-Subsystem (unter KDE) nutzen, profitieren von dieser nahtlosen Integration. GVfs ist Teil der GNOME-Plattform und basiert auf GIO, einer Systembibliothek für Dateioperationen. KIO erfüllt dieselbe Funktion in KDE und integriert die Protokolle direkt in die Oberfläche. Anwendungen wie Nautilus, Dolphin, LibreOffice oder Kate nutzen diese Mechanismen, um entfernte Dateien direkt zu öffnen oder zu speichern – ohne dass sie zuvor klassisch eingehängt werden müssen.

Verknüpfungen im Windows-Stil gibt es unter Linux nicht. Was hier verwendet wird, sind symbolische Links – kurz: Symlinks. Technisch gesehen verweisen sie auf einen Pfad im Dateisystem, nicht auf eine Datei selbst. Das klingt abstrakt, verhält sich im Alltag aber fast genauso wie eine Windows-Verknüpfung. Ein Doppelklick führt zum Ziel. Der Link kann auf eine Datei zeigen, auf einen Ordner oder auf ein Verzeichnis irgendwo tief im System. Nur dass es eben kein separater Dateityp mit *.lnk*-Endung ist, sondern Teil des Dateisystems selbst.

Der Vorteil liegt in der Integration. Symbolische Links lassen sich überall setzen – auch systemweit. Sie funktionieren in der Shell ebenso wie im Dateimanager, lassen sich kopieren, entfernen oder ersetzen.

Symbolische Links lassen sich auch unter Linux grafisch erstellen. In einigen Dateimanagern ist die Funktion direkt verfügbar. Unter Nemo (Cinnamon) genügt ein Rechtsklick auf Datei oder Ordner gefolgt von „Verknüpfung erstellen". Unter Dolphin (KDE) geht es über „Neues Element → Verknüpfung zu Datei…" oder per Rechtsklick-Ziehen mit Option „Verknüpfung hier erstellen".

Thunar (Xfce) hält es schlicht: Rechtsklick → „Verknüpfung erstellen".

Unter GNOME war die grafische Erstellung von symbolischen Links lange Zeit deaktiviert. Seit Version 42 (bzw. 43) ist sie wieder Teil des Standardumfangs. Der Rechtsklick auf eine Datei genügt – „Verknüpfung erstellen" erscheint im Menü. Einige Distributionen wie etwa Ubuntu – entfernen diese Option allerdings oder ändern die Voreinstellungen. In solchen Fällen hilft ein Blick in die Einstellungen unter „Verhalten". In einigen Versionen funktionieren auch die Tastenkürzel *Strg* + *Shift* + *M*, um eine Verknüpfung zu erstellen.

Der generelle Ablauf bleibt gleich – ein symbolischer Link verweist auf die Originaldatei, keine Kopie wird erstellt, und die Verknüpfung kann wie eine normale Datei behandelt werden. Ganz ohne Abhängigkeiten vom Terminal oder Programmkenntnisse [82, 88, 92, 98, 134] (Tab. 6.1).

Tab. 6.1 Vergleich Dateimanager Funktionen

Funktion	Windows-Explorer	Nautilus (GNOME)	Nemo (Cinnamon)	Dolphin (KDE)	Thunar (Xfce)
Tabs	Ja	Ja (Strg + T)	Ja (Strg + T)	Ja	Nein (Erweiterung nötig)
Spaltenansicht	Nein	Nein	Ja	Ja	Nein
Baumansicht	Ja	Eingeschränkt	Ja (klassisch)	Ja	Ja
Terminalintegration	Nein	Nein	Ja (F4 oder Menü)	Ja (F4)	Nein
Symlinks erstellen	Verknüpfung (.lnk)	Kontextmenü*	Rechtsklick → „Verknüpfung erstellen“	Kontextmenü/Drag & Drop mit Option	Kontextmenü
Netzwerkintegration	„Netzwerkumgebung“	GVfs (smb://, ftp://)	GVfs (vollständig)	KIO (smb://, fish://)	GVfs
Vorschau	Ja (Miniaturen)	Ja	Ja (detailliert)	Ja (konfigurierbar)	Ja
Root-Zugriff	Admin-Modus	sudo nautilus	„Als Administrator öffnen“ im Kontextmenü	kdesudo dolphin	gksudo thunar
Besonderheiten	–	Minimalistisch	Windows-ähnlich, viele Einstellungen	Integriertes Terminal, Spalten	Leichtgewichtig, schnell

6.4 Zwischenablage, Screenshots, Drag and Drop

Die Zwischenablage gehört zu den Funktionen, die man höchstwahrscheinlich, ohne es bewusst zu merken oder darüber nachzudenken, am meisten nutzt. Auch unter GNU/Linux kann man die gewohnten Tastenkombinationen und Mausbewegungen, die man unter Windows kennen und nutzen gelernt hat, weiterverwenden.

Inhalte kopieren, verschieben, einfügen funktioniert auch unter Linux mit Strg + C und Strg + V. Markiert man einen Text oder eine Datei, kann man diese bequem per Drag and Drop an einer anderen Stelle platzieren. So lassen sich bequem und wie gewohnt Text aus dem Browser in eine Mail kopieren, Bilder von einer Webseite direkt in ein Dokument ziehen, Ordner verschieben oder Inhalte zwischen Programmen austauschen.

Unter Linux gibt es nicht nur eine, sondern gleich mehrere Arten der Zwischenablage. Neben der bekannten Methode mit Strg + C und Strg + V – technisch als „CLIPBOARD Selection" bezeichnet – existiert unter X11 auch die sogenannte „PRIMARY Selection". Dabei genügt es, einen Text mit der Maus zu markieren. Der Inhalt wird automatisch vorgemerkt und lässt sich mit einem Mittelklick an anderer Stelle einfügen – ohne dass man ihn vorher kopieren müsste. Diese Funktion ist vielen vertraut, funktioniert aber ausschließlich unter X11. Unter modernen Systemen mit Wayland – inzwischen Standard in vielen Desktop-Umgebungen – wird die PRIMARY Selection nicht mehr unterstützt, da Wayland aus Sicherheitsgründen keinen globalen Zugriff auf markierte Inhalte erlaubt. Stattdessen kommen interne Schnittstellen zum Einsatz, die explizite Kopieraktionen erfordern.

Die normale Zwischenablage – also das, was durch Strg + C und Strg + V gesteuert wird – bleibt davon unberührt. Sie funktioniert auch unter Wayland wie gewohnt. Wer den Überblick behalten möchte, greift auf Zwischenablage-Verwaltungen wie Klipper (unter KDE Plasma), CopyQ (plattformübergreifend) oder GPaste (für GNOME) zurück. Diese Tools bieten neben Verlauf und Suche auch Funktionen wie das Anheften von Einträgen oder Synchronisation. GNOME stellt seit Version 3.38 eine einfache Verlaufshistorie über die Aktivitäten-Übersicht bereit, die ohne Zusatzsoftware auskommt, aber bewusst dezent gehalten ist.

In Terminal-Emulatoren wie Alacritty, Foot oder Kitty unterscheidet sich die Bedienung geringfügig. Dort nutzt man in der Regel Strg + Shift + C und Strg + Shift + V, da die Standardkombinationen oft anderweitig belegt sind – etwa für das Abbrechen von Prozessen. Gleichzeitig unterstützt diese Methode auch die Wayland-spezifischen Einschränkungen beim Clipboard-Zugriff.

Beim Erstellen von Bildschirmfotos lässt sich unter Linux ebenfalls einiges anpassen – je nach Desktop-Umgebung. Die Druck-Taste bildet dabei in der Regel den Einstieg. GNOME öffnet eine integrierte Auswahl mit verschiedenen Optionen, KDE liefert mit „Spectacle" ein flexibles Werkzeug, das sich auch automatisieren lässt, und Xfce bringt mit „xfce4-screenshooter" eine einfache, funktionale Lösung mit. Wer mehr möchte, kann zu Tools wie „Flameshot" greifen – mit Zeichenfunktionen, Verzögerungen oder direkter Ablage in der Zwischenablage. Wichtig zu wissen: Shutter, früher eine beliebte Anwendung unter X11, ist unter Wayland nicht mehr funktionsfähig. Flameshot hingegen bietet einen speziellen Modus für Wayland (-wayland), allerdings ist die interaktive Auswahl nicht in allen Umgebungen verfügbar. Wer auf Zuverlässigkeit setzt, fährt meist besser mit den integrierten Lösungen der jeweiligen Desktop-Umgebung.

Auch Drag and Drop ist unter Linux fester Bestandteil des grafischen Arbeitens. Dateien lassen sich wie gewohnt per Maus verschieben oder zwischen Anwendungen hin- und herziehen. Unter X11 übernimmt dabei das sogenannte XDND-Protokoll die Kommunikation zwischen den Programmen.

Unter Wayland regelt die Anzeigeverwaltung den Austausch. Solange alle beteiligten Anwendungen Wayland unterstützen, funktioniert Drag and Drop auch hier zuverlässig. Probleme entstehen meist dann, wenn X11-Programme über XWayland eingebunden sind. Das betrifft zum Beispiel ältere Anwendungen oder Software, die über Wine ausgeführt wird. In solchen Fällen kann es passieren, dass sich Inhalte nicht wie erwartet übertragen lassen [164, 165, 166].

6.5 Anwendungen starten und wechseln

Das Starten von Programmen gehört zu den Grundfunktionen jeder grafischen Oberfläche. Doch auch hier zeigt sich: Linux denkt manches anders – und das fängt schon beim Startmenü an. Wer von Windows kommt, sucht zunächst nach einem vertrauten Symbol in der linken unteren Ecke. Ob es das gibt, hängt von der verwendeten Desktop-Umgebung ab.

GNOME verzichtet auf ein klassisches Startmenü. Stattdessen öffnet die Super-Taste (Windows-Taste) eine Aktivitäten-Übersicht. Hier erscheinen geöffnete Fenster, angeheftete Programme und ein Suchfeld, das sofort reagiert, sobald man zu tippen beginnt. Kategorien sind nicht direkt sichtbar. Erst nach einem Klick auf „Alle Anwendungen anzeigen" öffnet sich das App-Raster – gegliedert nach Bereichen wie Büro oder Internet. Neue Workspaces entstehen automatisch, wenn ein Fenster an den rechten Rand der Übersicht gezogen wird. Alternativ lässt sich ein neuer Desktop auch mit Super + Strg + Pfeiltaste erstellen. Der Wechsel erfolgt mit Super + Bild auf/ab oder – sofern aktiviert – über Super + [Zahl].

KDE Plasma bietet unterschiedliche Varianten: ein klassisches Menü mit Programmkategorien, eine Vollbildansicht oder KRunner – eine kompakte Kommandozeile, über die sich Programme starten, Rechenaufgaben lösen, Timer setzen oder Systemeinstellungen aufrufen lassen. KRunner wird meist mit Alt + Leertaste oder Alt + F2 aufgerufen. Auch komplexere Abfragen sind möglich – etwa eine Wikipedia-Suche mit dem Kürzel „wi". KDE bietet wahlweise feste oder dynamische virtuelle Desktops. Voreingestellt sind vier, der Wechsel erfolgt mit Strg + F1 bis F4 oder über Super + Pfeiltasten. Fenster lassen sich mit Super + Shift + Pfeiltasten verschieben. Die dynamische Variante lässt sich in den Systemeinstellungen aktivieren.

Xfce bleibt klassisch. Das Menü erinnert an frühere Windows-Versionen, sortiert Programme nach Gruppen und zeigt häufig genutzte Anwendungen prominent an. Das Whisker-Menü – in vielen Distributionen Standard – bringt eine integrierte Suchfunktion mit, die sofort aktiv wird, sobald man zu tippen beginnt. Die Zahl der Arbeitsflächen lässt sich frei festlegen, sichtbar sind sie meist als kleine Kästchen im Panel. Der Wechsel erfolgt mit Strg + Alt + Pfeiltasten, Fenster lassen sich mit Strg + Shift + Alt + Pfeiltasten verschieben. Die Kürzel sind konfigurierbar und können bei Bedarf angepasst werden.

Cinnamon – die Standardoberfläche von Linux Mint – orientiert sich stark an klassischen Konzepten: Ein Startmenü mit Programmlisten, eine integrierte Suche und eine klare Fensterverwaltung. Arbeitsflächen lassen sich einfach anlegen und per Tastatur oder Maus wechseln. Die Belegung ist weitgehend identisch mit Xfce.

MATE ist eine leichtgewichtige Weiterentwicklung von GNOME 2 – mit klarer Struktur und geringem Ressourcenverbrauch. Programme startet man über das klassische Menü mit Kategorien. Eine Suche ist vorhanden, aber nicht immer sofort ersichtlich. Tastenkürzel und Arbeitsflächen sind konfigurierbar, folgen aber meist den traditionellen Standards.

LXQt schließlich richtet sich an sehr ressourcenschonende Systeme. Die Menüstruktur ist einfach, die Optik reduziert. Viele Funktionen – etwa die Zahl der Arbeitsflächen oder Tastenkürzel – hängen stark von der jeweiligen Distribution ab.

Unabhängig von der Umgebung bleibt das Prinzip gleich: Programme lassen sich über Symbole starten, über Tastenkürzel öffnen oder über ein Dock anheften – etwa im GNOME-Dash oder im KDE-Panel. Auch Cinnamon und MATE setzen auf vertraute Muster und bieten einen unkomplizierten Einstieg.

Die Gestaltung der Anwendungssymbole ist oft funktional und zurückhaltend. Statt animierter Kacheln dominieren klare Linien und flache Farben. GNOME folgt dem Adwaita-Stil, KDE setzt auf das Breeze-Design. Beide verzichten auf optische Spielereien, ohne dabei altmodisch zu wirken. KDE zeigt bei laufenden Prozessen wie Downloads Fortschrittsbalken direkt im Symbol – sichtbar etwa im Panel oder im System Tray. GNOME nutzt dezente Benachrichtigungs-Badges im Dock – etwa bei neuen E-Mails oder Nachrichten -, verzichtet jedoch im App-Raster darauf.

Beim Wechseln zwischen Programmen hilft die Tastenkombination Alt + Tab. GNOME zeigt Vorschauen der Fenster, KDE erlaubt mit Strg + Tab das Umschalten innerhalb einer Anwendung, etwa zwischen mehreren geöffneten Dateimanagern. Xfce bleibt beim klassischen Fenstertitel-Modell, verzichtet aber auf Vorschauen.

Arbeitsflächen schaffen Ordnung, trennen Kontexte und helfen dabei, den Überblick zu behalten. Ein Browser auf dem ersten Desktop, ein Terminal auf dem zweiten, ein Schreibprogramm auf dem dritten – alles bleibt dort, wo es hingehört. Und ein Wechsel ist schneller als jedes Fenster neu anzuordnen [82, 89, 92, 98, 99, 102, 134, 137] (Tab. 6.2).

Hinweis: Manche Tastenkombinationen unterscheiden sich je nach Distribution. Besonders bei vorkonfigurierten Systemen – etwa bei Ubuntu mit GNOME – legt der Distributor eigene Belegungen fest. Was unter Fedora funktioniert, kann bei Canonical ganz anders aussehen. Ein Blick in die Systemeinstellungen lohnt sich also immer.

Tab. 6.2 Tastenkürzel zum Starten und Wechseln von Anwendungen in verschiedenen Desktop-Umgebungen

Aktion	GNOME	KDE Plasma	Xfce	Cinnamon	MATE	LXQt
Workspaces wechseln	Super + Page Up/Down	Strg + F1–F4	Strg + Alt + ←/→	Strg + Alt + Pfeiltasten	Strg + Alt + Pfeiltasten	(meist nicht voreingestellt)
Fenster verschieben	Super + Shift + Page Up/Down	Super + Shift + Pfeiltasten	Strg + Alt + Shift + ←/→	Strg + Alt + Shift + Pfeiltasten	(konfigurierbar)	(je nach Distribution)
Neuen Workspace erstellen	Super + Strg + ↑/↓	(nur dynamisch)	(über Einstellungen)	(über Systemeinstellungen)	(über Systemeinstellungen)	(meist nicht vorgesehen)
Aktivitäten--Übersicht	Super	Alt + F1	Super + Leertaste (Whisker)	Super oder Klick aufs Menü	Alt + F1	Super oder Klick aufs Menü
Anwendungssuche	Super + Tippen	Alt + F2 (KRunner)	Super + Leertaste	Tippen im Menü	Eingabe im Menü oder Synapse	Eingabe nach Klick ins Menü

6.6 Systemeinstellungen – klarer gegliedert, nachvollziehbar aufgebaut

Unter Linux wirken die Systemeinstellungen nicht nur aufgeräumt, sondern vor allem logisch. Jede größere Distribution bringt ein eigenes grafisches Einstellungszentrum mit, das dem jeweiligen Desktop angepasst ist. Menüs heißen mal „Einstellungen“, mal „Systemeinstellungen“, oder wie in älteren Systemen „Kontrollzentrum“. Doch unabhängig von der Bezeichnung ist immer klar, wohin man sich bewegt. Begriffe wie „Anzeige“, „Netzwerk“, „Benutzerkonten“ oder „Energie“ sind eindeutig benannt, Kategorien sinnvoll gruppiert und die jeweiligen Optionen übersichtlich unterteilt.

Was auf den ersten Blick unterschiedlich wirkt, folgt einer einheitlichen Idee. Jede Funktion soll schnell auffindbar sein – ohne versteckte Ebenen, ohne unnötige Umwege. GNOME beispielsweise reduziert die Oberfläche und setzt auf eine flache Struktur mit klarer Symbolik und einfachen Menüs. KDE-Plasma geht ins Detail und bietet in seinen Systemeinstellungen eine enorme Bandbreite an Optionen – vom Energiemanagement über Tastenkürzel bis hin zur Paketverwaltung. Xfce ist ganz pragmatisch und bleibt klassisch und schnörkellos. Cinnamon orientiert sich stark an traditionellen Bedienkonzepten und bietet ein Menüsystem, das viele von früheren Windows-Versionen kennen. MATE oder Budgie setzen eigene Schwerpunkte, ohne das Prinzip des logischen Aufbaus zu verändern. Zusammenfassend kann man sagen, dass Unterschiede in der Präsentation, nicht aber in der technischen Tiefe bestehen.

Trotz dieser Vielfalt ist die Orientierung einfach. Die wichtigsten Einstellungen sind direkt sichtbar. Wer WLAN konfigurieren, die Helligkeit anpassen oder neue Benutzer anlegen möchte, muss nicht lange suchen und braucht auch keine lange Einarbeitung. Sollte ein Punkt einmal nicht auf Anhieb zu finden sein, hilft die integrierte Suchfunktion. Sie ist in allen modernen Desktop-Umgebungen vorhanden und funktioniert zuverlässig. Begriffe wie „Bluetooth“, „Autostart“ oder „Firewall“ führen meist direkt zum Ziel.

Dass sich unterschiedliche Oberflächen so ähnlich bedienen lassen, hat systemtechnische Gründe. Die grafischen Menüs sind Frontends. Sie greifen auf einheitliche Schnittstellen und Dienste zurück.

- **systemd** steuert Prozesse, Mountpoints und Benutzersitzungen.
- **D-Bus** übernimmt die Kommunikation zwischen Anwendungen und Systemdiensten.
- **PolicyKit** regelt Berechtigungen für Sicherheitsrelevante Systemfunktionen.
- GNOME speichert Konfigurationen in **GSettings** und **dconf**.
- andere Desktop-Umgebungen nutzen klassische INI-Dateien oder vergleichbare Formate.

Die Trennung zwischen Darstellung und Funktion macht es leicht, sich für eine Oberfläche zu entscheiden – und sich auch unter anderen Desktops schnell zurechtzufinden.

Ein Vergleich mit Windows zeigt den Unterschied. Seit Version 10 existieren dort zwei parallele Verwaltungssysteme – die klassische Systemsteuerung und die neue

Einstellungen-App. Manche Funktionen finden sich nur noch in der einen, andere nur noch in der anderen. Einige sind doppelt vorhanden, andere tief im System vergraben. Wer Netzwerkadapter ändern, Benutzer verwalten oder Energieoptionen anpassen will, muss oft lange suchen – oder landet in einem Menü, das scheinbar absichtlich verschleiert wurde.

Statt einer einheitlichen Struktur gibt es ein Geflecht aus alten Dialogen, neuen Oberflächen und unklaren Zuständigkeiten. Für weniger erfahrene Nutzer wird das schnell zur Hürde.

Unter Linux ist dieser Widerspruch nicht vorhanden. Die meisten Einstellungen sind konsistent benannt, klar gruppiert und durchgängig erreichbar. Wer das System einmal verstanden hat, kann sich auch in anderen Distributionen schnell orientieren. Ob Fedora, Ubuntu, Zorin oder Manjaro – der Aufbau ist stets nachvollziehbar. Selbst wenn der Einstieg auf einer anderen grafischen Oberfläche erfolgt, bleibt das Prinzip vertraut.

Ein oft übersehener Vorteil ist die Unabhängigkeit von starren Vorgaben. Jede Distribution entscheidet selbst, welche Funktionen sie wie präsentiert. Manche setzen auf besonders minimalistische Menüs, andere binden umfangreiche Werkzeuge direkt ein. Ubuntu nutzt eine leicht angepasste GNOME-Oberfläche mit eigener Dock-Leiste und schneller Suche. Zorin OS ergänzt das Standardmenü mit vereinfachten Ansichten für Umsteiger. Bei Manjaro erlaubt der eigene Einstellungsmanager zusätzliche Eingriffe – etwa bei der Auswahl von Kernelversionen. Fedora bleibt nahe an der GNOME-Referenz und openSUSE geht mit YaST einen eigenen Weg.

YaST (YaST2) – kurz für Yet another Setup Tool – stellt hier ein zentrales Konfigurationswerkzeug zur Verfügung, das weit über die Möglichkeiten eines gewöhnlichen Einstellungsmanagers hinausgeht. YaST ist nicht bloß ein Menü für Desktops, sondern ein vollständiges Systemverwaltungs-Tool. Es erlaubt die Einrichtung von Partitionen, die Konfiguration von Netzwerken, das Verwalten von Benutzerrechten, die Steuerung des Bootloaders und vieles mehr – wahlweise grafisch oder über die Konsole. Als S. u. S. E YaST in den Neunzigerjahren erstmals einführte, war es vielen anderen Distributionen technisch voraus. Während andere Systeme noch auf einzelne Textdateien und rudimentäre GUIs setzten, bündelte YaST bereits komplexe Konfigurationsaufgaben unter einer Oberfläche. Erst mit der zunehmenden Verbreitung grafischer Desktop-Umgebungen und besserer Paketverwaltung begannen andere Distributionen, vergleichbare Werkzeuge zu integrieren. Bis heute gilt YaST als Beispiel für eine durchdachte, tiefgreifende und dennoch zugängliche Systemkonfiguration – auch wenn sich der Fokus langsam verschiebt. Mit neueren Entwicklungen wie Agama und Cockpit in openSUSE Leap und verwandten Projekten nimmt YaST nicht mehr in allen Szenarien die Hauptrolle ein. Es bleibt aber ein fester Bestandteil der Infrastruktur – besonders auf Servern, bei automatisierten Installationen und überall dort, wo klassische Verwaltungstools gefragt sind. Wer openSUSE nutzt, wird YaST weiterhin finden – aber nicht mehr zwingend an erster Stelle.

In der Praxis zeigt sich, die Systemeinstellungen unter Linux sind modular aufgebaut. Der Zugriff auf zentrale Funktionen gelingt schnell. Die Bedienung ist nachvollziehbar, und selbst bei spezialisierten Optionen wie Firewall-Konfigurationen, Energiesparverhalten oder Mehrbildschirm-Layouts bleibt die Navigation übersichtlich. Unterschiedliche

Oberflächen bedeuten nicht, dass man alles neu lernen muss. Die Begriffe sind vertraut, die Struktur ist schlüssig, die Handhabung intuitiv. Linux ist hier klar im Vorteil [39, 43, 69, 82, 92, 93, 98, 99, 134, 137, 167, 168].

6.7 Softwareinstallation und Updates – sauber, komplett, ohne Neustartvorbehalt

6.7.1 Windows und Linux im Vergleich

Windows

Unter Windows erfolgt die Installation neuer Software meist auf direktem Weg. Programme werden von Herstellerseiten, Plattformen oder spezialisierten Downloadportalen bezogen. Neben dem klassischen Web-Download existiert inzwischen auch ein offizieller App-Store, der jedoch nicht als zentrale Bezugsquelle fungiert. Viele Programme werden weiterhin ausschließlich über Drittanbieter oder eigene Verteildienste angeboten. Steam, Epic Games oder Adobe setzen auf eigene Clients, sind aber keine universellen Softwareplattformen, sondern jeweils auf bestimmte Inhalte oder Produktkategorien ausgerichtet.

Die Einrichtung erfolgt in der Regel über ausführbare.exe-Dateien oder Setup-Programme, die Schritt für Schritt durch den Prozess führen. Moderne Windows-Versionen prüfen bei solchen Dateien digitale Signaturen und nutzen den SmartScreen-Filter. Dieser bewertet nicht nur die Signatur, sondern auch die Reputation der Datei – also etwa, wie oft sie bereits heruntergeladen wurde, woher sie stammt oder wie sie sich im System verhält. Auch die Verhaltensanalyse fließt in die Einschätzung mit ein. Eine saubere Signatur allein reicht nicht aus, um automatisch als sicher zu gelten. Umgekehrt werden auch unsignierte Dateien geprüft – bei fehlender Verbreitung oder verdächtigem Verhalten kann die Ausführung blockiert werden.

Unsignierte Treiber oder manuell installierte Programme, die nicht aus dem Microsoft-Ökosystem stammen, stellen ein zusätzliches Risiko dar – vor allem dann, wenn sie außerhalb des geprüften Pfads installiert werden. Kernel-Treiber müssen seit Windows 10 digital signiert sein, andernfalls blockiert das System die Installation automatisch. Eine Umgehung ist nur über den Testmodus oder durch Abschalten der Signaturprüfung möglich. Auch ältere Software, inoffizielle Pakete oder schlecht gewartete Installer können Probleme verursachen – etwa durch unvollständige Abhängigkeiten, fragwürdige Zusatzkomponenten oder fehlende Integrationsprüfungen.

Ein weiterer Punkt ist die Ansammlung von Software, die nicht mehr gebraucht wird. Programme, die einmal installiert, aber nie wieder genutzt werden, bleiben dennoch im System. Manche führen im Hintergrund Dienste aus, starten beim Hochfahren oder belegen Speicher. Diese Art von Bloatware entsteht nicht nur durch aktives Nachinstallieren, sondern häufig bereits ab Werk – etwa durch Testversionen, Herstellertools oder vorinstallierte Zusatzsoftware, die ohne Nachfrage mitgeliefert wird.

Auch bei der Aktualisierung zeigt sich ein fragmentiertes Bild. Windows Update kümmert sich um das Betriebssystem selbst, versorgt Office-Anwendungen, Sicherheitskomponenten und Treiber. Viele Drittanbieterprogramme nutzen jedoch eigene Mechanismen. Manche aktualisieren sich im Hintergrund, andere melden sich gelegentlich oder bleiben ohne Hinweis auf veraltete Versionen. Sicherheitsrelevante Updates werden dabei nicht immer zentral koordiniert.

Ein vollständiger Neustart ist nicht bei jeder Änderung erforderlich. Kumulative Updates – sogenannte Quality-Updates – werden im Hintergrund installiert, ihre Aktivierung erfolgt aber meist erst beim nächsten Start. Feature-Updates, etwa bei einem Versionswechsel, erfordern einen bewussten Neustart. Treiberupdates wiederum sind unterschiedlich aufgebaut. Manche lassen sich mit geringer Unterbrechung installieren, andere verlangen den vollständigen Reboot. Auch bei Treibern im DCH-Modell ist ein Neustart in der Regel notwendig, da Kernel-Module neu geladen werden müssen. Ein vollständig unterbrechungsfreier Ablauf ist eher die Ausnahme.

Die Steuerung von Updates erfolgt über Zeitvorgaben, Benutzerwahl oder Gruppenrichtlinien. In den Home-Versionen lassen sich sicherheitsrelevante Updates nicht dauerhaft unterbinden, sondern höchstens verschieben. Feature-Updates können in der Regel zurückgestellt werden. Theoretisch lassen sich automatische Updates also einschränken – praktisch bleibt ein Teil davon verpflichtend. In manchen Fällen greifen sogenannte Zwangsrichtlinien, die sich nicht ohne Weiteres umgehen lassen.

Und selbst wenn man Microsoft unterstellen möchte, dass alles im Sinne der Sicherheit geschieht, ist der Zeitpunkt nicht immer ideal. Viele Updates erscheinen planbar am sogenannten Patch Tuesday – am zweiten Dienstag im Monat. Dennoch gibt es Situationen, in denen ein System zur Unzeit reagiert. Ein Update beginnt im Hintergrund, blockiert Prozesse oder verzögert das Herunterfahren. Nicht jede dieser Situationen ist kritisch – störend ist sie dennoch [159–162].

Linux

Unter Linux wird Software in der Regel nicht über einzelne Downloads installiert, sondern über Paketquellen der jeweiligen Distribution. Diese enthalten signierte Pakete, die auf Kompatibilität geprüft wurden – für Anwendungen, Systembestandteile und Bibliotheken gleichermaßen. Sie bilden die Grundlage für die gesamte Systempflege.

Der Zugriff darauf erfolgt über grafische Werkzeuge oder über das Terminal. Die meisten Desktop-Umgebungen bringen eigene Softwareverwaltungen mit – übersichtlich, funktional und vollständig integriert. Programme lassen sich dort suchen, installieren, aktualisieren oder entfernen – ohne Kommandozeile, ohne Vorwissen. Die Auswahl bleibt Geschmackssache, das Ergebnis ist identisch.

Auch Aktualisierungen laufen über diesen Weg – vollständig, konsistent und für das gesamte System. Ob Programme, Systemkomponenten oder das Basissystem selbst – alles lässt sich auf einmal aktualisieren.

Updates werden aktiv angezeigt. Die meisten Desktop-Umgebungen informieren, sobald Aktualisierungen bereitstehen – über Symbole, Hinweise oder Benachrichtigungen.

Wer möchte, kann die Suche auch manuell anstoßen. Das Verhalten ist steuerbar und hängt vom jeweiligen System ab.

Ein Neustart ist nur in Ausnahmefällen erforderlich. Kernel-Updates greifen erst nach dem nächsten Systemstart. Auch zentrale Bibliotheken können einen Neustart sinnvoll machen, damit laufende Programme die neuen Versionen nutzen. Viele Dienste werden beim Update automatisch neu gestartet, andere wie Webserver oder Datenbanken müssen manuell neu geladen werden.

Neben der klassischen Paketverwaltung existieren zusätzliche Formate. Snap aktualisiert sich im Hintergrund über den zugehörigen Systemdienst. Flatpak kann ebenfalls automatisch aktualisieren, wenn der dafür vorgesehene timer aktiviert ist. AppImages funktionieren wie portable Anwendungen und erfordern manuelle Pflege.

Livepatching ist in einigen Systemen möglich. Dabei wird der Kernel im laufenden Betrieb aktualisiert – ohne Neustart. Die Technik ist auf sicherheitsrelevante Korrekturen beschränkt und in einigen Distributionen standardmäßig enthalten, bei anderen optional.

Einige Systeme arbeiten mit Snapshots. Änderungen werden in einem Abbild gesichert und greifen erst nach einem Neustart. Bis dahin läuft das System weiter wie zuvor – ohne Risiko, ohne Unterbrechung.

Das Ergebnis ist ein klar strukturiertes Verfahren. Keine verstreuten Installer, keine unsichtbaren Einzelprozesse. Alles lässt sich prüfen, nachvollziehen und kontrollieren – ein Vorteil, der sich nicht erst bei Problemen zeigt, sondern bei jeder Aktualisierung [138, 140, 141, 144, 145, 148, 150, 152–156].

6.7.2 Was Pakete eigentlich sind – und was sie tun

Wer unter Linux Programme installiert, arbeitet nicht mit einzelnen Dateien, sondern mit sogenannten Paketen. Der Begriff ist technisch, aber das Prinzip dahinter einfach. Ein Paket ist nichts anderes als eine sauber verpackte Anwendung – komplett mit allem, was sie zum Laufen braucht. Dazu gehören nicht nur die eigentlichen Programmdateien, sondern auch Bibliotheken, Konfigurationsvorgaben, Hinweise zur Installation und manchmal sogar kleine Skripte, die dafür sorgen, dass beim Einrichten alles an die richtige Stelle kommt.

Diese Pakete sind stammen aus offiziellen Quellen. Jede Distribution pflegt ihre eigene Sammlung, prüft, ob alles zusammenpasst, und sorgt dafür, dass neue Versionen nicht einfach irgendetwas überschreiben. Was installiert wird, ist abgestimmt – auf das System, auf andere Pakete und auf sich selbst.

Pakete machen es möglich, ein komplettes System mit wenigen Befehlen aktuell zu halten. Sie erlauben, gezielt nur das zu installieren, was gebraucht wird – oder das zu entfernen, was nicht mehr gebraucht wird. Und sie sorgen dafür, dass bei all dem keine Reste zurückbleiben, die das System später ausbremsen oder verstopfen.

Der Paketgedanke zieht sich durch alles. Anwendungen, Werkzeuge, Hilfsprogramme – alles liegt in dieser Form vor. Selbst der Linux-Kernel, die grafische Oberfläche und der Texteditor sind als Pakete organisiert. Das ist kein Zufall, sondern ein bewusst gewähltes

Konzept. Statt ein System um ein festes Zentrum zu bauen, folgt Linux der Idee modularer Bausteine. Was gebraucht wird, wird eingebunden. Was stört, bleibt draußen [142, 143, 144, 148].

6.7.2.1 Wie Pakete aufgebaut sind und welche Arten es gibt

Pakete bilden unter Linux die Grundlage für alles, was installiert wird. Sie enthalten nicht nur die eigentlichen Programmdateien, sondern auch alles, was das System braucht, um mit ihnen umzugehen. Dazu gehören Informationen zur Version, zur Herkunft, Hinweise zu Abhängigkeiten und Anweisungen für das Verhalten bei der Installation, der Aktualisierung oder der Entfernung. Das System erkennt, ob eine bestimmte Bibliothek bereits vorhanden ist oder ob sie zusätzlich benötigt wird. Es weiß, wo die Dateien hingehören und wie sie eingebunden werden.

Das alles geschieht automatisch – ohne dass der Nutzer manuell Ordner durchforsten oder Dateien kopieren muss. Genau darin liegt die Stärke des Paketprinzips. Es sorgt für Ordnung, Nachvollziehbarkeit und Stabilität. Ein Paket bringt mit, was gebraucht wird.

Dabei gibt es nicht das eine Format. Je nach Distribution kommen unterschiedliche Pakettypen zum Einsatz. Systeme wie Debian, Ubuntu oder Linux Mint verwenden das Format .deb. Andere wie Red Hat, Fedora oder openSUSE setzen auf .rpm. Technisch sind sie nicht austauschbar, das Prinzip dahinter bleibt aber dasselbe.

Zusätzlich zu diesen klassischen Formaten gibt es universelle Ansätze. Flatpak, Snap und AppImage bringen viele ihrer Abhängigkeiten selbst mit, laufen unabhängig von der Distribution und pflegen ihre eigene Update-Logik. Das macht sie vor allem bei Anwendungen mit hoher Update-Frequenz oder komplexen Abhängigkeiten interessant – etwa bei Grafikprogrammen oder Entwicklungsumgebungen.

In der Praxis ist das Paketformat oft vorgegeben. Was aus der jeweiligen Softwarequelle kommt, passt zur Distribution [138, 140, 142, 143, 148].

.deb – das Debian-Format

Das Paketformat .deb stammt aus dem Debian-Projekt und gehört zu den ältesten unter Linux. Es ist der Standard für alle Distributionen, die auf Debian basieren – dazu zählen unter anderem Ubuntu, Linux Mint, Zorin oder MX Linux.

Ein .deb-Paket enthält nicht nur die eigentlichen Programmdateien, sondern auch alle Informationen, die das System zur Verarbeitung braucht. Dazu gehören Hinweise zur Version, zu Abhängigkeiten, zur Installationsreihenfolge und zur Platzierung im Dateisystem.

Debian-basierte Systeme nutzen eigene Werkzeuge, um mit diesen Paketen umzugehen. Die bekanntesten sind *dpkg* für die reine Paketverarbeitung und *apt* für die Verwaltung aus den Repositories heraus. Damit lassen sich Programme installieren, aktualisieren, suchen oder wieder entfernen – vollständig und nachvollziehbar.

Ein großer Vorteil des Formats liegt in seiner Stabilität. Die Paketverwaltung ist ausgereift, gut dokumentiert und bei vielen Anwendern im täglichen Einsatz erprobt. Gleichzeitig ist das Angebot an verfügbaren .deb-Paketen sehr groß, da viele Entwickler ihre Software gezielt für dieses Format bereitstellen.

Ein Nachteil zeigt sich bei der Flexibilität. Anders als universelle Formate wie Flatpak oder Snap ist .deb eng an das Basissystem gebunden. Ein .deb-Paket, das für Ubuntu erstellt wurde, funktioniert nicht zwangsläufig auf Debian oder Mint – zumindest nicht ohne Anpassungen. Auch das manuelle Installieren von fremden .deb-Paketen kann zu Konflikten führen, wenn Abhängigkeiten fehlen oder inkompatibel sind.

Trotzdem bleibt das .deb-Format eine solide Grundlage. Es ist im System verankert, effizient in der Handhabung und bewährt im Alltag. Wer ein Debian-basiertes System nutzt, wird mit diesem Format am häufigsten in Berührung kommen – und meist ohne es zu merken [56, 57, 58, 61, 148].

rpm – das Red-Hat-Format

Das .rpm-Format wurde ursprünglich von Red Hat entwickelt und steht ursprünglich für „Red Hat Package Manager". Heute kommt es in vielen bekannten Distributionen zum Einsatz – darunter Fedora, openSUSE, AlmaLinux, Rocky Linux oder RHEL. Auch Systeme wie Mageia oder CentOS basieren darauf oder leiten sich daraus ab. Mageia geht dabei auf Mandriva zurück, das selbst das rpm-Format nutzte, aber unabhängig von Red Hat entwickelt wurde. CentOS war lange ein binärkompatibler Klon von RHEL. Seit der Umstellung auf CentOS Stream ab Version 9 wird es jedoch als Rolling-Release weitergeführt.

Inhaltlich unterscheidet sich ein .rpm-Paket nicht wesentlich von einem .deb-Paket. Es enthält die eigentlichen Programmdateien, ergänzt um Metainformationen zu Version, Abhängigkeiten und Installationsverhalten. Auch hier übernimmt der Paketmanager den Rest – er sorgt dafür, dass alles dorthin gelangt, wo es hingehört, und erkennt, ob weitere Pakete benötigt werden. Allerdings unterscheiden sie sich in der technischen Umsetzung (z. B. Archivformat, Kompression und Skript-Handhabung). Während .deb auf einem ar-Archiv basiert, arbeitet .rpm mit einem cpio-basierten Aufbau. Auch die Skriptlogik unterscheidet sich – Debian nutzt preinst und postinst, während rpm mit %pre, %post, %preun und %postun arbeitet.

Die Handhabung unterscheidet sich jedoch. Während Debian-basierte Systeme auf apt setzen, arbeiten rpm-basierte Distributionen mit dnf, zypper oder yum. Diese Werkzeuge greifen auf zentrale Repositories zu, laden benötigte Pakete automatisch nach und kümmern sich um Aktualisierungen. apt ist dabei nur die Oberfläche – im Hintergrund arbeitet dpkg. Entsprechend ist rpm bei rpm-basierten Systemen das eigentliche Paketwerkzeug, dnf und Co. sind darauf aufgesetzt.

Ein Vorteil des rpm-Formats liegt in seiner Flexibilität. Viele rpm-basierte Distributionen – vor allem Fedora und openSUSE – testen neue Funktionen früh und integrieren sie schnell. Dadurch stehen auch aktuelle Softwareversionen oft früher zur Verfügung als in konservativeren Systemen. Diese Dynamik ist allerdings kein Merkmal des Formats selbst, sondern ergibt sich aus der Release-Strategie der jeweiligen Distribution.

Die Kehrseite ist eine gewisse Eigenständigkeit. Zwar nutzen viele Systeme das gleiche Format, unterscheiden sich aber in der Art und Weise, wie sie es implementieren. Ein rpm-Paket, das für Fedora erstellt wurde, lässt sich nicht ohne Weiteres auf openSUSE oder

RHEL übertragen – auch hier können Abhängigkeiten fehlen oder inkompatibel sein. In manchen Fällen ist eine Anpassung möglich, etwa durch Rekompilierung oder manuelle Paketpflege. Entscheidend ist nicht das Format, sondern die konkrete Systemumgebung.

Trotzdem bleibt .rpm ein weit verbreitetes Format mit starker Community und guter Werkzeuginfrastruktur. Dazu gehören neben den bekannten Frontends auch Werkzeuge wie rpmbuild, mock oder createrepo, die vor allem beim Bau eigener Pakete und Repositories zum Einsatz kommen. Wer ein entsprechendes System nutzt, arbeitet automatisch damit – zuverlässig, kontrolliert und direkt ins System integriert [63, 64, 65, 66, 67, 68, 142, 143, 145, 146, 147, 149, 163].

Kann man Pakete einfach konvertieren?

Grundsätzlich ja – mit dem Tool **alien** lassen sich .deb-Pakete in .rpm umwandeln und umgekehrt. Auch andere Formate wie .tgz (Slackware), .slp (Stampede) oder .pkg (Solaris) werden unterstützt. Wichtig ist: Es muss sich um echte Paketarchive handeln – ein normales .tgz reicht nicht aus, wenn es nicht dem Slackware-Format entspricht.

So lassen sich Programme von einer Distribution auf einer anderen nutzbar machen, zumindest theoretisch. In der Praxis funktioniert das aber nur, wenn Bibliotheken, Systempfade und systemnahe Dienste kompatibel sind. Auch postinst-Skripte, udev-Regeln oder systemd-Units können scheitern, wenn sie auf dem Zielsystem nicht vorhanden sind oder andere Namen tragen.

Die Bedienung ist einfach. Ein rpm-Paket wird so in ein deb-Paket umgewandelt: *sudo alien paketname.rpm*

Oder umgekehrt: *sudo alien paketname.deb*

Zusätzlich lässt sich mit -k die Original-Versionsnummer erhalten, was bei Abhängigkeitsproblemen helfen kann: *sudo alien -k paketname.rpm*

Die erzeugte Datei lässt sich anschließend wie gewohnt installieren. Vorher empfiehlt es sich, den Inhalt zu prüfen: *dpkg -c name.deb* oder *rpm -qpl name.rpm*

So lassen sich unerwartete Pfade oder Skripte erkennen, bevor das System verändert wird.

Solche Konvertierungen sind deshalb eher **ein Notbehelf als Alltagspraxis**. Wer sie einsetzt, sollte wissen, was er tut – und das Ergebnis **in einer Testumgebung prüfen**, etwa in einem **Container oder einer virtuellen Maschine**.

Flatpak – Anwendungen in Sandboxes

Flatpak verfolgt einen anderen Ansatz als klassische Paketformate. Während .deb und .rpm eng an die jeweilige Distribution gebunden sind, funktioniert Flatpak distributionsunabhängig. Ein Flatpak-Paket bringt deshalb vieles selbst mit – auch Bibliotheken und Laufzeitumgebungen (Runtimes), auf die es angewiesen ist.

Das macht Anwendungen portabler und erleichtert Entwicklern die Veröffentlichung. Wer ein Programm als Flatpak bereitstellt, muss sich nicht darum kümmern, ob es auf Debian, Fedora oder Arch Linux installiert wird. Die Umgebung wird weitgehend mitgeliefert.

Flatpak-Anwendungen laufen in einer abgeschotteten Umgebung – in einer sogenannten Sandbox. Das bedeutet, sie haben standardmäßig nur eingeschränkten Zugriff. Lesezugriff auf ihr eigenes Home-Verzeichnis ist erlaubt, andere Ressourcen wie Netzwerk oder externe Geräte müssen explizit freigegeben werden. Erst wenn der Nutzer dies erlaubt, dürfen bestimmte Funktionen genutzt werden. Das erhöht die Sicherheit, vor allem bei Anwendungen aus externen Quellen.

Flatpak verwaltet Anwendungen getrennt vom restlichen System. Abhängigkeiten zu System-Paketen spielen keine Rolle. Stattdessen werden gemeinsame Flatpak-Runtimes verwendet, die von mehreren Anwendungen genutzt werden. Auch das macht das System stabil, aber gleichzeitig weniger durchschaubar – Nutzer sehen nicht immer auf Anhieb, welche Abhängigkeiten tatsächlich verwendet werden.

Updates erfolgen zentral über das Flatpak-Werkzeug oder über grafische Frontends wie GNOME Software oder KDE Discover. Sie laufen nur dann automatisch im Hintergrund, wenn der entsprechende systemd-Timer (flatpak-update.timer) aktiv ist. Ohne diesen Timer finden keine automatischen Aktualisierungen statt.

Die Integration in das System ist nicht bei allen Distributionen gleich stark. Manche Distributionen – etwa Fedora oder Endless OS – bringen Flatpak bereits vorinstalliert mit. Andere wie Linux Mint, Debian, Ubuntu oder Arch Linux erfordern eine manuelle Einrichtung. Auch grafische Software-Center bieten oft Flatpak-Unterstützung – sichtbar wird das aber nicht immer auf den ersten Blick.

Flatpak eignet sich besonders für komplexe Programme mit vielen Abhängigkeiten – etwa Grafiksoftware wie GIMP oder Blender, Entwicklungsumgebungen wie Visual Studio Code oder proprietäre Programme wie Spotify und Discord. Es ersetzt die klassische Paketverwaltung nicht, ergänzt sie aber dort, wo das Distributionsformat an Grenzen stößt. In Systemen wie Fedora Silverblue wird Flatpak sogar zur Hauptquelle für Benutzeranwendungen, während das eigentliche System über OSTree verwaltet wird [169–171].

Snap – alles in einem Paket

Snap wurde von Canonical entwickelt, dem Unternehmen hinter Ubuntu. Der Anspruch war ähnlich wie bei Flatpak. Anwendungen sollen unabhängig vom System funktionieren, sicher laufen und sich leicht aktualisieren lassen – egal auf welcher Distribution.

Ein Snap-Paket bringt alles mit, was es braucht. Dazu gehören nicht nur die Programmdateien, sondern auch alle Bibliotheken und Laufzeitkomponenten. Die Anwendung ist vollständig gekapselt und läuft isoliert vom Rest des Systems. Auch Snap nutzt eine Sandbox – allerdings auf Basis anderer Technologien.

Updates erfolgen automatisch im Hintergrund. Der dafür zuständige Dienst heißt snapd und prüft mehrmals täglich, ob neue Versionen verfügbar sind. Die Aktualisierung geschieht in der Regel ohne Eingriff durch den Nutzer. Wer das nicht möchte, kann das Verhalten zwar anpassen – aber nur innerhalb gewisser Grenzen.

Snap-Pakete stammen aus dem offiziellen Snap Store, der ebenfalls von Canonical betrieben wird. Fremdquellen oder alternative Paketquellen sind nicht vorgesehen. Das vereinfacht die Verwaltung, sorgt aber auch für Kritik – etwa wegen der zentralen Abhängigkeit vom Anbieter.

Im Vergleich zu Flatpak integriert sich Snap enger in Ubuntu, ist aber in anderen Distributionen nicht immer vorinstalliert. Dort muss der Dienst erst eingerichtet werden, bevor Snap-Pakete genutzt werden können.

Snap eignet sich gut für Anwendungen, die regelmäßig aktualisiert werden oder viele unterschiedliche Systemversionen unterstützen müssen. Gleichzeitig bringt es Eigenheiten mit, die nicht überall willkommen sind – etwa beim Startverhalten oder beim Speicherbedarf [172–174].

AppImage – portabel und unabhängig

AppImage verfolgt einen besonders einfachen Ansatz. Statt sich ins System zu integrieren, bleibt das Programm für sich. Eine AppImage-Datei ist in sich abgeschlossen – vergleichbar mit einem Archiv, das beim Start entpackt und direkt ausgeführt wird. Technisch geschieht das über FUSE – die Datei wird als virtuelles Dateisystem eingebunden und daraus gestartet. Auf Systemen ohne FUSE-Unterstützung funktioniert das nicht ohne zusätzliche Hilfsmittel.

Es gibt keine Installation, keine Paketverwaltung, keine Systemeingriffe. Die Datei wird heruntergeladen, ausführbar gemacht – und funktioniert. Alles, was gebraucht wird, ist enthalten. Einige grundlegende Systembibliotheken – etwa *glibc* oder *libstdc++* – müssen allerdings vorhanden sein. Ein AppImage bringt fast alles mit, ist aber nicht vollständig unabhängig vom System.

AppImage eignet sich vor allem dann, wenn Programme schnell getestet oder portabel genutzt werden sollen. Die Anwendung lässt sich auf einen USB-Stick kopieren, in ein eigenes Verzeichnis legen oder einfach bei Bedarf starten. Es bleiben keine Rückstände zurück, das System wird nicht verändert. Konfigurationsdateien können allerdings – wie bei vielen Programmen – im Home-Verzeichnis entstehen, meist unter *~/.config* oder *~/.local/share*.

Allerdings bringt diese Unabhängigkeit auch Nachteile. AppImages aktualisieren sich nicht automatisch. Wer eine neue Version möchte, muss sie manuell herunterladen und die alte ersetzen. Auch Sicherheitsupdates bleiben ohne gesonderte Werkzeuge außen vor. Tools wie AppImageUpdate bieten eine Möglichkeit, appImages delta-basiert zu aktualisieren – sofern der Entwickler ein entsprechendes Update-Format bereitstellt.

Die Integration ins System ist begrenzt. AppImages erscheinen nicht automatisch im Anwendungsmenü, legen keine Einträge an und verhalten sich im Hintergrund unauffällig. Wer sie regelmäßig nutzt, kann Zusatzwerkzeuge einsetzen – etwa AppImageLauncher oder appimaged – um sie besser einzubinden. Zwingend notwendig ist das aber nicht.

AppImage steht für einfache Verteilung ohne komplizierte Abhängigkeiten. Für Software, die nur gelegentlich genutzt wird oder auf möglichst vielen Systemen laufen soll, ist es eine praktische Lösung. Im Dauerbetrieb greifen viele dennoch lieber zur klassischen Paketverwaltung oder zu Formaten wie Flatpak und Snap [138, 139] (Tab. 6.3).

Tab. 6.3 Paketformate im Vergleich

Format	Typ	Verbreitung	Installation	Updates	Besonderheit
.deb	Klassisches Paket	Debian, Ubuntu, Mint	APT	Manuell/ gesteuert	Weit verbreitet, stabil
.rpm	Klassisches Paket	Fedora, openSUSE, RHEL	DNF, Zypper	Manuell/ gesteuert	Technisch flexibel
Flatpak	Sandbox-Paket	Fedora, Mint, optional Ubuntu	GUI oder flatpak	Automatisch (Timer)	Rechteverwaltung, runtime-basiert
Snap	Container-Paket	Ubuntu, Manjaro	GUI oder snap	Automatisch	Komplettlösung, Store-gebunden
AppImage	Portable Datei	Alle	chmod + Doppelklick	Manuell	Kein Root, keine Installation

Namensschema von Paketdateien

Die Namen von Paketdateien unter Linux folgen einem klaren Schema – zumindest bei den klassischen Formaten wie .deb und .rpm. Was auf den ersten Blick kryptisch wirkt, enthält bei näherem Hinsehen erstaunlich viel – Name, Version, Architektur und oft sogar die Ziel-Distribution.

Ein typisches Debian-Paket heißt zum Beispiel *firefox_117.0+build2-0ubuntu0.22.04.1_amd64.deb* „*firefox*" steht für den Paketnamen, „*117.0+build2-0ubuntu0.22.04.1*" für die Versionsnummer samt Distributionskennung, und „*amd64*" für die Zielarchitektur – in diesem Fall ein 64-Bit-System

RPM-Pakete folgen einem ähnlichen Prinzip, allerdings in leicht abgewandelter Form. Beispiel: *firefox-117.0–1.fc38.x86_64.rpm* Auch hier sind Name, Versionsnummer und Architektur erkennbar. Zusätzlich steht „*1.fc38*" für das erste Release dieses Pakets unter Fedora 38. Der Aufbau dient nicht nur der Orientierung, sondern ist auch für Paketmanager von Bedeutung – etwa bei Updates, Abhängigkeitsprüfungen oder Versionsvergleichen.

Neben diesen klassischen Formaten gibt es moderne Alternativen wie Flatpak, Snap und AppImage. Sie setzen auf Distributionsunabhängigkeit – und auf etwas freiere Namenskonventionen.

Flatpak-Anwendungen verwenden meist ein umgekehrtes Domain-Schema – zum Beispiel *org.mozilla.firefox*. Damit bleibt die Herkunft eindeutig, auch wenn mehrere Anwendungen denselben Namen tragen könnten. Die Dateiendungen lauten *.flatpakref* für Repositorys und *.flatpak* für Einzelpakete.

Snap-Pakete kommen mit schlichten Namen wie *firefox*, *vlc* oder *libreoffice* aus. Informationen zu Version oder Quelle sind im Dateinamen nicht enthalten, sondern werden über den Snap-Store verwaltet. Die Dateien selbst tragen die Endung *.snap*, kommen in der Praxis aber selten als direkter Download vor – die Installation erfolgt meist über das Tool snap.

AppImage schließlich steht für ein völlig anderes Prinzip: tragbare Anwendungen, die ohne Installation laufen. Die Dateinamen sind frei wählbar, folgen aber oft einer informativen Konvention – etwa *GIMP-2.10.36-x86_64.AppImage*. Das enthält zwar Version und

Tab. 6.4 Namensschemata von Paketdateien

Format	Namensschema	Hinweise zur Bedeutung
.deb	name_version_architecture.deb	Paketname, Versionsnummer (inkl. Build), Zielarchitektur
.rpm	name-version-release. architecture.rpm	Paketname, Version, Release-Angabe, Architektur
Flatpak	org.domain.AppName	Umgekehrtes Domain-Schema, keine Version im Namen
Snap	name	Schlichter Paketname, Version und Architektur im Store
AppImage	Name-Version-Architektur. AppImage	Frei wählbar, oft in dieser Struktur, aber nicht verpflichtend

Architektur, ist aber keine formale Vorgabe. AppImages lassen sich direkt ausführen – ein Doppelklick genügt, sofern die Datei ausführbar gemacht wurde.

So unterschiedlich die Formate auch sind – ein Blick auf den Paketnamen lohnt sich fast immer. Denn er verrät oft mehr, als man auf den ersten Blick vermutet [138, 142, 143, 169, 170, 172, 173] (Tab. 6.4).

6.7.3 Paketmanager – Rückgrat der Softwareverwaltung

Paketmanager durchsuchen Quellen, gleichen Versionen ab, installieren oder entfernen Programme – und halten das System stabil. Sie prüfen Abhängigkeiten, lösen Konflikte, laden fehlende Komponenten nach und tragen alles dort ein, wo es hingehört. Was gebraucht wird, wird geholt. Was ersetzt werden muss, wird ersetzt. Was im Weg steht, wird entfernt.

Ein einzelner Befehl genügt. Oder ein grafisches Frontend. GNOME bietet GNOME Software, KDE setzt auf Discover. Andere nutzen Synaptic, Octopi oder vergleichbare Werkzeuge. Manche greifen direkt auf den Paketmanager zu, andere arbeiten über PackageKit – und sprechen dann das eigentliche Backend an. Welches das ist, hängt von der Distribution ab.

Debian, Ubuntu, Linux Mint und deren Ableger verwenden APT – ein Frontend, das mit dem Paketwerkzeug dpkg zusammenarbeitet. Fedora, RHEL, AlmaLinux und Rocky Linux setzen auf DNF – den Nachfolger von YUM, mit direktem Zugriff auf RPM. openSUSE nutzt Zypper, Arch Linux Pacman. Die Namen unterscheiden sich, der Ablauf bleibt gleich – Paketlisten abrufen, Abhängigkeiten prüfen, Änderungen anwenden.

Zusätzlich gibt es Formate wie Flatpak, Snap oder AppImage. Sie bringen eigene Werkzeuge mit – unabhängig vom Systempaketmanager. Die klassische Paketverwaltung bleibt davon unberührt, wird aber ergänzt.

Paketmanager entfernen installierte Dateien, nicht aber Benutzerdaten. Konfigurationsdateien im Home-Verzeichnis bleiben erhalten – ebenso individuelle Einstellungen. Wer Programme manuell installiert oder mit Fremdtools einbindet, kann Rückstände erzeugen, die nicht erfasst werden. Diese müssen, wenn gewollt, manuell bzw. über die Kommandozeile entfernt werden [143–149, 151].

6.7.3.1 APT – das Werkzeug für Debian, Ubuntu und Co.

APT steht für „Advanced Package Tool"– ist aber kein eigener Paketmanager, sondern ein Frontend, das mit dpkg zusammenarbeitet. Es prüft Paketlisten, erkennt installierte Versionen, gleicht Abhängigkeiten ab – und steuert alles Weitere. Die eigentliche Arbeit übernimmt dpkg. APT ist die Schaltstelle davor.

Die Quellen stehen in */etc/apt/sources.list* und in separaten Dateien unter */etc/apt/sources.list.d/*. Von dort bezieht das System die Informationen zu den verfügbaren Paketen. Ein sudo apt update lädt die Listen neu. Erst dann weiß APT, was installiert werden kann – und in welcher Version.

Mit *sudo apt install* wird ein Programm installiert. Fehlt etwas, wird es nachgeladen. Besteht ein Konflikt, wird gewarnt. Wer etwas loswerden will, nutzt *sudo apt remove*. Wer zusätzlich die Konfiguration löschen will, greift zu *sudo apt purge*. Ein *sudo apt upgrade* bringt das System auf den neuesten Stand. Wer auch Abhängigkeiten anpassen will, nutzt *sudo apt full-upgrade*.

APT arbeitet leise und zuverlässig. Es zeigt, was passiert, bevor es handelt. Fehler, Konflikte oder fehlende Pakete werden angezeigt – nicht versteckt. Wer tiefer einsteigen will, kann direkt mit dpkg arbeiten. Doch in der Praxis genügt APT.

Zusätzliche Werkzeuge wie apt-cache, apt-mark oder grafische Frontends wie Synaptic erleichtern die Nutzung – ohne das Prinzip zu verändern. Ob Terminal oder Oberfläche – APT bleibt das Herzstück aller Debian-basierten Systeme [148, 151].

6.7.3.2 DNF – das Werkzeug für Fedora, RHEL und Co.

DNF (Dandified YUM) ist der Paketmanager von Fedora, Red Hat Enterprise Linux, AlmaLinux, Rocky Linux und anderen RPM-basierten Systemen. Er ist der direkte Nachfolger von YUM – und übernimmt dessen Aufgaben, nur schneller, effizienter und ressourcenschonender.

Die Paketquellen liegen in den .repo-Dateien unter */etc/yum.repos.d/*. Zusätzliche Einstellungen finden sich in */etc/dnf/dnf.conf*. Dort steht, woher DNF seine Informationen bezieht. Mit *sudo dnf update* wird der aktuelle Stand abgeglichen – neue Versionen, Sicherheitsupdates, Paketlisten. Die Installation von neuen Programmen erfolgt mit *sudo dnf install*, das Entfernen mit *sudo dnf remove*. Nicht mehr benötigte Abhängigkeiten lassen sich mit *sudo dnf autoremove* beseitigen.

DNF kennt auch Gruppen. Ganze Paketsets – etwa für Desktops oder Entwicklerumgebungen – lassen sich mit *sudo dnf group install* einbinden. Das spart Zeit und erleichtert die Einrichtung. Die Gruppen sind vordefiniert, enthalten bewährte Kombinationen und decken viele Standardszenarien ab.

Ein Vorteil von DNF liegt in der Transparenz. Vor jeder Änderung zeigt es, was genau passieren wird. Welche Pakete installiert, ersetzt oder entfernt werden. Welche Abhängigkeiten dazukommen oder entfallen. Wo es Konflikte gibt – und wie sie sich auflösen lassen. Erst wenn der Nutzer zustimmt, wird die Aktion ausgeführt.

Wie bei APT gibt es auch hier grafische Werkzeuge. GNOME Software, KDE Discover oder andere Frontends greifen über PackageKit auf DNF zu [145, 146, 147, 163].

6.7.3.3 Zypper – der Paketmanager von openSUSE und SLE

Zypper ist der Paketmanager von openSUSE und SUSE Linux Enterprise. Er arbeitet mit RPM-Paketen und nutzt wie DNF das libsolv-Backend zur Auflösung von Abhängigkeiten. Dabei ist er kompakt, präzise und oft erstaunlich schnell.

Die Paketquellen sind in Form von Repositorys hinterlegt – die Konfiguration liegt unter */etc/zypp/repos.d/*. Jede Datei dort beschreibt eine Quelle, über die Zypper Softwarepakete bezieht, abgleicht oder aktualisiert. Die zentrale Verwaltungsdatei ist */etc/zypp/zypp.conf*.

Ein *zypper refresh* aktualisiert die Metadaten der Repositories, ein *zypper update* bringt installierte Pakete auf den aktuellen Stand. Wer eine neue Software sucht, nutzt *zypper search*, installiert wird mit *zypper install*. Zum Entfernen von Paketen dient *zypper remove*. Alle Befehle lassen sich mit sudo kombinieren und geben klare Rückmeldungen.

Zypper kennt auch sogenannte Muster – vordefinierte Paketgruppen, etwa für Desktops, Entwicklungsumgebungen oder Serverrollen. Wer ein komplettes Systemprofil installieren will, greift zu *zypper install -t pattern <name>*. Auch komplette Repositorys lassen sich gezielt aktivieren oder deaktivieren – bei Bedarf sogar temporär.

Ein Vorteil von Zypper ist seine Transparenz. Vor jeder Aktion zeigt es an, welche Pakete installiert, aktualisiert oder entfernt werden. Konflikte werden automatisch erkannt und meist nachvollziehbar gelöst. Änderungen lassen sich vor dem Ausführen prüfen – und bei Bedarf abbrechen.

In grafischen Umgebungen wird Zypper meist durch Werkzeuge wie YaST ergänzt. YaST verwaltet nicht nur Software, sondern auch Repositorys, Snapshots und Updateverhalten – unter einer einheitlichen Oberfläche. Allerdings kündigt sich ein Wechsel an. Mit openSUSE Leap 16 und neueren Systemen tritt Myrlyn zunehmend an die Stelle von YaST, zumindest im Bereich der Softwareverwaltung. YaST bleibt zwar vorerst verfügbar, wird aber nach und nach abgelöst – zugunsten modernerer, spezialisierter Werkzeuge. Im Hintergrund bleibt Zypper dennoch das zentrale Werkzeug. Schnell, strukturiert und aufgeräumt [69, 149, 167, 168].

6.7.3.4 Pacman – schnell, schlank, kompromisslos

Pacman ist das Werkzeug der Wahl in Arch Linux und den darauf aufbauenden Systemen wie Manjaro oder EndeavourOS. Der Name steht für Package Manager, auch wenn das Akronym eher zufällig an das gleichnamige Arcade-Spiel erinnert. Pacman ist schlicht, direkt – und konsequent auf Effizienz ausgelegt.

Alle Aufgaben – von der Installation über das Entfernen bis zum Systemupgrade – laufen über denselben Befehl: pacman. Eine klare Struktur, kompakt und ohne Umwege. Auch Paketdatenbank und Caches werden direkt über pacman verwaltet. Es gibt keine grafische Abstraktionsschicht im Hintergrund – was passiert, ist sichtbar, reproduzierbar und jederzeit nachvollziehbar.

Paketquellen und Konfigurationen finden sich in der Datei */etc/pacman.conf*. Die darin eingetragenen Repositories – etwa core, extra, community – enthalten den kompletten Softwarebestand. Aktualisiert wird mit *sudo pacman -Syu*. Das *S* steht für Synchronisation, das *y* für das Aktualisieren der Paketdatenbank, das *u* für das Upgrade der Pakete. Alles in einem Schritt.

Neue Pakete lassen sich mit *sudo pacman -S <paketname>* installieren, vorhandene mit *sudo pacman -R <paketname>* wieder entfernen. Auch Gruppeninstallationen sind möglich – zum Beispiel *sudo pacman -S base-devel* für typische Entwicklerwerkzeuge. Der Paketmanager löst Abhängigkeiten automatisch auf, meldet Konflikte präzise – greift aber nicht unnötig ein.

Ein Vorteil von Pacman ist seine Geschwindigkeit. Auch große Paketmengen werden zügig verarbeitet. Konflikte, doppelte Einträge oder verwaiste Abhängigkeiten lassen sich mit eigenen Befehlen prüfen und beheben. Wer aufräumen möchte, nutzt *sudo pacman -Rns <paketname>*, um auch nicht mehr benötigte Abhängigkeiten zu entfernen.

Was Pacman nicht mitbringt ist ein zentrales grafisches Frontend. Wer das braucht, kann auf Tools wie pamac oder octopi zurückgreifen – sie greifen im Hintergrund ebenfalls auf Pacman zu, fügen aber Komfort hinzu [144].

Exkurs: AUR – das Arch User Repository

Das Arch User Repository, kurz AUR, ist keine offizielle Paketquelle, sondern eine Community-gepflegte Sammlung von PKGBUILDs – also Bauanleitungen bzw. Skripten, mit denen sich Programme aus dem Quelltext erstellen und als Paket installieren lassen.

Im AUR findet sich fast alles, was es an proprietären Anwendungen, Beta-Versionen, Wrapper-Skripten, Themes, Tools aus Git-Repositories und mehr gibt, die Nutzer:innen selbst gepflegt oder an Arch angepasst haben. Wer ein Paket aus dem AUR nutzen möchte, muss es zuerst bauen – entweder manuell oder mit Hilfsprogrammen wie yay, paru, trizen oder aurman. Sie laden den Bauplan prüfen Abhängigkeiten, bauen das Paket und installieren es in einem Schritt. Technisch handelt es sich dabei um Wrapper, die makepkg und pacman kombinieren.

Der Nachteil ist, dass es keine zentrale Qualitätskontrolle gibt. Das AUR ist offen. Jeder kann dort etwas hochladen. Pakete können daher fehlerhaft, veraltet oder unsicher sein. Deshalb gilt es, Bauanleitung und Quelle zu prüfen, oder besser nur erprobte Pakete zu nutzen.

6.7.4 Was fehlt – und warum das meist kein Nachteil ist

Wer von Windows auf Linux umsteigt, stellt schnell fest – manche Dinge sind einfach nicht da. Kein Registry-Editor. Kein Windows Defender. Kein „AppX Deployment Service". Kein zentraler Updater, der sich beim Herunterfahren ungefragt in den Vordergrund drängt.

Aber fehlt da wirklich etwas?

Die Windows-Registry gilt als zentrales Nervensystem – komplex, unübersichtlich, fehleranfällig. Unter Linux gibt es stattdessen gut strukturierte Konfigurationsdateien. Sie liegen an vorhersehbaren Stellen, sind lesbar, editierbar, und lassen sich bei Bedarf sichern oder zurücksetzen – ohne Spezialwerkzeuge.

Auch Hintergrunddienste wie der Defender oder diverse Telemetrie-Komponenten sucht man vergeblich. Nicht, weil Linux unsicher wäre – sondern weil viele dieser Aufgaben anders gelöst sind. Rechtekonzepte, Paketquellen und eine nachvollziehbare Systemstruktur machen viele Schutzmechanismen überflüssig.

Ein Virenscanner? In der Regel nicht erforderlich. Die Angriffsflächen sind geringer, Software stammt aus vertrauenswürdigen Quellen, und Installationen erfolgen nicht über beliebige Downloads, sondern über geprüfte Kanäle [175, 176].

7 Programme und Alternativen zu Windows-Software

Eine Hürde für Einsteiger und Umsteiger auf GNU/Linux-Betriebssysteme ist das Thema Software. Man fragt sich, wie man unter Linux all das erledigt, was man von Windows gewohnt ist – sei es das Schreiben von Texten, das Bearbeiten von Bildern oder das Abspielen von Videos. Die gute Nachricht ist, dass es für fast alle Aufgaben unter Linux passende Programme gibt. Viele sind funktional vergleichbar, einige sogar leistungsfähiger, und manche erfordern ein wenig Umdenken.

Wichtig ist dabei weniger, wie vertraut ein Programm wirkt, sondern ob es die Aufgabe zuverlässig erfüllt. Statt krampfhaft nach einem exakten Ersatz zu suchen, lohnt sich ein Blick auf den Zweck – und auf die Werkzeuge, die diesen Zweck unter Linux erfüllen. Oft stößt man dabei auf Anwendungen, die schlichter, flexibler oder einfach besser zum eigenen Arbeitsstil passen.

7.1 Büro & Produktivität

Wer produktiv arbeiten will, braucht Werkzeuge, die den Alltag erleichtern. Textverarbeitung, Tabellenkalkulation, Präsentationen, PDF-Betrachter, Notizprogramme und Terminplaner gehören zur Grundausstattung. Bei Linux gibt es dafür eine breite Auswahl – von vollwertigen Office-Suiten über spezialisierte Anwendungen bis hin zu schlanken Werkzeugen für einzelne Aufgaben. Viele Programme sind nicht nur Alternativen, sondern eigenständige Lösungen.

A. Zambito, *Linux für Einsteiger und Umsteiger*,
https://doi.org/10.1007/978-3-658-51091-6_7

7.1.1 Office unter Linux – Schreiben, Rechnen, Präsentieren

Zu den ersten Programmen, die man auf einem neuen System sucht, gehört meist ein Office-Paket. LibreOffice ist unter Linux längst etabliert und gehört bei vielen Distributionen zur Grundausstattung. Das Paket ist frei verfügbar, quelloffen und wird aktiv weiterentwickelt. Es ist nicht nur im privaten Umfeld weit verbreitet, sondern wird auch von Schulen, Verwaltungen und Organisationen eingesetzt – oft als Standardlösung.

LibreOffice umfasst mehrere Programme, die gemeinsam ein vollständiges Büro-Werkzeug bilden: Writer für Textverarbeitung, Calc für Tabellenkalkulation, Impress für Präsentationen, Draw für einfache Vektorgrafik, Math zum Setzen mathematischer Formeln und Base als Datenbankmodul. Die Oberfläche ist funktional gehalten, die Bedienung erschließt sich in vielen Fällen von selbst – auch wenn manches anders organisiert ist als bei Microsoft Office.

Wer beruflich viel mit Office arbeitet, wird feststellen, dass sich viele gewohnte Aufgaben auch mit LibreOffice umsetzen lassen. Dazu gehören Serienbriefe, strukturierte Formatvorlagen, Inhaltsverzeichnisse, Dokumentenvorlagen oder Formularfunktionen. Calc unterstützt auch komplexere Tabellen, inklusive Auswertungen und Diagrammen. Die Pivot-Tabelle erlaubt zusammenfassende Datenanalysen, wenngleich einige Features wie dynamische Feldlisten oder automatische Aktualisierung anderer Datenquellen nicht so ausgereift sind wie bei Excel. Impress erlaubt den Aufbau ganzer Vortragsreihen, inklusive Masterfolien, Animationen und Medienintegration – bei Online-Inhalten allerdings mit gewissen Einschränkungen.

Die einzelnen Programme lassen sich einzeln starten, sind aber im Aufbau eng verzahnt. Wer zum Beispiel ein Diagramm aus Calc in eine Präsentation einfügt oder Text und Vektorzeichnung in einem Dokument kombiniert, profitiert von einem einheitlichen Formatmodell und stabiler Integration. Der Fokus liegt nicht auf optischer Effekthascherei, sondern auf klaren Werkzeugen für konkrete Aufgaben.

Kompatibilität mit Microsoft Office

LibreOffice arbeitet intern mit dem Open Document Format (ODF), das international standardisiert ist. Für den Austausch mit Microsoft Office stehen Import- und Exportfilter für Formate wie DOCX, XLSX oder PPTX zur Verfügung. Die Umsetzung basiert auf öffentlich zugänglichen Spezifikationen – allerdings nutzt Microsoft in der Praxis teils eigene Erweiterungen, die vom Standard abweichen. Probleme treten vor allem bei komplexen Layouts, eingebetteten Objekten oder Makros auf. In vielen Fällen empfiehlt es sich, Dokumente intern im ODF-Format zu bearbeiten und nur bei Bedarf in Microsoft-Formate zu exportieren. Wer regelmäßig mit Word- oder Excel-Dateien arbeitet, kann in LibreOffice gezielt die Kompatibilitätseinstellungen anpassen – etwa Standardformate oder das Verhalten bei Tabellen.

- **Offene Formate und Langzeitarchivierung** ODF eignet sich nicht nur für den Alltag, sondern auch für die langfristige Aufbewahrung von Dokumenten. Als offener und standardisierter ISO-Formattyp ist es unabhängig von Anbietern und Plattformen lesbar – vorausgesetzt, spätere Programme unterstützen den Standard weiterhin korrekt. Wer Dokumente dauerhaft sichern muss, sei es aus rechtlichen oder persönlichen Gründen, fährt mit ODT und Co. in vielen Fällen sicherer als mit proprietären Formaten. Für verbindliche Archivierung empfiehlt sich ergänzend auch das PDF/A-Format.

Microsoft Office selbst lässt sich unter Linux nicht als klassische Desktop-Variante betreiben. Wer es trotzdem nutzen will, kann auf die Webversion von Microsoft 365 ausweichen. Die bietet Grundfunktionen im Browser – reicht für schnelle Korrekturen, gelegentliche Bearbeitung oder gemeinsame Arbeit an Cloud-Dokumenten. Seit einiger Zeit lässt sich diese Variante auch unter Linux – etwa über Chromium, Chrome oder Brave – als Progressive Web App (PWA) im System integrieren. Für alles darüber hinaus bleibt die Option, eine virtuelle Windows-Umgebung zu betreiben. Dort läuft Office wie gewohnt – samt aller Makros, Add-ins und Spezialvorlagen. Ältere Office-Versionen wie Office 2000 lassen sich mit Wine unter bestimmten Voraussetzungen nutzen; Office 2010/2013 häufig ebenfalls, allerdings mit extra Konfigurationsaufwand. Die Ergebnisse sind allerdings stark abhängig von Version, Konfiguration und Systemumgebung [124, 177, 178, 179, 180, 207].

7.1.2 PDF-Betrachter und -Bearbeitung

PDF-Dokumente gehören zum Büroalltag wie Briefe und Tabellen. Unter Linux ist das kein Problem. Jede große Desktop-Umgebung bringt von Haus aus einen passenden Betrachter mit. Evince unter GNOME, Okular unter KDE oder Xreader bei Linux Mint – alle öffnen Dokumente schnell und zuverlässig. Wer mehr will als nur lesen, findet ebenfalls Lösungen. Formulare ausfüllen, Seiten neu anordnen oder Dokumente zusammenführen lässt sich zum Beispiel mit PDF Arranger erledigen. Wer darüber hinaus ein komplettes Bearbeitungswerkzeug sucht, stößt auf Master PDF Editor – funktional stark, aber nicht vollständig frei. Für die meisten Anwendungsfälle genügt jedoch schon die Grundausstattung [181–185].

7.1.3 Notizen und einfache Textsammlungen

Notizen sind das Gedächtnis zwischendurch – und unter Linux gibt es dafür mehr als nur einen Ansatz. Wer seine Gedanken strukturiert ablegen und später schnell wiederfinden will, greift zu Zim. Das Programm funktioniert wie ein kleines Desktop-Wiki und eignet sich für technische Dokumentation ebenso wie für alltägliche Notizen. Eine Alternative ist CherryTree – nicht ganz so reduziert, dafür mit Formatierungen, Tabellenfunktionen und einer hierarchischen Struktur. Wer lieber mit der Hand schreibt, markiert oder skizziert, findet in Xournal++ ein passendes Werkzeug. Besonders bei der Arbeit mit PDFs spielt es seine Stärken aus. Für längere Texte, Quellensammlungen oder die Arbeit nach dem Zettelkastenprinzip bietet sich Zettlr an. Markdown ist hier Pflicht, dafür gibt es eine saubere Oberfläche, gute Organisationsfunktionen und eine reaktionsschnelle Suche. Wer es ganz einfach mag, bleibt beim Texteditor der eigenen Desktop-Umgebung – der ist nicht spektakulär, aber schnell, stabil und immer zur Hand [186–189].

7.2 E-Mail & Kommunikation

Auf Linux-Systemen finden sich zahlreiche Anwendungen, funktional, flexibel und auf offene Standards gestützt. Die Vielfalt ist groß, und statt eines festgelegten Pfades finden Nutzer hier genau das, was zu ihrem Arbeitsstil passt. Egal ob klassischer Mail-Client, kollaborative Gruppenlösung oder verschlüsselter Chat.

7.2.1 E-Mail

E-Mail gehört weiterhin zu den wichtigsten Werkzeugen im Alltag, auch wenn viele inzwischen häufiger zu Chat oder Videokonferenz greifen. Unter Windows ist Outlook für viele Nutzer die zentrale Anlaufstelle, in der Mails, Termine und Kontakte zusammengeführt werden. Microsoft entwickelt derzeit eine neue Outlook-App auf Basis von Webtechnologie, die das klassische Programm Schritt für Schritt ablösen soll. Die bisherige Version bleibt laut offizieller Ankündigung mindestens bis 2029 verfügbar, verliert aber nach und nach an Bedeutung.

Unter Linux übernimmt diese Aufgabe meist Thunderbird. Das Programm ist seit vielen Jahren etabliert, plattformübergreifend nutzbar und wird von einer aktiven Gemeinschaft weiterentwickelt. Es unterstützt IMAP und POP ebenso wie Kalender und Kontakte. Wer zusätzliche Funktionen benötigt, findet eine große Auswahl an Erweiterungen.

Alternativen sind ebenfalls vorhanden. Evolution ist eng in GNOME integriert und bietet umfangreiche Groupware-Funktionen, die besonders in Unternehmensumgebungen geschätzt werden. KMail gehört zur Kontact-Suite und fügt sich nahtlos in KDE ein. Alle diese Programme erlauben es, mehrere Konten parallel zu verwalten – ein Vorteil, wenn private und geschäftliche Kommunikation klar getrennt bleiben soll [190, 191, 192].

Migration von Outlook nach Linux
Beim Wechsel auf Linux stellt sich schnell die Frage, wie vorhandene Mails und Kontakte übernommen werden können. Wer sein Postfach über IMAP nutzt, muss sich darüber kaum Gedanken machen. In diesem Fall liegen alle Nachrichten auf dem Server und erscheinen automatisch im neuen Mail-Programm, sobald das Konto eingerichtet ist.

Bei POP3 sieht es anders aus. Hier werden die Mails lokal gespeichert, meist in einer PST-Datei. Mit dem Werkzeug **readpst** lassen sich solche Dateien in das MBOX-Format umwandeln, das Thunderbird direkt versteht. Unter macOS erzeugt Outlook dagegen OLM-Dateien, die sich nicht ohne weiteres mit readpst öffnen lassen.

Kontakte und Kalender können über gängige Austauschformate wie vCard und iCalendar exportiert und anschließend in Thunderbird, Evolution oder KMail importiert werden. Bei wiederkehrenden Terminen sind gelegentlich kleine Nachbearbeitungen erforderlich.

Wer seine Daten ohnehin über Outlook.com oder Exchange Online synchronisiert, kann den Umzug deutlich vereinfachen. Evolution unterstützt die Anbindung an Exchange-Server direkt, Thunderbird benötigt dafür ein zusätzliches Add-on. In beiden Fällen lassen sich Mails, Kontakte und Termine so ohne Zwischenschritte übernehmen.

7.2.2 Kalender und Kontakte

Kalender und Adressbücher gehören für viele ebenso selbstverständlich zum Arbeitsalltag wie die E-Mail selbst. Unter Windows ist man gewohnt, alles in Outlook gebündelt vorzufinden. Unter Linux ist die Struktur etwas offener, die Funktionen stehen aber ebenso bereit.

Thunderbird bringt seit einiger Zeit Kalender und Kontakte direkt mit, frühere Add-ons sind nicht mehr nötig. Termine lassen sich lokal anlegen oder über CalDAV-Server einbinden, auch Google-Kalender funktionieren auf diesem Weg. Kontakte werden im vCard-Format verwaltet und können bei Bedarf aus anderen Programmen importiert werden. Manchmal muss man in den Kontoeinstellungen prüfen, ob alle Ordner korrekt abonniert sind, doch im Alltag funktioniert die Synchronisation zuverlässig.

Evolution bietet als Komplettlösung nicht nur Mail, sondern auch Kalender, Aufgaben und Kontakte. Mit dem Zusatzpaket *evolution-ews* lässt sich sogar ein Exchange-Server anbinden, was vor allem in Unternehmensumgebungen hilfreich ist. Die Einrichtung erfordert gelegentlich etwas Konfiguration, etwa die Angabe der Server-URL oder die Aktivierung moderner Authentifizierungsmethoden, danach läuft der Abgleich aber stabil.

Wer KDE nutzt, findet mit KMail und der Kontact-Suite ebenfalls eine vollständige Arbeitsumgebung. Kalender und Kontakte werden hier über das Akonadi-Framework verwaltet. Für private Nutzung reicht das meist problemlos, in großen Umgebungen sind allerdings gelegentlich Nachjustierungen notwendig.

Und schließlich gibt es die Möglichkeit, Kalender und Kontakte über Dienste wie Nextcloud oder Google einzubinden. Dank standardisierter Formate wie CalDAV und CardDAV funktioniert das in allen genannten Programmen. So lassen sich Termine und Adressbücher zwischen mehreren Geräten synchronisieren, ohne dass man auf ein einzelnes Ökosystem festgelegt ist [190, 191, 192, 247].

▶ **Unterschiede zu Outlook** Unter Linux gibt es keine zentrale Schaltstelle wie in Outlook, in der Mails, Kalender, Kontakte und Aufgaben komplett zusammenlaufen. Stattdessen setzen die Programme stärker auf offene Standards und modulare Strukturen. Thunderbird, Evolution und KMail decken die gleichen Bereiche ab, organisieren sie aber auf unterschiedliche Weise. Wer umsteigt, sollte daher nicht mit identischen Menüs und Klickfolgen rechnen, sondern sich auf leicht andere Abläufe einstellen. Die Funktionen sind vorhanden, oft sogar flexibler, nur der Zugang wirkt ungewohnt.

7.2.3 Messaging, Chat und Videokonferenzen

Unter Linux sind Messaging und Chat keine unbekannten Themen. Viele der bekannten Dienste lassen sich auch hier nutzen – manchmal mit einem eigenen Desktop-Client, manchmal nur über den Browser. Gerade bei klassischen Messengern wie Signal, Telegram oder WhatsApp bleibt die Nutzung ohnehin meist am Smartphone verankert. Signal und Telegram bringen offizielle Clients für den Desktop mit, die nach der Kopplung mit dem Mobilgerät eigenständig arbeiten. WhatsApp läuft über den Browser oder über Programme, die technisch auf WhatsApp Web aufsetzen.

Im beruflichen Umfeld gewinnt das Thema deutlich an Gewicht. Microsoft Teams spielt dabei eine zentrale Rolle. Der alte Linux-Client wurde eingestellt, seit 2023 gibt es jedoch wieder eine eigene Anwendung. Sie basiert auf Electron, deckt Chat, Kanäle und Videokonferenzen ab und macht damit auch auf Linux den produktiven Einsatz möglich. Unterschiede zu Windows und macOS zeigen sich vor allem dort, wo die tiefe Integration in die Microsoft-Welt gefragt ist, etwa bei Outlook oder bei speziellen Administrationsfunktionen.

Zoom lässt sich ebenfalls unter Linux nutzen. Der offizielle Client bietet alle wichtigen Funktionen, von Bildschirmfreigabe über Breakout-Räume bis hin zu lokalen Aufzeichnungen. Einschränkungen zeigen sich bei Themen, die man nicht als Nebensache abtun sollte. Virtuelle Kameras wie die OBS-Virtual-Cam funktionieren nicht in allen Konfigurationen, und die Einbindung in Outlook-Kalender erfordert zusätzliche Schritte. Für den regulären Besprechungsalltag reicht die Linux-Version dennoch gut aus.

Slack stellt eine eigene Electron-Anwendung für Linux bereit. Sie speichert Nachrichtenverläufe lokal, integriert sich sauber ins System und bringt im Funktionsumfang praktisch alles mit, was man auch auf Windows oder macOS vorfindet. Technisch ist Slack eng mit der Weboberfläche verwoben, für die tägliche Nutzung macht das jedoch keinen Unterschied.

Neben diesen weit verbreiteten Lösungen gibt es offene Alternativen wie Element oder Jitsi Meet. Element ist ein Client für das Matrix-Protokoll, das nicht an einen bestimmten Anbieter gebunden ist. Man kann öffentliche Server nutzen oder eigene betreiben. Jitsi läuft direkt im Browser oder auf selbst gehosteten Instanzen und ist besonders dort interessant, wo Datenschutz und Kontrolle über die Infrastruktur eine große Rolle spielen.

Unterm Strich zeigt sich, dass man unter Linux bei keiner wichtigen Konferenz außen vor bleibt. Die Unterschiede zu anderen Plattformen liegen nicht darin, ob etwas grundsätzlich funktioniert, sondern eher im Detail – mal mit einer engeren Integration, mal mit ein paar zusätzlichen Handgriffen [193, 194, 195, 196, 198, 199].

▶ **Electron und Matrix** Electron ist ein Framework zur Entwicklung plattformübergreifender Desktop-Anwendungen mit Webtechnologien wie HTML, CSS und JavaScript. Es kombiniert Chromium als Rendering-Engine für die Benutzeroberfläche mit Node.js für den Zugriff auf Systemfunktionen wie Dateien, Benachrichtigungen oder Zwischenablagen. Viele bekannte Programme – darunter Teams, Slack oder Discord – basieren auf Electron und wirken für Anwender wie klassische Desktop-Programme, obwohl sie technisch auf Webtechnologien aufbauen. Für Linux hat das den Vorteil, dass viele Anwendungen ohne zusätzlichen Aufwand auf diese Plattform gebracht werden können.

Matrix ist ein offenes, föderiertes Kommunikationsprotokoll und zugleich ein Ökosystem für Echtzeitkommunikation. Es erlaubt dezentrale Strukturen ähnlich wie das E-Mail-System, unterstützt Nachrichten, VoIP und Dateiaustausch und setzt standardmäßig auf Ende-zu-Ende-Verschlüsselung. Mit Clients wie Element lässt sich Matrix im Alltag nutzen, entweder über öffentliche Server oder über selbst gehostete Instanzen. Zusätzlich existieren Brücken zu anderen Diensten wie IRC, Slack oder Telegram, was Matrix besonders vielseitig macht. Für Linux-Anwender bedeutet das eine unabhängige und offene Alternative zu proprietären Messengern [195, 198, 199].

7.3 Internet & Web

Ohne Internet geht heute kaum noch etwas. Ob Nachrichten, soziale Netzwerke, Videokonferenzen oder das Nachschlagen von Informationen – der Browser ist längst das wichtigste Werkzeug auf jedem Rechner. Auch unter Linux ist das nicht anders. Programme für den Zugang zum Netz gehören zur Grundausstattung fast jeder Distribution, zusätzliche Werkzeuge lassen sich bei Bedarf leicht nachrüsten. Dabei muss man nicht auf vertraute Funktionen verzichten. Vieles, was man von Windows kennt, steht auch hier zur Verfügung – teils sogar in größerer Vielfalt.

7.3.1 Browser

Der wichtigste Zugangspunkt ins Netz ist der Browser. Unter Linux muss man nicht lange suchen, denn die großen Namen sind auch hier vertreten. Firefox gehört bei vielen Distributionen zur Grundausstattung und ist seit Jahren eine feste Größe. Er ist quelloffen, plattformübergreifend verfügbar und bringt eine breite Palette an Erweiterungen mit. Wer Wert auf Datenschutz legt, findet hier zahlreiche Einstellmöglichkeiten, um Tracker oder unerwünschte Skripte einzuschränken.

Daneben gibt es Chromium, die quelloffene Basis von Google Chrome. Viele Funktionen sind identisch, der Unterschied liegt vor allem in der Integration von proprietären Komponenten wie den Video-Codecs. Chrome selbst lässt sich ebenfalls unter Linux installieren und bietet den vollen Funktionsumfang, inklusive Synchronisation mit einem Google-Konto.

Brave setzt ebenfalls auf Chromium, ergänzt aber von Haus aus Funktionen zum Blockieren von Werbung und Trackern. Für Anwender, die eine schnelle und zugleich etwas stärker abgeschottete Umgebung suchen, ist das eine interessante Alternative. Vivaldi schließlich wendet sich an alle, die möglichst viel anpassen möchten. Oberfläche, Shortcuts, sogar Mausgesten lassen sich individuell konfigurieren – mehr Freiheit in der Gestaltung bietet kaum ein anderer Browser.

Damit zeigt sich, auch wer von Windows kommt, findet unter Linux eine vertraute Auswahl [205, 206, 207, 208].

7.3.2 FTP-/SFTP-Clients

Auch wenn heute vieles über Cloud-Dienste läuft, bleibt der direkte Zugriff auf entfernte Server ein wichtiges Werkzeug. Wer Webseiten betreibt oder Dateien regelmäßig zwischen Rechnern austauscht, kommt um FTP oder SFTP kaum herum. Unter Linux gibt es dafür bewährte Programme, die stabil arbeiten und in fast jeder Distribution verfügbar sind.

FileZilla gehört zu den bekanntesten Vertretern. Das Programm ist plattformübergreifend, unterstützt FTP, SFTP und FTPS und bietet eine Oberfläche, die auch Einsteiger schnell verstehen. Verbindungen lassen sich speichern, Übertragungen in Warteschlangen ablegen und bei Abbruch problemlos fortsetzen.

Neben FileZilla gibt es leichtere Alternativen. gFTP etwa konzentriert sich auf die wesentlichen Funktionen, ohne viele Extras. Wer lieber gar keinen separaten Client nutzen möchte, kann auch den Dateimanager seiner Desktop-Umgebung einsetzen. Nautilus, Dolphin und Thunar unterstützen SFTP direkt und blenden entfernte Server so ein, als wären es lokale Ordner.

Damit stehen je nach Arbeitsweise verschiedene Möglichkeiten bereit – vom klassischen FTP-Programm bis zur nahtlosen Integration in die eigene Dateiverwaltung [200–204].

7.3.3 Zusatzwerkzeuge für das Netz

Neben Browsern und Dateiübertragungen gibt es eine Reihe kleinerer Programme, die den Alltag im Netz erleichtern. Dazu gehören Download-Manager und Feedreader.

Download-Manager helfen vor allem dort, wo große oder viele Dateien zu verwalten sind. Uget ist ein schlanker Vertreter, der parallele Verbindungen und Warteschlangen unterstützt. Zusammen mit aria2 lassen sich auch BitTorrent- oder Metalink-Downloads einbinden. Xtreme Download Manager (XDM) bietet zusätzlich eine Integration in Browser, Zeitplanung und die Möglichkeit, Videos von Webseiten zu laden.

Feedreader wiederum sind nützlich, wenn man Nachrichten oder Blogartikel an einer zentralen Stelle bündeln möchte. Liferea ist ein klassischer Vertreter, der RSS- und Atom-Feeds übersichtlich darstellt und in fast allen Distributionen verfügbar ist. Akregator ist eng in KDE integriert und bietet ähnliche Funktionen. Wer lieber auf Webdienste setzt, kann auch Nextcloud mit einem Feedreader-Modul einsetzen und seine Abos so auf mehreren Geräten synchron halten.

Solche Werkzeuge sind nicht zwingend notwendig, aber für viele Arbeitsweisen praktisch. Sie zeigen, dass Linux auch in den Nischenbereichen rund ums Internet eine breite Auswahl bereithält [209–214, 247].

7.4 Multimedia & Bildbearbeitung

Ein Computer ist längst mehr als nur Schreibmaschine oder Rechenhilfe. Fotos betrachten und bearbeiten, Musik hören oder aufnehmen und Videos ansehen oder schneiden gehören ebenso selbstverständlich dazu. Unter Linux stehen dafür die passenden Werkzeuge bereit. Vieles ist schon bei der Installation an Bord, anderes lässt sich mit wenigen Handgriffen ergänzen. Man muss sich dabei nicht einschränken – die Programme heißen vielleicht anders, erfüllen aber die gleichen Aufgaben und eröffnen oft sogar neue Möglichkeiten.

7.4.1 Bildbetrachter & einfache Bearbeitung

Bilder öffnen, durchsehen und sortieren gehört zu den alltäglichen Aufgaben am Rechner. Unter Linux findet man dafür passende Werkzeuge gleich in der Grundausstattung. GNOME bringt mit Eye of GNOME einen schlanken Betrachter mit, KDE setzt auf Gwenview und bei Linux Mint ist Pix die Standardlösung. Sie starten schnell, unterstützen viele Formate und bieten einfache Funktionen wie Drehen, Zuschneiden oder Diashows.

Wer mehr möchte, greift zu Programmen wie Pinta. Es orientiert sich am klassischen Prinzip einfacher Mal- und Zeichenprogramme und eignet sich gut für kleinere Korrekturen oder das Einfügen von Text. Krita geht darüber hinaus und bietet eine Umgebung für digitales Malen und Zeichnen, die auch für komplexere Projekte geeignet ist.

Für umfassende Bildbearbeitung steht GIMP zur Verfügung. Das Programm gilt seit Jahren als freie Alternative zu Photoshop. Es unterstützt Ebenen, Masken, Filter und eine Vielzahl von Formaten. Die Bedienung unterscheidet sich in manchen Punkten von proprietären Lösungen, doch wer sich einarbeitet, findet hier einen mächtigen Werkzeugkasten [181, 216–219].

7.4.2 Vektorgrafik

Für Zeichnungen, Logos oder technische Illustrationen sind Vektorgrafiken die richtige Wahl. Anders als bei Pixelbildern lassen sich hier Formen, Linien und Flächen beliebig vergrößern, ohne dass die Qualität leidet. Unter Linux ist Inkscape das Standardwerkzeug für diesen Bereich.

Inkscape nutzt das offene SVG-Format als Standard und kann zusätzlich mit Formaten wie PDF, EPS oder PNG umgehen. Es bietet Werkzeuge für Pfade, Ebenen und Text und eignet sich für eine große Bandbreite von Aufgaben – vom einfachen Schaubild bis zur detaillierten Illustration. Der Funktionsumfang ist so groß, dass die Oberfläche am Anfang etwas Einarbeitung erfordert. Wer sich damit beschäftigt, erhält ein Werkzeug, das mit kommerziellen Lösungen durchaus mithalten kann [220].

7.4.3 Audio (Winamp → Rhythmbox, Lollypop)

Musik hören gehört nicht unbedingt zu den Grundfunktionen eines Computers. Aber auch unter Linux gibt es dafür eine breite Auswahl an Programmen. Für das reine Abspielen von Musik bieten sich schlanke Player wie Rhythmbox oder Lollypop an. Beide verwalten auch größere Sammlungen, erstellen Playlisten und holen auf Wunsch automatisch Informationen und Coverbilder aus dem Netz.

Wer mehr will als nur Musikwiedergabe, findet in Programmen wie Audacious oder DeaDBeeF minimalistische Alternativen, die an den klassischen Winamp-Stil erinnern. Für ambitioniertere Aufgaben, etwa das Schneiden oder Bearbeiten von Audiodateien, stehen Werkzeuge wie Audacity oder Tenacity bereit. Sie bieten Mehrspur-Bearbeitung, Effekte und Konvertierungsfunktionen und sind damit auch für Podcasts oder Musikprojekte geeignet [221, 222].

7.4.4 Video (VLC, MPV, Kdenlive, OBS)

Unter Linux gibt es für die Arbeit mit Videos eine ganze Reihe von Werkzeugen. Für die Wiedergabe eignen sich Programme wie VLC oder MPV, die mit nahezu allen gängigen Formaten umgehen können und auch Streams oder Untertitel zuverlässig abspielen. MPV ist zudem bei technisch versierteren Anwendern beliebt, da es sich über Skripte anpassen lässt und bewusst eine schlanke Oberfläche bietet.

Für die Bearbeitung und den Schnitt eignen sich Programme wie Kdenlive oder Shotcut. Sie bieten Mehrspur-Unterstützung, Effekte und Übergänge und können die Hardware-Beschleunigung moderner Grafikkarten nutzen.

Eine besondere Rolle spielt OBS Studio. Ursprünglich im Gaming-Bereich bekannt geworden, ist es heute weit mehr als ein Tool für Livestreams. Es erlaubt das Mischen mehrerer Video- und Audioquellen, das Einblenden von Texten, Bildern oder Fenstern und die flexible Steuerung über sogenannte Szenen. Damit lässt sich nicht nur ein einfacher Bildschirmmitschnitt erzeugen, sondern auch eine komplette Live-Produktion mit Kameras, Präsentationen und Tonspuren umsetzen. OBS unterstützt Aufnahmen in hoher Qualität ebenso wie die direkte Übertragung zu Plattformen wie YouTube oder Twitch. Durch die modulare Architektur gibt es zahlreiche Erweiterungen, die zusätzliche Funktionen nachrüsten – von automatisierten Abläufen bis hin zu Spezialeffekten [223, 224, 259–261].

7.4.5 RAW-Entwicklung (Lightroom → Darktable, RawTherapee)

Für die Entwicklung von RAW-Dateien stehen zwei Programme besonders im Fokus. Darktable ist auf größere Bildmengen ausgelegt und bietet einen durchgängigen Workflow mit Katalogisierung, Verschlagwortung und nicht-destruktiver Bearbeitung. RawTherapee dagegen konzentriert sich stärker auf die detaillierte Arbeit an einzelnen Bildern und stellt eine große Auswahl an Filtern und Korrekturen bereit.

Im Vergleich zu proprietären Programmen findet man sich hier auf Augenhöhe wieder. Darktable orientiert sich in Konzept und Funktionsumfang klar an Adobes Lightroom, während RawTherapee in Teilen an Capture One erinnert, wenn auch mit einem anderen Bedienansatz. Farbmanagement, Rauschreduzierung und Schärfung gehören in beiden Programmen ebenso zum Repertoire wie das Arbeiten mit Kameraprofilen und der Export in unterschiedliche Zielformate.

Beide unterstützen die Formate vieler Kamerahersteller und werden aktiv weiterentwickelt, mit dem Vorteil, dass diese Systeme offen entwickelt und frei verfügbar sind [262–265].

7.5 Alltag & Dienstprogramme

Im täglichen Umgang mit dem System sind es oft die kleinen Werkzeuge, die den Unterschied machen. Archivprogramme, Screenshot-Tools, Aufgabenlisten oder Zwischenablage-Verwaltung gehören bei den meisten Distributionen zur Grundausstattung – und wenn doch mal etwas Spezielles fehlt, lässt es sich einfach installieren.

7.5.1 Archivprogramme

Um Dateien zu bündeln und zu komprimieren, kann man auf verschiedene Werkzeuge zurückgreifen. Fast jede Desktop-Umgebung bringt dafür ihr eigenes Programm mit, das sich direkt in den Dateimanager einfügt. GNOME nutzt File Roller (oft einfach „Archiv-Manager“ genannt), KDE Ark, Xfce liefert Xarchiver mit, und bei Linux Mint kommen je nach Edition File Roller, Engrampa oder Xarchiver zum Einsatz. Die Unterschiede liegen weniger in den Grundfunktionen als in den Details der Oberfläche. Alle können Archive erstellen, entpacken, Dateien hinzufügen oder entfernen. Durch die enge Integration in den Dateimanager reicht oft ein Rechtsklick, um ein Archiv anzulegen, zu öffnen oder den Inhalt wie in einem Ordner zu durchsuchen. Auch mehrteilige Archive werden unterstützt. Damit ist man für den Alltag gut ausgestattet, ohne auf externe Tools zurückgreifen zu müssen [224–226].

7.5.1.1 Formate und Kompression

Im Linux-Umfeld spielt TAR eine zentrale Rolle. TAR selbst komprimiert nicht, sondern fasst Dateien und Verzeichnisse zu einem Paket zusammen. Dabei bleiben Dateirechte, Eigentümerinformationen und Zeitstempel erhalten. Erst die Kombination mit GZ, BZ2 oder XZ erzeugt das bekannte *.tar.gz*, *.tar.bz2* oder *.tar.xz*. GZ ist schnell und weit verbreitet, BZ2 komprimiert stärker, braucht dafür aber mehr Zeit. XZ liefert in vielen Fällen kompakte Archive, erfordert jedoch erheblich mehr Rechenleistung beim Packen und Entpacken. In der Praxis greifen viele Open-Source-Projekte auf *.tar.gz* zurück, weil sich damit eine gute Balance zwischen Größe und Geschwindigkeit erreichen lässt.

ZIP ist vor allem deshalb verbreitet, weil es plattformübergreifend genutzt werden kann. Windows und macOS öffnen ZIP-Dateien ohne Zusatzprogramme, und auch unter Linux gehört die Unterstützung längst zur Grundausstattung der gängigen Desktop-Umgebungen. Neben den Dateien selbst werden Metadaten wie Zeitstempel gespeichert. Unix-spezifische Berechtigungen gehen jedoch verloren, da ZIP nur einfache DOS-Attribute kennt. Für den Austausch von Dokumenten ist das meist kein Problem, für komplexere Dateistrukturen mit ausführbaren Dateien oder speziellen Rechten kann es aber relevant werden.

Ein anderes Format ist *7z* (7-Zip). Es unterstützt verschiedene Algorithmen, darunter LZMA und LZMA2, aber auch PPMD, BZIP2 oder Deflate. Typisch ist die sehr hohe Kompressionsrate mit LZMA2. Zusätzlich lassen sich Archive mit AES-256 verschlüsseln, was als sicher gilt. Damit eignet sich 7z besonders für Backups oder Archivzwecke. Für den Austausch mit gemischten Umgebungen ist es dagegen weniger geeignet, da nicht jedes Betriebssystem 7z von Haus aus unterstützt.

RAR begegnet man noch häufig im Internet, es ist jedoch proprietär. Das Erstellen von RAR-Archiven setzt das geschlossene Zusatzpaket *rar* voraus, das nicht in den freien Paketquellen enthalten ist. Zum Entpacken stehen Werkzeuge wie unrar oder freie Alternativen wie unar und unrar-free bereit, letztere mit Einschränkungen bei neueren RAR5-Archiven. Wer ältere Downloads aus Foren oder Archiven öffnet, trifft oft noch auf dieses Format, für die eigene Arbeit lohnt sich der Einsatz aber kaum [225, 227–230] (Tab. 7.1).

7.5.1.2 Stolperfallen und Besonderheiten

Wer mit Archivformaten arbeitet, sollte ein paar Eigenheiten im Blick behalten. Die gängigen Formate sind zwar weit verbreitet, bringen aber jeweils ihre Grenzen mit.

Bei ZIP betrifft das vor allem die Verschlüsselung. Die klassische Methode (ZIP-Crypto) gilt längst als unsicher und lässt sich leicht knacken. Moderne Varianten mit AES-128 oder AES-256 sind dagegen sicher, werden aber nicht von allen Systemen ohne Zusatzsoftware unterstützt. Für unverschlüsselte Archive bleibt ZIP die erste Wahl, weil es auf allen Plattformen ohne zusätzliche Programme geöffnet werden kann.

7z punktet mit starker Kompression und sicherer AES-256-Verschlüsselung, ist aber nicht überall standardmäßig installiert. Wer es nutzen will, muss sicherstellen, dass die Empfänger über passende Software verfügen – etwa 7-Zip unter Windows oder PeaZip unter Linux und macOS.

Tab. 7.1 Archivformate und Kompression

Format	Merkmale	Einsatz/Besonderheiten
TAR	Paketiert Dateien ohne Kompression; erhält Rechte, Eigentümer, Zeitstempel	Weit verbreitet in Kombination mit GZ, BZ2 oder XZ (.tar.gz etc.)
GZ	Schnell, weit verbreitet	Wird häufig mit TAR kombiniert (.tar.gz)
BZ2	Komprimiert stärker als GZ, braucht dafür aber mehr Zeit	Wird mit TAR kombiniert (.tar.bz2)
XZ	Liefert kompakte Archive, erfordert mehr Rechenleistung beim Packen und Entpacken	Wird mit TAR kombiniert (.tar.xz)
ZIP	Plattformübergreifend nutzbar; speichert Zeitstempel, verliert Unix-Berechtigungen	Eignet sich gut für den Dokumentenaustausch; in Linux-Desktops integriert
7z	Unterstützt LZMA, LZMA2, PPMD, BZIP2, Deflate; hohe Kompression; AES-256-Verschlüsselung möglich	Besonders für Backups und Archivzwecke geeignet; nicht überall ohne Zusatzsoftware unterstützt
RAR	Proprietär; Erstellung nur mit Zusatzpaket „rar"; Entpacken mit unrar, unar, unrar-free (eingeschränkt bei RAR5)	Noch im Internet verbreitet, für die eigene Arbeit unter Linux kaum relevant

RAR ist ein Sonderfall. Zum Erstellen braucht es das proprietäre Paket *rar*, das in freien Paketquellen fehlt. Zum Entpacken gibt es zwar Tools wie unrar oder freie Alternativen wie unar, aber volle Unterstützung für das neuere RAR5-Format bieten nur die proprietären Varianten. Für die tägliche Arbeit unter Linux lohnt sich der Einsatz daher kaum.

Ein weiteres Feld sind Dateinamen. Ältere Programme – sowohl bei ZIP als auch bei TAR – hatten Schwierigkeiten mit Umlauten oder Sonderzeichen, weil statt UTF-8 noch andere Kodierungen genutzt wurden. Ein Archiv mit einer Datei wie „Prüfung_Übung.pdf" konnte dadurch in Windows oder Linux mit verstümmeltem Namen erscheinen. Moderne Programme wie 7-Zip, Info-ZIP ab Version 3.0 oder GNU tar mit UTF-8-Unterstützung lösen dieses Problem. Wer allerdings mit älteren Systemen zusammenarbeitet, sollte im Hinterkopf behalten, dass solche Stolperfallen auftreten können.

Für die Praxis bedeutet das, dass ZIP sich für den einfachen Austausch eignet, TAR kombiniert mit GZ oder XZ ist der Standard für Linux-Pakete, und 7z empfiehlt sich für Backups oder wenn es auf starke Kompression und sichere Verschlüsselung ankommt [225, 227–230].

7.5.1.3 Grafische Werkzeuge

Nicht jeder möchte sich die Optionen von tar oder 7z im Terminal merken. Für den Alltag stehen daher zahlreiche grafische Werkzeuge bereit, die das Anlegen und Öffnen von Archiven per Mausklick ermöglichen.

Unter GNOME ist *File Roller* (oft schlicht „Archivverwaltung" genannt) die Standardlösung. Es integriert sich in den Dateimanager Nautilus. Ein Rechtsklick auf eine Datei genügt, um sie zu einem Archiv zu bündeln oder ein bestehendes zu entpacken. Unterstützt werden die gängigen Formate wie ZIP, TAR oder 7z. File Roller kann mehrteilige Archive entpacken, aber nicht erstellen. Auch passwortgeschützte ZIP-Dateien lassen sich nur öffnen – das Anlegen ist nur mit dem Konsolenwerkzeug *zip* samt AES-Unterstützung möglich.

In KDE-Umgebungen übernimmt *Ark* diese Aufgabe. Es bindet sich direkt in Dolphin ein und funktioniert ähnlich wie File Roller. Dateien lassen sich per Drag & Drop in ein Archiv ziehen, das Ergebnis wird sofort angezeigt. Ark unterstützt das Entpacken verschlüsselter Archive (z. B. 7z-AES oder RAR), sofern die entsprechenden Backends wie *p7zip* oder *unrar* installiert sind. Das Erstellen verschlüsselter Archive gelingt jedoch nur über die Konsole.

Wer eine leichtere Lösung sucht, findet mit *Xarchiver* ein schlankes Programm, das unabhängig von einer bestimmten Desktop-Umgebung läuft. Es eignet sich besonders auf Systemen mit begrenzten Ressourcen, etwa auf älteren Notebooks. Xarchiver unterstützt ZIP, TAR und 7z (nur Entpacken) sowie RAR-Archive, sofern *unrar* vorhanden ist. Verschlüsselte Archive lassen sich mit Xarchiver nur öffnen, nicht erstellen.

Eine Besonderheit bieten Tools wie *PeaZip*. Es ist nicht in allen Distributionen vorinstalliert, bietet aber eine einheitliche Oberfläche für viele Formate. PeaZip kann 7z-Archive mit AES-256-Verschlüsselung erstellen und unterstützt auch mehrteilige Archive bei 7z und ZIP. Für RAR-Verschlüsselung ist allerdings weiterhin das proprietäre Zusatzpaket rar erforderlich.

Im Alltag reicht es jedoch meist, die mitgelieferte Archivverwaltung der Desktop-Umgebung zu nutzen. Dateien markieren, Rechtsklick, „Komprimieren" wählen – mehr ist oft nicht nötig Selbst größere Backups oder verschlüsselte Archive lassen sich so mit wenigen Schritten öffnen oder entpacken. Für erweiterte Funktionen muss man in manchen Fällen allerdings zusätzliche Backend-Pakete nachinstallieren [224–227].

7.5.1.4 Typische Arbeitsabläufe

In der Praxis sind es meist wiederkehrende Aufgaben, für die man ein Archivprogramm öffnet. Einige Beispiele zeigen, wie sich das unter Linux umsetzen lässt.

Ordner komprimieren und verschicken

Wer einen ganzen Projektordner weitergeben möchte, markiert ihn im Dateimanager, klickt mit der rechten Maustaste und wählt „Komprimieren". File Roller und Ark schlagen dabei in der Regel ZIP vor, andere Formate wie .tar.gz oder .tar.xz lassen sich bei Bedarf auswählen. Für den Austausch mit Windows ist ZIP oft die bessere Wahl, weil es dort ohne Zusatzsoftware funktioniert.

Große Archive aufteilen

Manchmal wird ein Archiv zu groß für eine einzelne Datei – etwa beim Versand über E-Mail oder bei älteren Dateisystemen. Die grafischen Standardprogramme können Archive zwar entpacken, aber nicht in mehrere Teile splitten. Für das Aufteilen sind Konsolenbefehle wie *zip -s 500 m archiv.zip* oder *7z a -v500m archiv.7z* nötig. Alternativ lassen sich dafür Werkzeuge wie PeaZip nutzen, die diese Funktion direkt anbieten.

ZIP mit Passwort anlegen

Für vertrauliche Dokumente genügt es nicht, sie einfach zu bündeln. Ein passwortgeschütztes ZIP lässt sich in File Roller oder Ark nicht direkt erstellen – hier helfen das Konsolenprogramm *zip* mit AES-Unterstützung oder wiederum PeaZip. Die klassische

ZIP-Verschlüsselung (ZipCrypto) ist unsicher und sollte nicht mehr verwendet werden. Sicherer ist 7z mit AES-256, das sich über die Konsole oder mit PeaZip erstellen lässt.

Dateien nachträglich hinzufügen oder entfernen

Nicht jedes Archiv erlaubt nachträgliche Änderungen. Bei ZIP oder 7z können Dateien ergänzt oder entfernt werden, TAR-Archive müssen dagegen vollständig neu erstellt werden. In der Oberfläche wirkt es so, als ob man einfach Dateien löschen oder hinzufügen könnte – in Wirklichkeit wird das Archiv im Hintergrund neu gepackt.

Archiv schnell ansehen

Viele Programme zeigen die Struktur eines Archivs an, ohne es vollständig zu entpacken. Bei ZIP, 7z oder RAR wird dabei die Inhaltsliste direkt gelesen. TAR-Archive (z. B. .tar.gz) müssen dagegen entpackt werden, bevor die Dateiliste angezeigt werden kann. Für den Alltag reicht es dennoch, mit einem Doppelklick einen schnellen Überblick über den Inhalt zu bekommen, bevor man das Archiv komplett öffnet [224–227].

7.5.2 Bildschirmfotos- und Videos

Ein Bildschirmfoto gehört zu den kleinen, unscheinbaren Dingen im Alltag am Rechner. Unter Windows war lange Zeit die *Druck-Taste* der schnelle Weg. Einmal gedrückt, und schon landet das Bild in der Zwischenablage. Wer mehr wollte, nutzte das Snipping Tool.

Auch unter Linux ist das kein Problem. Fast jede Desktop-Umgebung bringt ein eigenes Werkzeug für Bildschirmfotos mit samt passender Tastenkürzel. Welche Kombination genau den ganzen Bildschirm, ein Fenster oder einen frei wählbaren Bereich ablichtet, hängt allerdings von der Umgebung ab. In den Systemeinstellungen lässt sich das leicht nachsehen, einfacher noch indem man es ausprobiert. Wer einen minimalistischen Window-Manager wie i3 oder Openbox nutzt, muss solche Funktionen dagegen selbst nachrüsten, etwa mit kleinen Programmen wie *scrot* oder *maim*.

Für den Alltag reichen diese Bordmittel meist aus. Wer allerdings Markierungen, Pfeile oder Text direkt ins Bild setzen möchte, greift zu *Flameshot*. Das Programm bietet eine einfache Auswahlfläche und kleine Annotationswerkzeuge, verzichtet aber auf komplexe Bildbearbeitung. Hierfür muss man weiterhin einen externen Editor öffnen. *Shutter* geht einen Schritt weiter. Lange Zeit war es in vielen Distributionen das Standardwerkzeug für Screenshots, verschwand dann aus den Repositories und ist seit Ubuntu 22.04 wieder regulär verfügbar. Es erlaubt gezielte Aufnahmen von Fenstern, Menüs oder Webseiten und bringt einen integrierten Editor mit. Wer KDE Plasma nutzt, stößt automatisch auf *Spectacle*, das sich unauffällig ins System integriert – es läuft aber genauso unter anderen Desktop-Umgebungen und lässt sich dort problemlos nachinstallieren.

Neben statischen Bildern spielen auch Bildschirmvideos eine Rolle. Ob für Tutorials, Präsentationen oder Spiele – hier kommt man an *OBS Studio* kaum vorbei. Ursprünglich für Livestreaming entwickelt, eignet es sich ebenso für Aufnahmen. Es kann Bild und Ton kombinieren, wobei Mikrofon und Systemsound parallel aufgezeichnet werden. Für den Einstieg reicht das völlig aus, wer mehrere getrennte Tonspuren benötigt, muss allerdings auf spezielle Ausgabeformate oder zusätzliche Plugins zurückgreifen. Einfacher geht es mit *SimpleScreenRecorder* oder *Kazam*. Beide konzentrieren sich auf das Wesentliche, starten schnell und liefern eine fertige Videodatei. Beide mischen Mikrofon und Systemsound in eine Spur – für die meisten Anwendungsfälle ist das völlig ausreichend.

Ein entscheidender Punkt bei Screencasts ist die *Audioaufzeichnung*. Moderne Distributionen setzen mit PulseAudio oder PipeWire auf Systeme, die sowohl Mikrofon als auch Systemsound einbinden können. PipeWire gilt als moderner und ist auf vielen aktuellen Desktops Standard, PulseAudio bleibt in älteren Systemen weit verbreitet. Dort kann das Mitschneiden des Systemsounds zusätzliche Einstellungen oder Module erfordern. Bei Laptops mit Kombibuchsen – also Anschlüssen, die Kopfhörer und Mikrofon gemeinsam verarbeiten – klappt die Erkennung normalerweise, manchmal ist aber ein Firmware-Update oder ein Kernel-Modul nötig. Wird das Mikrofon dennoch nicht erkannt, sind USB-Headsets oder kleine USB-Audio-Adapter eine zuverlässige Lösung, die Linux in der Regel sofort einbindet [231–234].

7.5.3 To-Do-Listen und Erinnerungen

Aufgaben lassen sich auch unter Linux gut verwalten. GNOME bietet mit *To Do* ein schlichtes Werkzeug, KDE mit *KOrganizer* eine Kombination aus Terminen und einfachen Aufgabenlisten. Daneben gibt es schlanke Programme wie den *Planner* oder spezialisierte Lösungen wie *Taskwarrior*, das auf der Kommandozeile arbeitet und Aufgaben mit Prioritäten und Schlagwörtern organisiert.

Für viele ist der Kalender das naheliegendste Mittel – dort lassen sich Aufgaben ebenso wie Termine eintragen, allerdings nicht in jeder Anwendung. *Evolution* oder *KOrganizer* unterstützen solche Einträge, andere Programme bleiben auf reine Termine beschränkt.

Wirklich wichtig wird das Ganze erst mit der mobilen Anbindung. Wer Aufgaben unterwegs nutzen möchte, setzt auf *Nextcloud* mit aktivierter Tasks-App. Damit lassen sich Listen über CalDAV synchronisieren – auf Android etwa mit *Tasks.org,* unter iOS mit spezialisierten Drittanbieter-Apps, da die integrierte Erinnerungs-App keine CalDAV-Aufgaben versteht. Alternativ kann man Aufgaben und Kalender über die iCloud-Weboberfläche nutzen, die dieselben Daten bereitstellt wie die nativen Apple-Apps und sich im Alltag fast genauso bedienen lässt [191, 235, 236, 239, 240, 247].

7.5.4 Zwischenablage-Manager

Manchmal ist mit einem einfachen Copy & Paste nicht getan. Wer häufiger mehrere Inhalte griffbereit haben möchte, setzt auf einen Zwischenablage-Manager. Unter X11 gibt es neben der üblichen Zwischenablage auch den Auswahlpuffer, der automatisch den zuletzt markierten Text speichert. So lässt sich ein Text oft direkt einfügen, ohne ihn vorher kopiert zu haben. Unter Wayland fehlt dieses Verhalten, dort läuft alles über das klassische Clipboard.

Programme wie *Clipman* in Xfce oder *Klipper* unter KDE erweitern die Zwischenablage um eine Verlaufsfunktion, die mehrere Einträge speichert und bei Bedarf wieder verfügbar macht. *CopyQ* geht noch weiter, arbeitet über XWayland auch unter Wayland-Sitzungen und erlaubt zusätzlich das Durchsuchen und dauerhafte Speichern von Einträgen – sofern man das in den Einstellungen aktiviert. Damit wird aus einem flüchtigen Speicher ein Werkzeug, das den Alltag deutlich erleichtern kann [241–243].

7.6 Spezialsoftware & Cloud-Integration

Viele Anwenderinnen und Anwender stoßen beim Umstieg auf Linux auf Programme, die es in dieser Form nur unter Windows oder macOS gibt. Gleichzeitig wächst der Bedarf an Anwendungen, die über den klassischen Rahmen hinausgehen – von Layout-Software über Mindmaps bis zu Cloud-Speichern und alternativen Distributionsformen für Programme. Dieses Kapitel zeigt, welche Lösungen Linux in diesen Bereichen bereithält, wo sich Unterschiede zu bekannten Anwendungen ergeben und wie man dennoch zu einem funktionierenden Arbeitsumfeld kommt.

7.6.1 Desktop Publishing

Für professionelles Layout gilt InDesign als Standard. Unter Linux übernimmt diese Rolle Scribus, eine freie Anwendung, die sich seit Jahren etabliert hat. Mit Scribus lassen sich Broschüren, Flyer, Magazine oder auch Bücher gestalten. Das Programm unterstützt präzises Satz- und Layout-Design, arbeitet mit CMYK-Farben und ICC-Profilen und exportiert in Formate wie PDF (inklusive PDF/X und PDF/A), EPS, SVG, PNG, JPEG und TIFF. Die Oberfläche unterscheidet sich zwar von InDesign, der Funktionsumfang jedoch ermöglicht ebenso professionelle Ergebnisse [244].

7.6.2 Diagramme & Mindmaps

Wer Grafiken oder Mindmaps erstellen will, findet auch unter Linux passende Werkzeuge. *Dia* stammt aus dem freien GNOME-Umfeld und richtet sich vor allem an Nutzer, die Flussdiagramme, Netzpläne oder UML-Modelle im Blick haben. Die Symbolbibliothek ist nicht überbordend, reicht aber für die meisten Fälle aus. Die Ergebnisse lassen sich in gängige Formate wie PNG, SVG oder PDF exportieren und damit problemlos weiterverwenden.

Anders ist der Ansatz bei *XMind*, das plattformübergreifend entwickelt wird und auf Java läuft. Es ist stärker auf Mindmaps ausgelegt und bringt verschiedene Darstellungsformen mit – von klassischen Baumstrukturen bis zu Organigrammen oder Fishbone-Diagrammen. Auch hier bleibt der Export nicht im eigenen System gefangen, wobei er in der kostenfreien Version auf Formate wie PNG, JPG, PDF oder OPML beschränkt ist.

Beide Programme sind leicht zugänglich und erfüllen ihre Aufgabe zuverlässig. Entscheidend bleibt am Ende, auf offene Formate zu setzen, damit die erstellten Diagramme und Mindmaps nicht an ein bestimmtes Programm gebunden bleiben [245, 246].

7.6.3 Nextcloud, Syncthing, Google Drive-Integration

Nextcloud ist eine freie Alternative zu Diensten wie Google Drive oder Dropbox. Sie lässt sich auf einem eigenen Server oder bei einem Hoster betreiben und bietet weit mehr als nur die Synchronisation von Dateien. Über Apps kommen Kalender, Kontakte und Aufgaben hinzu, die über CalDAV und CardDAV auch mit anderen Programmen verbunden werden können. Wer möchte, erweitert die Plattform um Notizen, Kanban-Boards oder eine Office-Integration und kann besonders sensible Ordner zusätzlich verschlüsseln. Die Clients für Linux, Windows und Mobilgeräte gleichen Daten und Verzeichnisse automatisch ab und halten alle Systeme auf dem gleichen Stand.

Syncthing geht einen anderen Weg und verzichtet auf einen zentralen Server. Die Geräte verbinden sich direkt miteinander und tauschen ihre Daten im Hintergrund aus. Jeder Rechner und jedes Telefon ist gleichberechtigt, die Daten bleiben ausschließlich in der eigenen Hand. Praktisch ist das vor allem, wenn mehrere Systeme regelmäßig abgeglichen werden sollen, ohne dass eine Cloud dazwischensteht.

Kommerzielle Angebote sind auch unter Linux nutzbar. Dropbox stellt einen eigenen Client bereit, der Dateien zuverlässig synchronisiert, auch wenn manche Funktionen wie LAN-Sync oder selektive Synchronisation eingeschränkt sind. Google Drive lässt sich über die Online-Konten von GNOME oder über Werkzeuge wie rclone in den Dateimanager einhängen. Webdokumente bleiben dabei außen vor, während *Insync* als kommerzielle Lösung eine umfassendere Integration anbietet.

Damit kann man aus drei unterschiedlichen Ansätzen – eine selbst kontrollierte Plattform, ein direkter Peer-to-Peer-Abgleich oder die Einbindung etablierter Dienste – eine passende Lösung finden [247–250, 266].

7.6.4 Wine & Proton für Windows-Programme & Spiele

Wine steht für „Wine Is Not an Emulator" – und das stimmt auch, zumindest im technischen Sinne. Es wird nichts nachgebildet oder simuliert. Es ist vielmehr eine Kompatibilitätsschicht, die Programmschnittstellen von Windows für Linux (bzw. POSIX-Systeme) verfügbar macht. Wenn eine Anwendung eine bestimmte Windows-Funktion aufruft, meist aus kernel32.dll oder user32.dll, fängt Wine das ab und setzt es so um, dass Linux damit umgehen kann. Der Code läuft direkt im eigenen System. Keine virtuelle Maschine, kein zweites Betriebssystem im Hintergrund. Das spart Ressourcen, bedeutet aber auch, dass nicht jedes Programm sofort läuft. Manche Anwendungen brauchen bestimmte Bibliotheken, andere eine angepasste Umgebung und wieder andere lassen sich überhaupt nicht starten.

Wine arbeitet mit sogenannten Prefixes – genauer: WINEPREFIX. Das sind Verzeichnisse, die ein komplettes Windows-Umfeld nachbilden, inklusive Laufwerksstruktur (z. B. ein virtuelles C:-Laufwerk), Registry (in Form von Textdateien), Benutzerprofilen und Programminstallationen. Der Standard-Prefix befindet sich meist unter *~/.wine*, doch man kann beliebig viele eigene Prefixes anlegen. So lassen sich Programme voneinander trennen, gezielt konfigurieren oder auch unterschiedliche Windows-Versionen simulieren (z. B. Windows 7, 10 oder XP), was sich über *winecfg* oder Umgebungsvariablen festlegen lässt. So lassen sich Konflikte vermeiden und spezielle Einstellungen sauber trennen.

Die Installation von Programmen funktioniert ähnlich wie unter Windows. Eine .exe- oder .msi-Datei wird per Doppelklick gestartet – sofern Wine korrekt eingerichtet worden ist. Ansonsten kann man über das Sekundärmenü der Maus (rechtsklick) – installieren mit Wine – auswählen. Manche Anwendungen laufen sofort, andere benötigen zusätzliche Pakete wie DirectX-Komponenten oder zusätzliche Laufzeitbibliotheken. Hier hilft das Tool *Winetricks*, mit dem sich diese Komponenten gezielt nachinstallieren lassen – oft samt der nötigen Abhängigkeiten. Typische Beispiele sind *winetricks corefonts, winetricks dotnet40* oder *winetricks dxvk.*

Für Spiele hat Valve mit Proton eine eigene Lösung entwickelt, die auf Wine basiert, aber speziell auf die Anforderungen von Windows-Spielen unter Linux zugeschnitten ist. Proton integriert zusätzliche Komponenten wie DXVK (für DirectX 9 bis 11) und VKD3D-Proton (für DirectX 12), die Grafikbefehle in Vulkan-Übersetzungen umwandeln. Zusätzlich bringt Proton zahlreiche Patches mit, etwa für die Gamepad-Unterstützung, DRM-Kompatibilität oder Audiooptimierungen.

Proton ist direkt in Steam integriert. Wenn man ein Spiel startet, das keine native Linux-Version hat, wählt Steam automatisch eine passende Proton-Version aus. Alternativ lassen sich auch eigene Varianten einbinden, etwa *Proton-GE (GloriousEggroll)*, das zahlreiche zusätzliche Fixes für aktuelle Spiele enthält.

Außerhalb von Steam lässt sich Proton ebenfalls nutzen, etwa mit Lutris, dem Heroic Games Launcher oder direkt per Kommandozeile.

Trotz vieler Automatismen ist es wichtig zu wissen, dass nicht jedes Spiel auf Anhieb läuft. DRM, Anti-Cheat-Systeme oder fehlende Bibliotheken können Probleme verursachen. Hier helfen Tools wie protontricks oder die Wine AppDB, in der man Hinweise und Workarounds für viele Programme findet [124, 251, 252].

7.6.4.1 Wine und Proton installieren

Wine lässt sich bequem über die grafische Paketverwaltung der meisten Distributionen installieren. Es genügt meist die Suchenfunktion zu öffnen und „Wine" oder „Wine Staging" einzugeben. Empfehlenswert ist die Installation der Pakete „wine", „winetricks", „wine-mono" und „wine-gecko", da sie wichtige Laufzeitkomponenten enthalten. Nach dem ersten Start – etwa über das Kontextmenü einer Windows-Installationsdatei oder durch Aufruf von „Wine-Konfiguration" – wird automatisch eine Standardumgebung eingerichtet.

Auch Steam lässt sich grafisch installieren. Die meisten Distributionen bieten es genauso direkt über ihre Software-Verwaltung an. Wer Steam nicht findet, kann es alternativ von der offiziellen Seite herunterladen.

Nach der Installation meldet man sich mit seinem Steam-Account an oder legt ein neues Konto an. Um Proton zu aktivieren, öffnet man in Steam die Einstellungen, klickt auf „Steam Play“ und setzt dort zwei Häkchen: „Steam Play für unterstützte Titel aktivieren“ und „Steam Play für alle anderen Titel aktivieren“. Danach lässt sich unter „Proton-Version“ die gewünschte Variante auswählen.

Für Spiele, die besondere Anforderungen stellen, empfiehlt sich Proton-GE (GloriousEggroll). Dieses lässt sich mit dem Hilfsprogramm ProtonUp-Qt bequem installieren. Man wählt Steam als Ziel, klickt auf „Installieren“ und kann die neue Version anschließend direkt in Steam verwenden – unter den Kompatibilitätseinstellungen jedes Spiels [124, 251, 252, 267–269].

PlayOnLinux: Wine grafisch verwalten

Wer sich nicht mit Kommandozeile oder winetricks auseinandersetzen möchte, findet in PlayOnLinux eine komfortable Oberfläche zur Verwaltung von Windows-Programmen unter Linux. Das Tool erlaubt es, verschiedene Wine-Versionen parallel zu verwenden, Programme mit vordefinierten Installationsroutinen einzurichten und für jede Anwendung eine eigene Umgebung (Prefix) anzulegen. Auch Komponenten wie DirectX, .NET oder Corefonts lassen sich nachträglich per Mausklick installieren.

PlayOnLinux eignet sich vor allem für klassische Programme wie Microsoft Office oder ältere Spiele. Bei aktuellen Titeln oder komplexeren Setups stößt PlayOnLinux allerdings schnell an seine Grenzen – nicht zuletzt, weil das Projekt seit einiger Zeit nicht mehr aktiv gepflegt wird. Wer mehr Flexibilität benötigt, findet in Bottles eine moderne Alternative mit isolierten „Flaschen“ für verschiedene Programme – oder greift gleich zu Lutris, das speziell für Spiele entwickelt wurde und neben Wine auch Proton, Emulatoren und native Linux-Titel verwalten kann.

7.7 Drucken, Scannen und andere Geräte

Drucker, Scanner und andere Peripheriegeräte lassen sich unter Linux meist problemlos nutzen – sofern, wie bei allen Betriebssystemen, die passende Treiberunterstützung vorhanden ist. Viele Geräte werden automatisch erkannt, andere benötigen ein wenig Handarbeit.

Das Drucksystem *CUPS* (Common Unix Printing System) ist in den meisten gängigen Distributionen das Standard-Drucksystem. Unterstützt ein Drucker dieses System – oder gibt es passende Linux-Treiber vom Hersteller -, lässt er sich in wenigen Schritten einrichten. Die Konfiguration erfolgt über das jeweilige Desktop-Werkzeug (z. B. system-config-printer, die Druckereinstellungen in GNOME oder KDE) oder über die CUPS-Weboberfläche unter http://localhost:631

Für viele Drucker – insbesondere ältere Tintenstrahler oder Modelle ohne offizielle Linux-Treiber – lohnt sich ein Blick auf das *Gutenprint-Projekt*. Es liefert generische Treiber für zahlreiche, wenn auch nicht alle, ältere Modelle. Unter Debian/Ubuntu heißt das Paket printer-driver-gutenprint, in anderen Distributionen meist gutenprint oder gutenprint-cups. Die Druckqualität ist in vielen Fällen erstaunlich gut, wenn auch nicht immer mit vollem Funktionsumfang.

Beim Scannen sorgt meist das Paket **SANE** (Scanner Access Now Easy) für die notwendige Unterstützung. Viele Geräte – vor allem von Canon, Epson und HP – funktionieren damit zuverlässig. Bei neueren Modellen kann jedoch eine zusätzliche Firmware-Installation erforderlich sein. Nützliche Informationen und Treiberlisten finden sich auf der Projektseite http://www.sane-project.org.

Auch Kartenleser, Digitalkameras oder Multifunktionsgeräte lassen sich unter Linux betreiben, sofern sie sich an Standards wie *USB-Massenspeicher*, *PTP* (Picture Transfer Protocol) oder standardisierte USB-Klassen wie UVC für Webcams halten. Proprietäre Windows-Programme zur Gerätesteuerung lassen sich dagegen oft nicht ohne Weiteres ersetzen – wobei es durchaus Open-Source-Werkzeuge wie gphoto2 (für Kameras) oder libimobiledevice (für iOS-Geräte) gibt. Muss ein Gerät zwingend mit der Originalsoftware betrieben werden, bleibt meist nur eine virtuelle Maschine mit USB-Passthrough. Am zuverlässigsten gelingt dies in der Regel mit *QEMU/KVM* (über virt-manager), während VirtualBox hier etwas eingeschränkter ist.

Viele moderne Drucker unterstützen heute auch WLAN – allerdings klappt die Einrichtung nicht immer reibungslos. Manche Geräte werden zwar erkannt, reagieren aber nicht auf Druckaufträge, weil die Unterstützung für das verwendete Netzwerkprotokoll (IPP, AirPrint oder ein proprietäres Verfahren) fehlt. Auch fehlende mDNS-Einträge (über Avahi) oder falsche IPP-Einstellungen können Probleme verursachen. Wer auf Nummer sicher gehen will, sollte beim Kauf auf CUPS-Unterstützung oder explizite Linux-Kompatibilität achten – oder sich vorab auf den Seiten von Gutenprint oder OpenPrinting informieren.

Wer seine Wunsch-Distro zunächst mit einem Live-USB-Medium startet, kann leicht prüfen, ob die eigene Hardware funktioniert, vor allem Drucker und Scanner. Gerade bei sehr neuen oder älteren Geräten lassen sich so unangenehme Überraschungen vermeiden [253–259].

7.8 Updates, Sicherheit, Backups

Ein Linux-System ist im Alltag ausgesprochen zuverlässig, aber damit es auch langfristig sicher und stabil bleibt, sollte man es regelmäßig pflegen. Zum Glück bedeutet das nicht, dass man sich ständig um technische Details kümmern müsste. Die meisten Dinge erledigen sich fast von selbst – vorausgesetzt, man weiß, worauf es ankommt. Drei Bereiche sind dabei besonders wichtig: Updates, Sicherheit und Backups.

7.8.1 Updates

Den größten Anteil an der Systemsicherheit haben die regelmäßigen Updates. Sie schließen Sicherheitslücken, bringen Verbesserungen im Kernsystem und halten Programme auf dem neuesten Stand. Meist meldet sich die Distribution von selbst, wenn neue Pakete bereitstehen – sei es durch ein kleines Symbol in der Leiste oder eine Benachrichtigung am Bildschirmrand. Ein Klick genügt, und schon öffnet sich die grafische Oberfläche zur Aktualisierung. Je nach Distribution trägt sie einen anderen Namen und erfüllt immer denselben Zweck – das System mit möglichst wenig Aufwand auf aktuellem Stand zu halten.

Je nach Distribution kommen Updates unterschiedlich häufig. Rolling-Release-Systeme wie Arch oder openSUSE Tumbleweed liefern nahezu täglich neue Pakete, während LTS-Distributionen wie Ubuntu LTS oder Debian Stable eher auf Verlässlichkeit und längere Zyklen setzen. Beides hat Vorteile. Entscheidend ist, dass regelmäßige Updates nicht nur Sicherheitslücken verhindern, sondern auch viele kleine Ärgernisse vermeiden – vom zickigen Druckertreiber bis zum flackernden Grafikchip [150, 151, 155–158].

7.8.2 Sicher arbeiten im Alltag (Benutzer vs. Adminrechte)

Die Linux Grundarchitektur ist so konzipiert, dass man standardmäßig mit einem normalen Benutzerkonto arbeitet, das keine administrativen Rechte besitzt. Programme, die im Hintergrund versuchen, etwas am System zu verändern, scheitern an dieser Grenze. Erst wenn bewusst das Administratorpasswort eingegeben wird – etwa bei einer Installation oder einer Systemeinstellung – stehen höhere Rechte zur Verfügung, und das auch nur für diesen Moment. Auf diese Weise wird verhindert, dass ein einzelner Fehlklick oder ein unbemerkt gestartetes Programm gleich das ganze System kompromittieren kann [175].

7.8.3 Firewall

Ein zweiter wichtiger Baustein ist die Firewall – im Grunde ein Türsteher für das System. Sie überwacht den Datenverkehr und entscheidet, welche Verbindungen hereindürfen und welche draußen bleiben und sorgt dadurch dafür, dass von außen gar nichts bis ins System durchdringt. Auch wenn Linux-Rechner selten Ziel klassischer Schadsoftware sind, kann ein offener Port im Netzwerk ein Einfallstor sein – zum Beispiel, wenn ein unsicher konfigurierter Dienst nach außen sichtbar ist. Die Firewall schließt solche Türen, bevor jemand sie nutzen kann. In den meisten Distributionen ist sie schon integriert, arbeitet aber standardmäßig oft im Hintergrund ohne aktive Regeln. Aktiviert man sie, werden eingehende Verbindungen blockiert, solange man sie nicht ausdrücklich erlaubt.

Für den Alltag bedeutet das, dass ein frisch installiertes Linux-System kaum Angriffsflächen nach außen öffnet. Läuft jedoch ein Dienst wie ein Webserver oder ein Filesharing-Programm, dann ist der Rechner von außen erreichbar. Die Firewall sorgt in diesem Fall dafür, dass nur das erlaubt wird, was man auch wirklich will. Besonders angenehm ist, dass man dafür keine kryptischen Befehle eingeben muss. Ubuntu und Linux Mint stellen mit *GUFW* eine einfache Oberfläche bereit, in der man Regeln per Mausklick setzen kann – etwa „Drucker im Heimnetz zulassen" oder „SSH-Zugriff verbieten". Fedora und openSUSE bringen ähnliche grafische Werkzeuge in ihren Systemeinstellungen mit. Ist die Firewall einmal konfiguriert, läuft sie unauffällig weiter und meldet sich nur, wenn neue Regeln nötig sind [175].

7.8.4 Festplattenverschlüsselung

Noch eine Ebene tiefer greift die Festplattenverschlüsselung. Sie schützt nicht vor Angriffen über das Internet, sondern vor neugierigen Blicken, wenn ein Gerät verloren geht oder gestohlen wird. Ohne das richtige Passwort bleiben die gespeicherten Daten dann schlicht unlesbar – selbst wenn die Festplatte ausgebaut und an einen anderen Rechner angeschlossen wird. Für sensible Daten, ob beruflich oder privat, ist das ein erheblicher Sicherheitsgewinn. Die meisten Installationsprogramme bieten die Option an, die gesamte Festplatte zu verschlüsseln. Ein Häkchen genügt, und der gesamte Datenträger wird verschlüsselt. Wer nur einzelne Verzeichnisse sichern möchte, kann später auch Lösungen wie *eCryptfs* oder *VeraCrypt* einsetzen. Im Alltag bedeutet das nur, dass beim Hochfahren einmal ein Passwort eingegeben werden muss – danach arbeitet das System ohne Einschränkungen, aber mit einem zusätzlichen Schutzschild unter der Oberfläche.

Nicht zuletzt entscheidet auch die Herkunft der Programme über die Sicherheit. Anwendungen aus den offiziellen Paketquellen der Distribution werden dort geprüft, gepflegt und regelmäßig mit Updates versorgt. Sie sind damit deutlich vertrauenswürdiger als Installationsdateien, die man irgendwo im Netz findet. Wer sich auf die offiziellen Quellen verlässt, reduziert das Risiko erheblich, Schadsoftware oder unzuverlässige Programme einzuschleusen [175].

7.8.5 Backups

So stabil Linux im Alltag auch läuft, gegen Hardware-Defekte oder menschliche Fehler ist kein System gefeit. Eine defekte Festplatte, ein versehentlich gelöschtes Verzeichnis oder ein misslungenes Experiment – all das lässt sich mit einem Backup auffangen. Viele Distributionen bringen dazu praktische Werkzeuge gleich mit.

Timeshift, das in Linux Mint standardmäßig installiert ist, erstellt Schnappschüsse des Systems. Geht etwas schief, kann man den Rechner einfach in einen früheren Zustand zurückversetzen. Persönliche Dateien wie Dokumente, Bilder oder E-Mails sichert man besser mit einem anderen Werkzeug, zum Beispiel Deja Dup, das in Ubuntu und GNOME-Umgebungen integriert ist. Es kopiert die Daten regelmäßig auf eine externe Festplatte oder in einen Cloud-Speicher und läuft im Hintergrund, sobald es einmal eingerichtet ist. KDE Plasma bietet mit seinem Backup-Modul eine ähnliche Lösung direkt in den Systemeinstellungen.

Am zuverlässigsten fährt man, wenn man beides kombiniert: Timeshift für das System, Deja Dup oder ein ähnliches Tool für die persönlichen Dateien. Damit ist man nicht nur gegen technische Ausfälle abgesichert, sondern auch gegen kleine Missgeschicke im Alltag. Und wer noch einen Schritt weiter gehen will, hält zusätzlich eine Kopie auf einem externen Laufwerk bereit, das nicht dauerhaft am Rechner angeschlossen ist. Dann bleibt man selbst in schwierigen Situationen arbeitsfähig [267, 268].

7.9 Wenn es nicht anders geht – Windows in der virtuellen Maschine

So vielseitig Linux auch ist, manchmal kommt man um Windows nicht ganz herum. Etwa wenn eine spezielle Fachanwendung nur für Windows verfügbar ist, ein Programm zwingend einen proprietären Treiber benötigt oder ein Kunde/Kollege, auf ein bestimmtes Dateiformat besteht, das nur in einer Windows-Software korrekt verarbeitet werden kann. Wenn Wine oder Proton nicht weiterkommen, hilft Windows in einer virtuellen Maschine.

Programme, die dort installiert sind, haben keinen direkten Zugriff auf Linux-Dateien oder -Einstellungen, außer man gibt diese ausdrücklich frei. So kann man die benötigten Anwendungen nutzen, ohne das gewohnte Linux-Umfeld zu verlassen oder einen Dual-Boot einzurichten.

Natürlich bringt eine virtuelle Maschine auch Limits mit. Wer aktuelle Spiele oder grafikintensive Anwendungen starten möchte, stößt schnell an die Grenzen – auch wenn moderne Virtualisierungssoftware mit 3D-Beschleunigung einiges aufgeholt hat.

In der Praxis ist eine virtuelle Maschine die bequemste Lösung, wenn man nur hin und wieder ein Windows-Programm benötigt. Linux bleibt das Hauptsystem, und Windows läuft dort, wo es gebraucht wird – und verschwindet wieder, wenn man es schließt [124, 127, 128, 252].

Hinweis zu Windows 11 in der virtuellen Maschine
Eine virtuelle Maschine hat noch einen besonderen Vorteil. Selbst wenn die Hardware offiziell nicht alle Anforderungen für Windows 11 erfüllt, lässt sich das System in vielen Fällen dort trotzdem installieren. Die Virtualisierungsprogramme stellen nämlich oft die geforderten Bausteine wie TPM oder Secure Boot virtuell bereit. Auf diese Weise umgeht man die Hürden, die eine Installation auf älterer Hardware sonst verhindern würden.

Zu beachten ist allerdings, dass Microsoft eine virtuelle Maschine wie einen neuen Rechner behandelt. Wer bereits einen Lizenzschlüssel besitzt, kann diesen deshalb höchstwahrscheinlich nicht für die Aktivierung verwenden, weil er meist an die ursprüngliche Hardware gebunden ist. Man kann sich zwar einen neuen Schlüssel kaufen, die Aktivierung ist aber nicht immer gesichert. Windows läuft auch ohne Aktivierung, lediglich die Personalisierungsmöglichkeiten sind eingeschränkt. Für alle, die Windows nur gelegentlich benötigen, genügt das in der Regel vollkommen. Die Anmeldung mit einem Microsoft-Konto funktioniert trotzdem ohne Einschränkungen.

Keine Angst vor der Kommandozeile

8

Es soll Menschen geben, die unter Linux noch nie die Kommandozeile verwendet haben. Dank der immer besser und einfacher zu bedienenden grafischen Oberflächen gibt es bei normaler Nutzung auch nicht wirklich einen Grund das zu tun.

Aber wer sich mit der Kommandozeile vertraut macht, versteht nicht nur besser, wie das System funktioniert, sondern kann auch gezielter, schneller und oft unabhängiger arbeiten.

8.1 Linux-Architektur

Ein Linux-System besteht aus mehreren klar voneinander getrennten Schichten, die jeweils bestimmte Aufgaben übernehmen. Jede Ebene baut auf der darunterliegenden auf. Diese Aufteilung hilft, das System besser zu verstehen – nicht, um alles im Detail zu durchdringen, sondern um ein Gefühl dafür zu bekommen, was wo passiert und wie alles zusammenhängt.

Bevor man sich auf der Kommandozeile durch das Dateisystem bewegt, lohnt deshalb ein kurzer Blick auf den grundsätzlichen Aufbau. Dieser reicht – von unten nach oben – von der physischen Hardware, über den Kernel und das eigentliche Betriebssystem, bis hin zu den Anwendungen und der Benutzerschnittstelle, mit der man schließlich arbeitet [8, 273].

8.1.1 Hardware

Damit sind die physischen Komponenten eines Computers gemeint. Dazu gehören Prozessor, Arbeitsspeicher, Festplatte, Eingabegeräte, Netzwerkschnittstellen und andere Bauteile. Linux ist nicht auf bestimmte Geräte beschränkt, sondern läuft auf ganz unter-

A. Zambito, *Linux für Einsteiger und Umsteiger*,
https://doi.org/10.1007/978-3-658-51091-6_8

schiedlichen Plattformen – vom klassischen PC über Server bis hin zu kompakten Systemen wie dem Raspberry Pi.

8.1.2 Kernel

Der Kernel ist das Herzstück des Systems und bildet die Verbindung zwischen Hardware und Software. Er verwaltet zentrale Ressourcen wie Arbeitsspeicher und Prozessorzeit, steuert den Zugriff auf Geräte und sorgt dafür, dass Programme ausgeführt werden können, ohne sich gegenseitig zu behindern. Auch das Dateisystem, Netzwerkschnittstellen und Treiber werden vom Kernel gesteuert. Wenn ein Programm Daten speichern, eine Datei öffnen oder eine Netzwerkverbindung aufbauen möchte, läuft das immer über den Kernel.

Der Kernel läuft im Hintergrund und ist als eigenständiger Teil vom übrigen System abgrenzbar. Bei einem Linux-System ist er meist modular aufgebaut und lässt sich an unterschiedliche Geräte und Anforderungen anpassen. Er ist damit nicht nur zentral, sondern auch flexibel – und einer der Gründe dafür, dass Linux auf so vielen verschiedenen Systemen funktioniert [8, 273].

8.1.3 Betriebssystemebene

Über dem Kernel liegt die Betriebssystemebene. Dazu gehören Programme, Dienste und Bibliotheken, die für den grundlegenden Betrieb des Systems notwendig sind – vom Einbinden von Laufwerken über die Benutzerverwaltung bis zur Netzwerkkonfiguration.

Viele dieser Komponenten laufen im Hintergrund, andere werden beim Start einmal aufgerufen. Manche reagieren auf Ereignisse der Hardware, andere überwachen den Zustand des Systems oder koordinieren den Ablauf einzelner Prozesse. Dazu zählen etwa Dienste wie *systemd, udev* oder der Netzwerk-Manager [273, 274].

8.1.4 Anwendungsebene

Auf der Anwendungsebene laufen die Programme, mit denen man im Alltag arbeitet: Texteditoren, Webbrowser, Paketmanager, Bildbetrachter oder Office-Anwendungen. Sie bauen auf den Funktionen der darunterliegenden Schichten auf und greifen über definierte Schnittstellen auf Systemressourcen zu – etwa, um Dateien zu speichern, Fenster darzustellen oder Netzwerkverbindungen herzustellen.

Viele Anwendungen sind modular aufgebaut und nutzen gemeinsame Bibliotheken, die bereits vom System bereitgestellt werden. Dadurch bleibt das Gesamtsystem übersichtlich und lässt sich vergleichsweise leicht warten oder erweitern [8, 273].

8.1.5 Benutzerschnittstelle

Ganz oben befindet sich die Benutzerschnittstelle – also die Ebene, über die man mit dem System interagiert. Das kann eine grafische Oberfläche sein, wie sie die meisten Linux-Distributionen standardmäßig mitbringen, oder eine textbasierte Kommandozeile. Beide Varianten erfüllen denselben Zweck: Sie nehmen Eingaben entgegen und geben Ergebnisse zurück.

Die grafische Oberfläche bietet Menüs, Fenster und Symbole. Die Kommandozeile hingegen ermöglicht eine direktere Steuerung des Systems – oft mit weniger Aufwand, dafür mit mehr Kenntnis der zugrunde liegenden Strukturen. Welche Schnittstelle zum Einsatz kommt, hängt vom jeweiligen System, vom Anwendungsfall und nicht zuletzt von den eigenen Vorlieben ab [8, 273].

8.2 Verzeichnisstruktur

Anders als unter Windows gibt es bei Linux keine Laufwerksbuchstaben. Stattdessen ist alles Teil eines einzigen Verzeichnisbaums, der mit dem Wurzelverzeichnis / beginnt. Von dort aus verzweigen sich alle weiteren Verzeichnisse – systematisch angeordnet, mit klaren Zuständigkeiten. Programme, Konfigurationsdateien, Bibliotheken, Benutzerverzeichnisse, temporäre Daten oder eingehängte Laufwerke – alles hat seinen festen Platz.

Für den Einstieg reicht ein grober Überblick. Man muss nicht alles auswendig wissen, aber es hilft, die wichtigsten Orte zu kennen – nicht nur, um sich auf der Kommandozeile besser zurechtzufinden.

Viele davon tauchen im Alltag ganz automatisch auf – beim Arbeiten mit Dateien, beim Installieren von Programmen oder wenn ein USB-Stick angeschlossen wird. Wer ein paar typische Pfade kennt, findet sich schneller zurecht.

Zu den bekannten Orten gehört ***/home*** für persönliche Dateien. Programme liegen meist unter ***/bin*** oder ***/usr/bin,*** Konfigurationen unter ***/etc,*** Protokolle unter ***/var/log.*** Temporäre Daten landen in ***/tmp,*** externe Laufwerke erscheinen unter ***/media*** [8, 274].

8.2.1 Für den Einstieg relevante Verzeichnisse

- **/ – Wurzelverzeichnis**
  Ganz oben beginnt alles mit einem einfachen Schrägstrich. Das Wurzelverzeichnis ist der Ausgangspunkt des gesamten Systems. Von hier aus verzweigen sich alle weiteren Ordner.
- ***/home*** **– Benutzerverzeichnisse**
  Hier liegen die persönlichen Ordner aller Nutzer. Standardmäßig landet man nach dem Einloggen direkt im eigenen Home-Verzeichnis.
  Beispiel: /home/benutzername/

- *I/etc* – **Konfigurationsdateien**
  In diesem Verzeichnis befinden sich die systemweiten Einstellungen. Wer wissen will, wie ein Dienst oder Programm eingerichtet ist, wird hier fündig.
  Beispiel: /etc/hosts, /etc/network/interfaces
- */bin* – **Wichtige Systembefehle**
  Hier liegen grundlegende Programme und Werkzeuge, die man auch auf der Kommandozeile verwendet – etwa ls, cp, mv oder cat.
  Beispiel: /bin/ls
- */usr* – **Weitere Programme und Bibliotheken**
  Das Verzeichnis /usr enthält den Großteil der installierten Software. Die ausführbaren Programme finden sich meist in /usr/bin, unterstützende Dateien in Unterordnern wie / usr/lib oder /usr/share.
  Beispiel: /usr/bin/firefox
- */media* – **Eingehängte Laufwerke**
  Wenn ein USB-Stick oder eine externe Festplatte angeschlossen wird, taucht sie in der Regel hier auf – oft unter einem automatisch vergebenen Namen.
  Beispiel: /media/benutzername/USB-Stick
- */tmp* – **Temporäre Dateien**
  Programme legen hier Dateien ab, die nur kurzfristig gebraucht werden – etwa beim Entpacken, Zwischenspeichern oder Installieren. Nach einem Neustart kann dieses Verzeichnis geleert sein.
  Beispiel: /tmp/install.log
- */var* – **Variable Daten**
  Logdateien, Caches, Druckaufträge oder Paketlisten landen unter /var. Besonders relevant: /var/log, wo sich viele Protokolle befinden.
  Beispiel: /var/log/syslog [8, 273]

8.2.2 Für mehr Tiefe

- */sbin* – **Systembefehle für Administratoren**
  Ähnlich wie /bin, aber für Werkzeuge, die meist Root-Rechte brauchen – etwa zum Einhängen von Laufwerken oder zur Netzwerkkonfiguration.
  Beispiel: /sbin/mount
- */root* – **Home-Verzeichnis des Administrators**
  Nicht zu verwechseln mit dem Wurzelverzeichnis. /root ist das persönliche Verzeichnis des Systemadministrators (Root-User).
  Beispiel: /root/.bashrc
- */lib* – **Bibliotheken für Programme**
  Hier liegen dynamische Bibliotheken, die viele Programme beim Start benötigen.
  Beispiel: /lib/x86_64-linux-gnu/libc.so.6

- ***/mnt* – Manuelles Einhängen von Laufwerken**
  Wird meist für temporär gemountete Systeme verwendet – zum Beispiel bei Backups oder Live-Systemen.
  Beispiel: /mnt/backup
- ***/dev* – Geräte als Dateien**
  Linux behandelt Geräte wie Dateien. Alles, was angeschlossen ist – Festplatten, USB-Geräte, virtuelle Schnittstellen – erscheint hier.
  Beispiel: /dev/sda, /dev/ttyUSB0
- ***/proc* – Informationen über laufende Prozesse**
  Ein virtuelles Verzeichnis, das Informationen über Prozesse und Systemzustand bereitstellt. Was hier steht, wird dynamisch vom Kernel erzeugt.
  Beispiel: /proc/cpuinfo, /proc/uptime
- ***/boot* – Startdateien des Systems**
  Alles, was zum Hochfahren des Systems gebraucht wird – darunter auch der Kernel selbst.
  Beispiel: /boot/vmlinuz [274]

8.3 Die Shell – Einstieg ins Arbeiten mit der Kommandozeile

Die Shell ist kurz gesagt, das, was man bekommt, wenn man ein Terminal öffnet.

Ein Programm auf Systemebene, das Eingaben entgegennimmt und in Befehle umsetzt. Sie ist die Schaltstelle zwischen dem Benutzer und dem System – textbasiert, direkt und ohne Umwege.

Hier lassen sich Programme starten, Dateien verschieben, Prozesse beobachten oder das System konfigurieren – ohne Maus, Menü oder Symbol. Alles läuft über Befehle, die man eintippt und mit Enter bestätigt.

Die Shell ist kein spezielles Merkmal von Linux, aber hier spielt sie eine zentrale Rolle. Viele Werkzeuge und Funktionen sind so konzipiert, dass sie sich direkt über die Kommandozeile steuern lassen – nicht, weil es besonders kompliziert ist, sondern weil es schnell, präzise und flexibel funktioniert.

Die Shell gehört zum System wie der Desktop oder der Dateimanager. Sie wirkt unscheinbar, kann aber deutlich mehr – vor allem, wenn man sie kennt [288].

8.3.1 Die wichtigsten Shells

Die Shell ist nicht immer dieselbe. Es gibt verschiedene Varianten, die sich in Details unterscheiden – in Funktionen, Verhalten und Konfiguration. Keine ist per se besser oder schlechter, sondern nur anders. Wer neugierig ist, kann sie einfach ausprobieren. Sie lassen sich parallel installieren und bei Bedarf als Standard setzen

8.3.1.1 Bash

Die bekannteste und am weitesten verbreitete Shell unter Linux ist die Bash – kurz für „Bourne Again Shell". Der Name ist kein Zufall, sondern ein doppelter Verweis auf die klassische Bourne Shell (sh), die in den 1970er-Jahren von Stephen Bourne für Unix entwickelt wurde – und auf ihre Wiedergeburt in moderner Form. Bash führt das Konzept dieser ursprünglichen Shell fort – erweitert, modernisiert und auf heutige Systeme abgestimmt.

Bash ist auf den meisten Distributionen die Standardshell. Sie kommt beim Einloggen zum Einsatz, wenn man ein Terminal öffnet, ein Skript startet oder einfach nur einen Befehl ausführen will. Vieles, was man im Alltag auf der Kommandozeile nutzt, basiert auf ihr.

Zu den Stärken gehören eine übersichtliche Befehlshistorie, Tab-Vervollständigung, einfache Rechenoperationen und die Möglichkeit, Befehle zu kombinieren oder zu automatisieren. Bash ist skriptfähig, anpassbar und gut dokumentiert – was auch erklärt, warum sie in den meisten Einführungen zu Linux als erste begegnet.

Neben der Bash gibt es weitere Shells, die vor allem dann interessant werden, wenn man gezielt bestimmte Funktionen sucht [288].

8.3.1.2 Zsh

Eine Alternative zur Bash ist die Zsh – Z Shell -, die seit etwa 2019 auch auf macOS als Standard verwendet wird. Sie funktioniert ähnlich, bringt aber einige zusätzliche Funktionen mit, die das Arbeiten auf der Kommandozeile komfortabler machen.

Entstanden ist sie Anfang der 1990er-Jahre – entwickelt von Paul Falstad, damals noch Student an der Princeton University. Der Name geht auf den dortigen Assistenten Zhong Shao zurück, dessen Login-Kürzel „zsh" Falstad als Namen für die neue Shell übernahm. Sie sollte die bewährten Eigenschaften anderer Shells kombinieren – die Struktur von sh, die interaktiven Funktionen von csh und Flexibilität aus ksh.

Zsh lässt sich stark anpassen, bietet eine erweiterte Autovervollständigung, farbige Ausgaben und Vorschläge beim Tippen. Viele nutzen sie zusammen mit einem Framework wie „Oh My Zsh", das gängige Erweiterungen bereits mitbringt. So lässt sich die Umgebung schnell an die eigenen Arbeitsgewohnheiten anpassen – vor allem dann, wenn man regelmäßig mit der Shell arbeitet und bestimmte Abläufe beschleunigen möchte [285].

8.3.1.3 Fish

Wem Bash zu klassisch und Zsh zu komplex ist, der landet früher oder später bei Fish – der Friendly Interactive Shell. Sie hält sich nicht an die traditionelle POSIX-Syntax, sondern setzt auf Lesbarkeit, einfache Strukturen und ein durchdachtes Bedienkonzept. Entwickelt wurde sie 2005 von Axel Liljencrantz – nicht als Neuauflage einer bestehenden Shell, sondern als eigenständiger Entwurf für die tägliche Arbeit auf der Kommandozeile.

Was Fish besonders macht, zeigt sich im Detail. Befehle werden farbig hervorgehoben, Eingaben kontextabhängig ergänzt, häufig genutzte Kommandos vorgeschlagen – nicht blind aus der History, sondern basierend auf dem tatsächlichen Nutzungsverhalten. Tippfehler erkennt die Shell sofort und macht passende Vorschläge, ohne dass man sie darum bitten muss.

Viele Funktionen sind von Haus aus aktiv, ohne dass man etwas konfigurieren müsste. Das macht Fish gerade im Alltag angenehm – vor allem für alle, die sich lieber aufs Arbeiten konzentrieren, statt sich durch Konfigurationsdateien zu kämpfen. Für klassische Shell-Skripte eignet sich Fish allerdings kaum, weil sie mit älteren POSIX-Standards nicht kompatibel ist. Ihr Fokus liegt klar auf der Interaktion, nicht auf der Skriptverarbeitung [286].

8.3.1.4 Shells für spezielle Einsätze

Nicht jede Shell ist für die tägliche Arbeit gedacht. Einige sind spezialisiert – auf bestimmte Umgebungen, Einsatzzwecke oder Kompatibilitätsfragen.

Dash – die Debian Almquist Shell – ist ein gutes Beispiel dafür. Sie ist besonders schlank, startet schnell und hält sich eng an den POSIX-Standard. Komfortfunktionen wie Befehlshistorie, Autovervollständigung oder farbige Ausgabe sucht man hier vergeblich. Dash wird fast ausschließlich für Systemskripte verwendet – etwa beim Startvorgang oder in Hintergrundprozessen. In vielen Distributionen zeigt der Pfad /bin/sh nicht mehr auf Bash, sondern auf Dash. Wer ein Shell-Skript mit #!/bin/sh beginnt, nutzt also möglicherweise Dash – und sollte darauf achten, keine Bash-spezifischen Erweiterungen zu verwenden.

Auch die **KornShell (ksh)** gehört zu den Veteranen unter den Unix-Shells. Sie wurde in den 1980er-Jahren von David Korn entwickelt und bot damals Funktionen, die heute selbstverständlich sind – etwa arithmetische Operationen direkt in der Shell. In manchen Systemen ist sie bis heute relevant, vor allem in größeren Unix-Installationen oder älteren Skriptumgebungen.

Die **C-Shell (csh)** und ihre erweiterte Variante **tcsh** orientieren sich an der Syntax der Programmiersprache C. Sie waren vor allem in BSD-Systemen verbreitet und spielen heute kaum noch eine Rolle – mit Ausnahme einzelner Kontexte, in denen ihre spezifische Syntax gefragt ist.

Und dann wäre da noch die klassische **sh** die Bourne Shell, auf die sich viele andere Shells historisch beziehen. Auf modernen Systemen ist sie meist nur noch ein symbolischer Link – oft auf Dash, manchmal auf Bash oder eine andere Shell, je nach Distribution [289–293].

POSIX – ein gemeinsamer Nenner

Wenn von POSIX die Rede ist, geht es um Standards – genauer gesagt: um eine Sammlung von Richtlinien, die festlegen, wie ein Unix-ähnliches System auszusehen hat und wie sich Programme darin verhalten sollen. Der Begriff steht für „Portable Operating System Interface" und wurde entwickelt, um die Kompatibilität zwischen verschiedenen Unix-Systemen zu sichern.

Eine POSIX-konforme Shell hält sich an ein festgelegtes Verhalten – etwa bei der Syntax von Schleifen, Variablen oder Kontrollstrukturen. Das sorgt dafür, dass ein Skript, das unter einer POSIX-konformen Shell läuft, im Idealfall auch auf anderen Systemen funktioniert – unabhängig davon, ob dort Bash, Dash oder eine andere Shell zum Einsatz kommt.

Nicht alle Shells halten sich vollständig an diesen Standard. Bash etwa erweitert die POSIX-Funktionalität erheblich, bleibt aber in vielen Bereichen kompatibel. Dash dagegen ist deutlich strenger und verzichtet bewusst auf Abweichungen. Wer also Skripte möglichst portabel schreiben will, hält sich an die POSIX-Syntax – und testet idealerweise mit einer Shell, die genau das verlangt [7, 271, 281, 288].

8.4 Arbeiten auf der Kommandozeile

Das Terminal ist ein Programm, das man startet, um mit dem System zu kommunizieren – genauer gesagt, um eine Verbindung zur Shell herzustellen. Es ist die sichtbare Oberfläche, über die Eingaben gemacht und Ausgaben angezeigt werden. Man tippt Befehle ein, bestätigt mit Enter, bekommt Rückmeldungen und kann das System auf diese Weise direkt steuern.

Im Hintergrund läuft dabei eine klare Kette ab.

Benutzer → Terminal → Shell → Betriebssystem → Kernel → Hardware

Und in die andere Richtung zurück:

Hardware → Kernel → Betriebssystem → Shell → Terminal → Benutzer

So abstrakt das klingt – in der Praxis ist das Terminal ein erstaunlich direkter Zugang zum System. Man muss kein Spezialist sein, um damit umzugehen. Aber wer sich darauf einlässt, merkt schnell, wie viel Kontrolle und Übersicht man dadurch gewinnt.

Öffnen lässt sich das Terminal entweder über das Menü oder eine Tastenkombination. In manchen Distros ist das Terminal bereits als Link auf dem Desktop oder der Funktionsleiste platziert. Wenn man über das Menü zum Terminal gelangen möchte oder muss, findet man es meist unter Zubehör bzw. Systemwerkzeuge. Alternativ gibt man in der Suche einfach Terminal ein und kann schon loslegen. Am einfachsten geht es über die Tastenkombination Strg + Alt + T zumindest unter gängigen Desktopoberflächen.

Das Erste, was man sieht, ist meist ein schwarzer Bildschirm mit blinkendem Cursor. Davor eine Eingabezeile mit – je nach System – Benutzername, Rechnername und das aktuelle Verzeichnis. Ein typisches Prompt könnte zum Beispiel so aussehen:

tux@linux-pc:~$

Das bedeutet das der Benutzer *tux* sich im Home-Verzeichnis *(~)* auf einem Rechner namens linux-pc befindet. Das Dollarzeichen signalisiert, dass es sich um eine normale Benutzer-Sitzung handelt. Bei administrativen Rechten – etwa als root – würde dort ein Rautezeichen # stehen.

tux@linux-pc:~#

Wenn man in ein Unterverzeichnis wechselt – etwa in den Ordner „Dokumente“ – verändert sich die Eingabezeile entsprechend:

tux@linux-pc:~/Dokumente$

Der Pfad *~/Dokumente* ist eine Kurzschreibweise. Das Tilde-Zeichen (~) steht dabei stellvertretend für das Home-Verzeichnis des aktuellen Benutzers – in diesem Fall also für */home/tux*. Sobald man also in den Ordner „Dokumente“ wechselt, befindet man sich in:

/home/tux/Dokumente

Die Shell zeigt diesen Pfad in gekürzter Form direkt im Prompt an. So weiß man immer, wo man sich gerade befindet. Das ist vor allem dann hilfreich, wenn man mit mehreren Fenstern oder verschiedenen Verzeichnissen arbeitet [271, 281, 288].

8.4.1 Navigation im Dateisystem

Bevor man beginnt, sich durch das System zu bewegen, sollte man verstehen, wie Pfade unter Linux aufgebaut sind. Das Dateisystem ist dabei nichts anderes als eine hierarchische Struktur – vergleichbar mit einem verzweigten Baum. Jeder Ordner kann weitere Ordner enthalten, jeder Pfad beschreibt den Weg dorthin.

Ein typischer Pfad sieht zum Beispiel so aus:

/home/tux/Dokumente/

Das bedeutet das im Wurzelverzeichnis *(/)* ein Ordner namens *home liegt,* darin einen Unterordner *tux,* und darin wiederum der Ordner *Dokumente.*

Ein Ausdruck wie *a/b* zeigt, dass sich *b* innerhalb von *a* befindet. Jeder Schrägstrich trennt eine Ebene von der nächsten. Und jeder Pfad lässt sich genau so lesen – von links nach rechts, vom Wurzelverzeichnis bis zum Ziel.

Daneben gibt es noch besondere Pfadangaben, die einem regelmäßig begegnen:

- . steht für das aktuelle Verzeichnis
- .. verweist auf das übergeordnete Verzeichnis
- ~ ist die Abkürzung für das eigene Home-Verzeichnis

Diese Kürzel sind vor allem beim Navigieren nützlich – etwa, wenn man schnell zurückspringen oder den Ausgangspunkt nicht jedes Mal neu eintippen möchte.

8.4.1.1 Erste Schritte mit pwd, ls und cd

Wer sich auf der Kommandozeile bewegt, braucht drei Befehle besonders oft.Sie helfen dabei, sich zu orientieren, Inhalte anzuzeigen und Verzeichnisse zu wechseln.

pwd

Der Befehl *pwd* steht für „print working directory" und zeigt an, wo man sich gerade befindet – also den aktuellen Pfad.

Die Ausgabe sieht dann zum Beispiel so aus: /home/tux/Dokumente

ls

Mit *ls* lässt sich anzeigen, was in einem Verzeichnis liegt. Also Dateien, Ordner oder Verknüpfungen. Wird *ls* ohne weitere Angaben eingegeben, zeigt es den Inhalt des aktuellen Verzeichnisses.

Ein paar Varianten sind besonders nützlich:

- *ls -l* zeigt eine ausführlichere Liste mit Rechten, Größe und Datum
- *ls -a* listet auch versteckte Dateien (beginnen mit Punkt)
- *ls -lh* kombiniert beides – inklusive menschenlesbarer Größenangaben

cd

Wer das Verzeichnis wechseln möchte, nutzt *cd – k*urz für „change directory".

- *cd Downloads* Wechselt in den Ordner Downloads, sofern dieser im aktuellen Verzeichnis liegt.
- Mit *cd* .. geht man eine Ebene zurück, also ins übergeordnete Verzeichnis.
- cd ../../ geht zwei Ebenen nach oben.
- Mit *cd* ~ oder einfach cd landet man wieder im Home-Verzeichnis.
- Um in ein bestimmtes Verzeichnis zu springen, gibt man zum Beispiel das ein: *cd / home/tux/Dokumente* oder *cd ~/Dokumente*

Die Eingabezeile passt sich dabei automatisch an und zeigt den neuen Pfad an.

Wer sich unsicher ist, wo man gerade steht, nutzt einfach wieder *pwd.*

8.4.1.2 Mini-Übung: Orientierung auf der Kommandozeile

Ein kleiner Einstieg, um sich mit den wichtigsten Befehlen vertraut zu machen:

- Öffnen Sie ein Terminal
- Prüfen Sie mit pwd, wo Sie sich gerade befinden
- Zeigen Sie mit ls den Inhalt des aktuellen Verzeichnisses an
- Wechseln Sie mit cd Downloads in den Ordner „Downloads"
- Kontrollieren Sie mit pwd, ob Sie angekommen sind
- Gehen Sie mit cd .. eine Ebene zurück
- Kehren Sie mit cd wieder ins Home-Verzeichnis zurück

Man muss sich keine Befehle merken; einfach ausprobieren, beobachten, verstehen. Die Kommandozeile verzeiht vieles und zeigt fast immer an, wenn etwas nicht funktioniert [271, 288].

8.4.2 Autovervollständigung nutzen

Damit man sich nicht die Finger wund tippt, gibt es die Autovervollständigung.

Drückt man während der Eingabe die *Tabulator-Taste,* ergänzt das System den Befehl oder Dateinamen automatisch – vorausgesetzt, es gibt nur eine eindeutige Möglichkeit. Wenn mehrere Treffer infrage kommen, passiert zunächst nichts. In diesem Fall genügt ein zweiter Druck auf *Tab,* und die Shell zeigt eine Liste möglicher Ergänzungen.

Ein Beispiel:

cd Doku

Nach einem Druck auf Tab wird daraus automatisch:

cd Dokumente

Tippt man hingegen nur *cd Do* kann es mehrere Möglichkeiten geben. Dann zeigt die Shell nach dem zweiten Druck: *Dokumente/ Downloads/.* Man kann dann weitertippen oder eine der vorgeschlagenen Optionen übernehmen.

Die Autovervollständigung funktioniert nicht nur bei Verzeichnissen, sondern auch bei Befehlen, Optionen oder Pfadangaben – je nach Shell sogar kontextsensitiv.

Gerade beim Navigieren, Installieren oder Arbeiten mit längeren Dateinamen spart das nicht nur Zeit, sondern verhindert auch Tippfehler [271, 288].

8.4.3 Informationen abfragen

Um schnell an Informationen zu kommen, kann man durch die entsprechenden Menüs navigieren oder einfach nur das Terminal nutzen.

Whoami Zeigt, unter welchem Benutzer man gerade arbeitet.

Beispielausgabe: tux

In diesem Fall ist „tux“ der angemeldete Benutzer. Nützlich, wenn man sich nicht sicher ist, mit welchem Konto man gerade arbeitet – vor allem bei mehreren Benutzern oder nach dem Wechsel in eine andere Sitzung.

id ist etwas ausführlicher – hier sieht man nicht nur den Benutzernamen, sondern auch die zugehörigen numerischen IDs und Gruppenrechte.

Beispiel: *uid = 1000(tux) gid = 1000(tux) Gruppen = 1000(tux),24(cdrom),27(sudo)*

Die UID (User ID) und GID (Group ID) sind eindeutige Kennzahlen, mit denen das System intern arbeitet. „sudo" zeigt, dass dieser Benutzer auch administrative Rechte hat – wichtig für spätere Aktionen.

- **UID 1000 und GID 1000**
  Die Zahl **1000** steht für den ersten regulären Benutzer, der auf einem Linux-System eingerichtet wurde.
  Benutzerkennungen (UIDs) unterhalb von 1000 sind typischerweise für Systemdienste reserviert.
  Auch die Gruppenkennung (GID) beginnt bei 1000 und gehört in der Regel zur primären Gruppe dieses Benutzers.
  Weitere Benutzer erhalten aufsteigende Nummern: 1001, 1002 usw.

uname –a Zeigt Informationen über das Betriebssystem und den Kernel.
Beispielausgabe: Linux linux-pc 6.2.0-26-generic #26-Ubuntu SMP x86_64 GNU/Linux
Hier sieht man: das System heißt „linux-pc", verwendet einen Kernel der Version 6.2, läuft auf einer 64-Bit-Architektur (x86_64) und basiert auf Ubuntu. Besonders hilfreich, wenn man wissen will, welche Linux-Version gerade aktiv ist.

ps Listet laufende Prozesse des aktuellen Benutzers.
Beispiel:

PID TTY	TIME CMD
1234 pts/0	00:00:00 bash
1278 pts/0	00:00:00 ps

PID ist die Prozess-ID – eine eindeutige Nummer. CMD zeigt, welches Programm gerade läuft. Hier sind es die Shell „bash" und der gerade ausgeführte Befehl „ps".

top Zeigt die Auslastung von CPU, Speicher und laufenden Prozessen – in Echtzeit. Die Anzeige wirkt zunächst unübersichtlich, gibt aber einen guten Überblick darüber, was das System gerade beschäftigt. Ganz oben stehen Informationen zu CPU-Last, laufenden Tasks und verfügbarem RAM. Mit q lässt sich die Anzeige wieder beenden.

df -h Zeigt, wie viel Speicher auf den Festplatten belegt oder frei ist.
Beispielausgabe:

Dateisystem	Größe	Benutzt	Verf	Verw%	Eingehängt auf
/dev/sda1	50G	20G	28G	42 %	/
tmpfs	1,9G	0B	1,9G	0 %	/dev/shm

Das Hauptsystem liegt hier auf /dev/sda1, also einer Partition mit 50 GB – davon sind 20 GB belegt. Das „/" zeigt, dass es sich um das Wurzelverzeichnis handelt.

Date gibt Datum und Uhrzeit des Systems.

Beispiel: Mo 30. Sep 2025 14:22:36 CEST

Kann hilfreich sein, wenn man etwa Logdateien prüft oder zeitabhängige Aktionen ausführen möchte.

man Öffnet die Handbuchseite zu einem Befehl. Das funktioniert bei den meisten grundlegenden Programmen: *man ls*

Die Anzeige enthält eine Beschreibung, verfügbare Optionen und teils auch Beispiele. Mit der Taste q gelangt man wieder zurück [271, 278, 288].

8.4.4 Mit Dateien arbeiten

Auf der Kommandozeile geht vieles direkter, als man denkt. So auch die Arbeit mit Dateien. Erstellen, kopieren, umbenennen oder löschen geht relativ einfach und die wichtigsten Werkzeuge dafür sind schnell gelernt und mit ein paar Übungen sitzt das Prinzip bald.

touch – Eine neue Datei anlegen

touch notizen.txt

Mit *touch* entsteht eine neue, leere Datei – in diesem Fall notizen.txt. Gibt es die Datei schon, ändert sich lediglich das Änderungsdatum. Praktisch, wenn man Platzhalter braucht oder eine Datei bewusst neu anfassen will.

cp – Eine Datei kopieren

cp notizen.txt backup.txt

Der Befehl *cp* erstellt eine Kopie – das Original bleibt unverändert. So lässt sich zum Beispiel vor einer Änderung ein Sicherungsexemplar anlegen. Die Reihenfolge ist wichtig: Quelle zuerst, Ziel danach.

mv – Eine Datei umbenennen oder verschieben

Mit *mv* lassen sich Dateien verschieben – oder einfach umbenennen.

mv backup.txt archiv.txt

Die Datei bleibt am selben Ort, bekommt aber einen neuen Namen.

Will man sie stattdessen in ein anderes Verzeichnis verschieben und den Namen beibehalten:

mv ~/Downloads/notizen.txt ~/Dokumente/

In diesem Fall wandert die Datei *notizen.txt* vom Ordner „Downloads“ in den Ordner „Dokumente“. Der Name bleibt gleich – nur der Ort ändert sich. Möchte man gleichzeitig den Namen ändern, gibt man diesen im Zielpfad direkt mit an:

mv ~/Downloads/notizen.txt ~/Dokumente/archiv.txt

rm Eine Datei löschen

rm archiv.txt

Das Entfernen einer Datei ist schnell erledigt – aber auch endgültig. *rm* fragt nicht nach. Wer sicher gehen will, kann mit *ls* vorher nochmal nachschauen, ob es die richtige Datei ist.

chmod Zugriffsrechte ändern

Jede Datei unter Linux bringt ein kleines Paket an Informationen mit – darunter auch, wer sie lesen, schreiben oder ausführen darf. Diese Rechte gelten jeweils für drei Gruppen: den Besitzer, die zugehörige Gruppe und alle anderen. Wenn man sich mit ls -l die Details einer Datei anzeigen lässt, beginnt jede Zeile mit einer Zeichenkette wie dieser:

-rw-r--r-- 1 tux users 2048 26. Sep 10:30 notizen.txt

Was wie eine zufällige Kombination aus Buchstaben und Bindestrichen aussieht, hat eine ganz klare Struktur. Die ersten zehn Zeichen beschreiben, was für ein Objekt es ist und wer welche Rechte darauf hat.

Das erste Zeichen steht für den Typ des Objekts, – für eine normale Datei, *d* für ein Verzeichnis und *l* für einen symbolischen Link.

Die nächsten drei Zeichen gehören dem Besitzer der Datei – hier tux. *r* bedeutet Leserecht (read), *w* steht für Schreibrecht (write), *x* erlaubt das Ausführen (execute) – bei Dateien etwa das Starten eines Programms, bei Verzeichnissen das Betreten.

Ein Bindestrich (-) zeigt an, dass dieses Recht fehlt. In unserem Beispiel *rw-* darf der Besitzer lesen und schreiben, aber nicht ausführen.

Die mittleren drei Zeichen gelten für die Gruppe, zu der die Datei gehört – in diesem Fall users. *r--* bedeutet, dass Gruppenmitglieder nur lesen dürfen.

Die letzten drei Zeichen gelten für alle anderen, also jeden, der nicht der Besitzer ist und nicht zur Gruppe gehört. Auch sie dürfen hier nur lesen: *r--*

Zusammengefasst heißt *-rw-r--r--* also:

Der Besitzer kann lesen und schreiben, die Gruppe darf lesen, andere dürfen ebenfalls nur lesen.

Manchmal möchte oder muss man die Rechte anpassen – zum Beispiel, wenn eine Datei nicht bearbeitet werden kann oder soll, oder ein Skript nicht startet. Dafür gibt es den Befehl *chmod.*

chmod +x script.sh

Dieser Befehl macht die Datei *script.sh* ausführbar. Dieses +x gilt standardmäßig für alle drei Gruppen gleichzeitig – Besitzer, Gruppe und andere. Wer das gezielter steuern möchte, kann das mit einem Buchstaben davor tun. *u* steht für den Benutzer (user), *g* für die Gruppe (group), *o* für andere (others), *a* für alle (all). So lässt sich z. B. einer Datei das Ausführen nur für die Gruppe erlauben *(g+x)* oder anderen wieder entziehen *(o−x).*

Neben dieser symbolischen Schreibweise gibt es auch eine numerische. Zum Beispiel: *chmod 644 notizen.txt*

Die Zahl *6* steht hier für lesen *(4)* und schreiben *(2).* Die *4* für Gruppe und andere erlaubt nur lesen. Ein typisches Rechteschema für Textdateien.

Ausführen *(x)* zählt *1.* Alles, was erlaubt ist, wird addiert. Ein Skript, das man starten können soll, bekommt meist *chmod 755 mein_script.sh*

Hier darf der Besitzer alles, die Gruppe und andere dürfen zumindest ausführen und lesen [271, 288].

8.4.5 Dateien suchen und finden

Wer aus der Windows-Welt kommt, ist an grafische Suchfelder gewöhnt – Ordner öffnen, Suchwort eingeben, warten. Das funktioniert auch unter Linux ohne Probleme. Aber Linux bietet noch eine zweite Ebene: die Kommandozeile. Und wer sich darauf einlässt, bekommt deutlich mehr Kontrolle. Es lässt sich gezielt nach Namen, Dateitypen oder Änderungszeiten suchen – in beliebigen Verzeichnissen, tief verschachtelt oder systemweit.

Man muss nicht darauf umsteigen. Aber wer die Suchwerkzeuge auf der Kommandozeile kennt, merkt schnell, es geht oft einfacher, schneller – und mit weniger Ablenkung. Vor allem, wenn man weiß, was man sucht.

8.4.5.1 Dateien finden mit *find*

Der Befehl find gehört zu den vielseitigsten Werkzeugen auf der Kommandozeile. Er durchforstet Verzeichnisse rekursiv und spürt dabei nahezu jede Datei auf – solange man weiß, wonach und woran man sucht.

Nach einem bestimmten Namen suchen

find ~/Dokumente -name "bericht.txt"

Damit wird im Ordner „Dokumente" und allen darin enthaltenen Unterverzeichnissen nach einer Datei mit dem Namen bericht.txt gesucht.

Platzhalter nutzen
Auch Platzhalter lassen sich verwenden, zum Beispiel um alle PDF-Dateien zu finden.

find ~/Dokumente -name ".pdf"*

Standardmäßig unterscheidet find zwischen Groß- und Kleinschreibung. Wer auch Varianten wie .PDF oder .Pdf finden will, nutzt stattdessen *-iname*

find ~/Downloads -iname ".jpg"*

Das findet alles von bild.jpg über BILD.JPG bis zu urlaub.Jpg.

Nach Dateitypen filtern
Mit *-type* lässt sich die Suche einschränken – etwa auf reguläre Dateien *(-type f)* oder Verzeichnisse *(-type d):*

find /home -type d -name "Projekte"

Das liefert alle Ordner mit dem Namen „Projekte".

Oder systemweit nach einer bestimmten Datei suchen:

find / -type f -name "bericht.txt" 2>/dev/null

Die Umleitung *2>/dev/null* unterdrückt Fehlermeldungen – hilfreich, wenn man auf Verzeichnisse ohne Leserechte stößt.

Nach Endungen suchen
Ein weiteres Beispiel:

find ~/Dokumente -name "*.odt"

Damit wird nach allen Dateien gesucht, die auf .odt enden – also typischerweise Textdokumente aus LibreOffice.

Nach Änderungszeit filtern

find -mtime -1

Dieser Befehl zeigt alle Dateien im aktuellen Verzeichnis, die in den letzten 24 h verändert wurden [271, 288].

8.4.5.2 Schneller suchen mit *locate*

Wenn es vor allem um Geschwindigkeit geht, ist *locate* eine gute Wahl. Im Unterschied zu *find* arbeitet es nicht live, sondern greift auf eine vorberechnete Datenbank zurück. Diese Datenbank enthält eine vollständige Liste aller bekannten Dateien auf dem System – allerdings mit einem kleinen Haken. Sie wird nicht ständig aktualisiert, sondern nur in regelmäßigen Abständen. Dafür ist die Suche umso schneller.

locate lebenslauf.pdf

Damit werden alle Dateien angezeigt, deren Pfad irgendwo den Begriff lebenslauf.pdf enthält. Das kann eine Datei im Home-Verzeichnis sein, eine Kopie auf einem externen Laufwerk oder eine vergessene Variante in einem Unterordner von /tmp.

Man muss den Dateinamen dabei nicht exakt treffen. Schon ein Teil des Namens genügt. *locate* findet alles, was passt – auch wenn der gesuchte Begriff nur ein Fragment ist. Platzhalter wie * sind überflüssig, die Eingabe funktioniert so, wie sie ist.

locate notizen.txt

Auch hier reicht der reine Name. *locate* zeigt sofort alle Fundstellen an – und das in einer Geschwindigkeit, bei der *find* nicht mithalten kann. Selbst Systeme mit hunderttausenden Dateien liefern in Sekundenbruchteilen eine Ergebnisliste.

Standardmäßig unterscheidet *locate* zwischen Groß- und Kleinschreibung. Wer auch Urlaub.JPG, urlaub.jpg und URLAUB.jpg auf einmal finden will, verwendet die Option *-i:*

locate -i urlaub.jpg

Dann wird unabhängig von der Schreibweise gesucht – was bei realen Dateibeständen oft hilfreich ist.

Wenn locate nichts findet

Es kann vorkommen, dass *locate* eine Datei nicht findet, obwohl sie existiert. Meist liegt das nicht am Befehl, sondern an der Datenbank. Wenn gerade eine Datei gespeichert oder verschoben wurde, taucht sie noch nicht auf – weil die Datenbank veraltet ist.

In dem Fall hilft ein manueller Aufruf von *updatedb:*

sudo updatedb

Dieser Befehl erstellt die Datenbank neu und erfasst dabei alle aktuellen Dateipfade. Danach kennt *locate* auch die neuesten Dateien. Wer regelmäßig mit *locate* arbeitet, sollte wissen, dass viele Systeme das Update automatisch im Hintergrund durchführen – aber eben nicht sofort [271, 288].

8.4.5.3 Programme finden mit which und whereis

Wenn nach Programmen gesucht wird, kommen zwei andere Werkzeuge ins Spiel – *which* und *whereis.* Beide schauen nicht im gesamten Dateisystem nach, sondern nur an bestimmten Stellen. Genauer gesagt in den Verzeichnissen, die im sogenannten PATH-Umgebungswert definiert sind. Also dort, wo das System Programme erwartet.

Wo liegt ein Programm im System?

which firefox

Das zeigt den Pfad zur ausführbaren Datei von firefox, so wie sie vom Terminal aufgerufen wird. Das funktioniert nur für Programme, die im aktuellen *PATH* liegen – also ohne zusätzlichen Pfad direkt über ihren Namen gestartet werden können.

which ls liefert */bin/ls* – weil *ls* genau dort liegt und dort auch gesucht wird. Programme, die man per Hand in ein Verzeichnis wie *~/Downloads* kopiert hat, tauchen hier nicht auf. Es sei denn, dieses Verzeichnis wurde vorher dem *PATH* hinzugefügt.

Mehr Informationen mit whereis

whereis firefox

Das liefert nicht nur den Pfad zur ausführbaren Datei, sondern oft auch den Ort der zugehörigen Handbuchseite *(man page)* und anderer Dateien, sofern vorhanden. *whereis* ist dabei weniger strikt als *which* – sucht breiter, aber nicht unbedingt vollständiger.

whereis bash

liefert oft drei oder mehr Einträge – darunter das Binary *(/bin/bash),* die Manpage *(/usr/share/man/man1/bash.1.gz)* und gelegentlich auch Konfigurationsdateien. Allerdings werden viele systemeigene Suchpfade durchsucht, nicht das komplette Dateisystem. Wer also nach selbst installierten Tools oder portablen Programmen sucht, wird hier unter Umständen nichts finden [271, 288].

8.4.6 Verzeichnisse erstellen und entfernen

Wer mit der Kommandozeile arbeitet, braucht sie ständig – neue Ordner anlegen, alte löschen, manchmal ganze Strukturen aufbauen. Zwei Befehle reichen dafür im Alltag meist aus: *mkdir* und *rmdir.*

8.4.6.1 Verzeichnisse anlegen mit *mkdir*

mkdir Test

Erstellt einen neuen Ordner mit dem Namen Test im aktuellen Verzeichnis. Gibt es den Ordner schon, meckert das System – doppelte Namen sind nicht erlaubt.

Sollen mehrere Ebenen auf einmal entstehen, hilft *-p*.

mkdir -p Projekte/2025/Januar

Damit legt *mkdir* nicht nur den Zielordner an, sondern auch alle darüberliegenden Verzeichnisse, falls sie noch fehlen. Ohne *-p* würde der Befehl mit einer Fehlermeldung abbrechen.

Man kann mit *mkdir* auch gleich mehrere Ordner auf einmal erstellen.

mkdir Bilder Musik Videos

Das spart Zeit – vor allem, wenn man eine neue Struktur vorbereitet.

8.4.6.2 Verzeichnisse löschen mit rmdir

rmdir Test

Entfernt das Verzeichnis Test – aber nur, wenn es leer ist. Liegt noch irgendeine Datei darin, verweigert *rmdir* den Dienst.

Auch hier gibt es *-p*

rmdir -p Projekte/2025/Januar

Wenn alle diese Verzeichnisse leer sind, entfernt *rmdir* sie von unten nach oben. Sobald irgendwo noch etwas liegt, bricht der Vorgang ab.

Für das Löschen nicht-leerer Verzeichnisse braucht es den Befehl *rm -r*. Der räumt radikaler auf, sollte aber mit Bedacht verwendet werden [271, 288].

8.4.7 Umgang mit Prozessen

Ein Prozess ist einfach gesagt ein laufendes Programm – oder ein Teil davon. Jede Anwendung, die man startet, wird im System als Prozess geführt. Manche Prozesse laufen sichtbar (z. B. grafische Programme), andere eher unbemerkt im Hintergrund (z. B. Dienste, Systemaufgaben).

Wenn etwas hängt, zu viel CPU oder RAM verbraucht oder nicht mehr reagiert, ist es hilfreich zu wissen, wie man diese Prozesse erkennt, kontrolliert oder beendet.

8.4.7.1 Prozesse auflisten mit *ps*

Mit dem Befehl *ps* lässt sich anzeigen, welche Prozesse gerade aktiv sind. In der einfachen Form zeigt *ps* nur die Prozesse des aktuellen Terminals. Wer eine umfassendere Liste sehen möchte, verwendet *ps aux*. Damit werden alle laufenden Prozesse des Systems angezeigt – mit Benutzer, Prozess-ID, Speicherverbrauch und weiteren Details.

- *PID* (Process ID) – eindeutige Nummer
- *USER* – wer der Eigentümer ist
- *%CPU/%MEM* – Anteil an Prozessorlast und Arbeitsspeicher
- *COMMAND* – welches Programm oder Skript gestartet wurde

Ein typischer Einsteigerbefehl:

ps aux | grep firefox

Der Befehl grep filtert Ergebnisse nach „firefox". So erkennt man schnell alle Prozesse mit diesem Namen [271, 288].

8.4.7.2 Live-Beobachtung mit *top*

Wer wissen möchte, was auf dem System gerade läuft – und zwar in Echtzeit – kommt an *top* kaum vorbei. Der Befehl zeigt laufende Prozesse, sortiert nach Auslastung, und aktualisiert die Anzeige fortlaufend. CPU-Last, Speicherverbrauch, Prozess-ID, Status – all das lässt sich auf einen Blick erfassen.

Startet man top, öffnet sich eine Übersicht im Terminal. Oben stehen allgemeine Systemdaten – etwa die aktuelle Auslastung, wie viele Benutzer angemeldet sind, wie viel Speicher genutzt wird. Darunter folgt die Prozessliste.

PID	*USER*	*PR*	*NI*	*VIRT*	*RES*	*SHR*	*S*	*%CPU*	*%MEM*	*TIME+ COMMAND*
1501	*tux*	*20*	*0*	*21564*	*4560*	*2020*	*R*	*5.3*	*1.2*	*0:03.21 top*

Hier sieht man, dass der Prozess mit der ID 1501 vom Benutzer tux läuft. Er verwendet gerade 5.3 % der CPU und belegt 1.2 % des Arbeitsspeichers. Das R unter S zeigt an, dass der Prozess gerade aktiv ist – andere Buchstaben bedeuten, dass der Prozess schläft (S), gestoppt wurde (T) oder im Hintergrund läuft.

Mit Tasten wie P oder M kann man die Liste sortieren – etwa nach CPU- oder Speichernutzung. Q beendet top wieder. Wer mehr Komfort möchte, kann stattdessen htop ausprobieren – eine verbesserte Variante mit farbiger Darstellung und Mausbedienung. Muss man aber oft erst installieren.

top ist vor allem dann hilfreich, wenn das System langsam wird und man herausfinden möchte, welcher Prozess gerade viele Ressourcen frisst oder wenn man einfach sehen will, was im Hintergrund so alles los ist [271, 288].

8.4.7.3 Prozesse beenden mit kill

Wenn ein Prozess nicht reagiert oder man ihn bewusst stoppen will, sendet man ihm den Befehl *kill*. Dieser benötigt die Prozess-ID – also die Zahl, die in top ganz links unter PID steht. Zum Beispiel:

kill 1501

Das schickt ein Signal an den Prozess mit der ID 1501 das den Prozess sauber beenden soll. Viele Programme reagieren darauf, schließen Dateien, speichern Status und beenden sich.

Wenn der Prozess sich partout nicht von alleine schließt, kann man mit *-9* ein härteres Signal senden.

kill -9 1501

Das *KILL* Signal zwingt den Prozess zum sofortigen Abbruch. Es ist zwar sehr wirkungsvoll, sollte aber nur genutzt werden, wenn alle anderen Versuche scheitern.

Wer den Namen des Programms kennt, aber nicht die PID, kann mit *pgrep* nachsehen.

pgrep firefox

Das listet alle Prozess-IDs auf, die zum Programm Firefox gehören. Kombiniert mit *kill* kann man sie gezielt beenden. Oder gleich alles zusammen mit *pkill* oder *killall*

pkill firefox

Das beendet alle laufenden Instanzen mit dem Namen firefox – ohne vorher die PIDs herauszusuchen. Funktioniert bei vielen Programmen, sollte aber mit Bedacht eingesetzt werden – vor allem, wenn mehrere Prozesse denselben Namen tragen.

Auch grafische Programme lassen sich so beenden – ideal, wenn sich ein Fenster nicht mehr schließen lässt oder eingefroren ist [271, 288].

8.4.8 Paketquellen aktualisieren

Paketquellen lassen sich nicht nur über die grafische Oberfläche laden und aktualisieren. Auch das Terminal ist ein praktisches Werkzeug, um Software zu installieren, zu aktualisieren oder zu entfernen. Und auch wenn sich die Befehle unter den Distros unterscheiden, das Prinzip bleibt gleich. Zuerst wird die Paketliste aktualisiert – also der Abgleich mit den Quellen, welche Versionen verfügbar sind. Danach erfolgt das eigentliche Update.

8.4.8.1 Debian basiert

Hier geschieht das in zwei Schritten. Mit dem Befehl

sudo apt update

wird die Paketliste auf den neuesten Stand gebracht. Danach lädt

sudo apt upgrade

die verfügbaren Updates – entweder für das gesamte System oder gezielt für einzelne Pakete. Wer nur ein bestimmtes Programm aktualisieren möchte, verwendet *sudo apt install --only-upgrade* gefolgt vom Namen des Pakets.

sudo apt install --only-upgrade firefox

Wer sich zunächst einen Überblick verschaffen will, welche Pakete aktualisiert werden könnten, nutzt

apt list –upgradable.

Um sicherzustellen dass ein Paket von künftigen Updates verschont bleibt, kann es mit *sudo apt-mark hold* festsetzen. Diese Sperre lässt sich mit *sudo apt-mark unhold* jederzeit wieder aufheben.

sudo apt-mark hold firefox
sudo apt-mark unhold firefox [148, 269, 288]

8.4.8.2 Fedora/Red Hat

Bei Fedora, Red Hat oder CentOS übernimmt dnf die Paketverwaltung. Das Aktualisieren erfolgt über

sudo dnf upgrade

wobei damit in der Regel das ganze System aktualisiert wird. Möchte man gezielt nur ein bestimmtes Paket erneuern, reicht *sudo dnf upgrade paketname.*

sudo dnf upgrade firefox

Zusätzliche Optionen wie *--security* erlauben es, nur sicherheitsrelevante Updates einzuspielen.

sudo dnf upgrade --security firefox

Wer bestimmte Repositories vorübergehend ausschließen will, kann dies direkt über die Kommandozeile tun – zum Beispiel mit --disablerepo = quelle, um eine Quelle auszuschalten,

sudo dnf upgrade firefox --disablerepo = rpmfusion-free-updates

(*DNF* schaut jetzt **nicht** in rpmfusion-free-updates nach einem Firefox-Paket, sondern verwendet ausschließlich die Pakete aus den übrigen aktivierten Repos)

oder *--enablerepo = quelle,* um gezielt zusätzliche Quellen zu aktivieren.

sudo dnf install firefox --enablerepo = rpmfusion-free-updates --disablerepo = fedora --disablerepo = updates

Um einzelne Pakete von einem Update auszunehmen, lässt sich *--exclude = paketname* verwenden [145, 146, 147, 270, 288].

8.4.8.3 Arch Linux

Unter Arch Linux und auf allen Derivaten wie EndeavourOS oder Manjaro, kommt *pacman* zum Einsatz. Der Standardbefehl

sudo pacman -Syu

aktualisiert das komplette System, inklusive aller installierten Pakete. Möchte man nur ein einzelnes Programm auf den aktuellen Stand bringen, genügt *sudo pacman -S paketname.*

sudo pacman -S firefox

Wer verhindern will, dass bestimmte Programme bei einem globalen Update berücksichtigt werden, kann diese mit dem Zusatz *--ignore = paketname* von der Aktualisierung ausschließen. Das wird direkt beim Befehl angegeben – etwa sudo pacman -Syu --ignore = firefox [144, 284, 288].

8.4.8.4 openSUSE/SLE

openSUSE und SUSE Linux verwenden *zypper* – ein leistungsfähiges Tool mit vielen Schaltern und Optionen. Der Befehl

sudo zypper update

aktualisiert das System, während *sudo zypper update paketname* gezielt ein einzelnes Programm ansteuert.

sudo zypper update firefox

Wer sich vor einem Update informieren möchte, nutzt

zypper list-updates

um alle verfügbaren Aktualisierungen anzuzeigen. Auch hier lassen sich bestimmte Pakete sperren, zum Beispiel mit dem Zusatz al (add lock)

sudo zypper al paketname

Diese verhindert, dass das betreffende Paket versehentlich oder automatisch erneuert wird – bis der Lock mit rl (remove lock) wieder aufgehoben wird.

sudo zypper rl paketname

Für größere Versionssprünge, etwa bei einem Distributionswechsel, nutzt man

sudo zypper dup

das *dup* steht für „distribution upgrade" und sorgt dafür, dass alle Pakete auf die Versionen der neuen Distribution umgestellt werden [149, 282, 283, 288].

8.4.9 Software installieren

Einzelne Programme lassen sich wie Paketquellen auch im Terminal installieren. Auch hier gilt, je nach Distribution gibt es unterschiedliche Befehle, die aber alle nach dem gleichen Muster funktionieren.

8.4.9.1 Debian based

Unter Debian verwandten Systemen wie Ubuntu, Linux Mint und Zorin übernimmt das APT-System die Verwaltung. Mit *sudo apt install paketname* wird die gewünschte Software aus den hinterlegten Quellen geholt, entpackt und auf dem System eingerichtet.

sudo apt install firefox

Wenn das Paket bereits vorhanden ist, wird es aktualisiert. Soll die Software wieder entfernt werden, reicht *sudo apt remove.*

sudo apt remove firefox

Wer auch Reste wie Konfigurationsdateien oder Cache-Verzeichnisse beseitigen will, ergänzt *--purge.*

sudo apt remove --purge firefox

Persönliche Einstellungen im Home-Verzeichnis bleiben allerdings bestehen. Wer auch die loswerden will, muss selbst Hand anlegen mit:

rm -r ~/.mozilla

Und wer ganz sicher gehen will, kann auch Pakete, die ursprünglich als Abhängigkeiten installiert wurden, aber inzwischen nicht mehr gebraucht werden entfernen.

sudo apt autoremove [148, 269, 288]

8.4.9.2 Fedora/Red Hat

Bei Fedora, Red Hat oder CentOS heißt das entsprechende Werkzeug dnf. Die Installation erfolgt mit *sudo dnf install paketname.*

sudo dnf install firefox

Entfernen lässt sich Software mit *sudo dnf remove.*

sudo dnf remove firefox

Der Paketmanager lädt automatisch alle nötigen Abhängigkeiten mit. Wer eine bestimmte Version installieren oder gezielt eine Quelle angeben möchte, kann dies ebenfalls über die Kommandozeile tun. *dnf* bietet dafür dieselben Optionen wie bei den Paketquellen *--disablerepo,* um bestimmte Repositories auszuschließen, oder *--enablerepo,* um gezielt zusätzliche Quellen zu aktivieren [145, 146, 147, 270, 288].

8.4.9.3 Arch Linux based

Ein einfaches *sudo pacman -S paketname* genügt, und das Programm wird aus den Repositorien geholt, installiert und eingepflegt.

sudo pacman -S firefox

Wenn das Paket nicht mehr gebraucht wird, lässt es sich mit *sudo pacman -R paketname* wieder entfernen.

sudo pacman -R firefox

Wer gleich aufräumen möchte, hängt *-Rs* an – damit verschwinden auch die Abhängigkeiten, die nur noch nutzlos im System stehen.

sudo pacman -Rs firefox [144, 284, 288]

8.4.9.4 openSUSE/SLE

openSUSE – egal ob Leap oder Tumbleweed – setzt auf *zypper.* Ein *sudo zypper install paketname* erledigt die Installation,

sudo zypper install firefox

Um das Programm wieder zu entfernen, braucht man nur *sudo zypper remove paketname* einzugeben und zypper kümmert sich um den Rest.

sudo zypper remove firefox [149, 282, 283, 288]

8.4.10 Dateien aus dem Netz laden

Manchmal braucht man Software, Skripte oder Konfigurationsdateien direkt aus dem Internet. Natürlich kann man über den Browser gehen und den Download Button drücken, doch Linux bietet zwei Werkzeuge – wget und curl – die es ermöglichen Inhalte direkt über das Terminal herunterzuladen.

Mit *wget* lädt man einfach eine Datei herunter.

wget https://example.com/datei.txt

Der Befehl speichert die Datei mit dem gleichen Namen wie auf dem Server – hier also datei.txt – im aktuellen Verzeichnis. *wget* ist besonders geeignet für einfache Downloads, auch von größeren Dateien oder ganzen Verzeichnisstrukturen, und lässt sich auch gut mit Optionen wie *--recursive* oder *--continue* erweitern.

wget --recursive https://example.com/

Das ergibt eine Art Kopie der Seite samt Struktur. Wer noch weitergehen will, nimmt gleich *--mirror* hinzu und erhält eine vollständige Spiegelung. Hier sollte man vorsichtig sein, denn der Datenumfang wächst schnell.

Läuft der Download nicht durch, weil die Verbindung abreißt, muss man nicht von vorne anfangen. Mit --continue setzt wget dort an, wo es unterbrochen wurde:

wget --continue https://example.com/grosse_datei.iso

Gerade bei großen Dateien spart das eine Menge Zeit und Bandbreite.

curl dagegen zeigt Inhalte standardmäßig direkt im Terminal an. Es ist vielseitiger, aber etwas technischer in der Bedienung. Möchte man eine Datei wirklich speichern, ergänzt man den Parameter *-o*

curl -o datei.txt https://example.com/datei.txt

Das funktioniert ähnlich wie *wget,* aber mit etwas mehr Kontrolle über Header, Protokolle oder Authentifizierung – was *curl* vor allem für Skripte oder API-Zugriffe interessant macht [272, 287, 288].

8.5 Cheat Sheet: Arbeiten auf der Kommandozeile

Grundlagen Terminal & Shell

- Terminal = Zugang zur Shell
- Prompt-Format: tux@linux-pc:~$
  - ~ steht für Home-Verzeichnis
  - $ = normaler Nutzer, # = root
- Tastenkürzel: Strg + Alt + T (Terminal starten)

Navigation im Dateisystem

- pwd → aktueller Pfad anzeigen
- ls → Inhalt anzeigen
  - ls -l, ls -a, ls -lh
- cd → Verzeichnis wechseln
  - cd Downloads, cd .., cd ~, cd /pfad/ziel

Pfad-Kürzel

- . = aktuelles Verzeichnis
- .. = übergeordnetes Verzeichnis
- ~ = Home-Verzeichnis

Autovervollständigung

- Tab → vervollständigt Befehl/Dateiname
- Tab x2 → zeigt mögliche Optionen

Systeminfos abfragen

- whoami → angemeldeter Benutzer
- id → UID/GID & Gruppen
- uname -a → Kernel- und Systeminfo
- ps → laufende Prozesse
- top → CPU/RAM & Prozesse live
- df -h → Festplattennutzung
- date → Systemdatum/Uhrzeit
- man befehl → Hilfe zu Befehlen

Dateien verwalten

- touch datei.txt → Datei anlegen
- cp quelle ziel → Datei kopieren
- mv quelle ziel → verschieben/umbenennen
- rm datei → Datei löschen
- chmod → Rechte setzen
  - +x, u + x, chmod 755 datei

Dateien suchen

- find
  - find pfad -name „*.pdf"
  - find -mtime -1 → letzte 24 h
- locate datei → blitzschnell (mit Datenbank)
  - updatedb → Datenbank aktualisieren

Programme finden

- which firefox → Pfad zur Binary
- whereis firefox → Binary + Doku

Verzeichnisse erstellen/löschen

- mkdir ordner → Ordner anlegen
  - mkdir -p a/b/c → inkl. Oberordner
- rmdir ordner → nur leere Ordner
  - rmdir -p a/b/c
- rm -r ordner → auch nicht-leere Ordner

Prozesse verwalten

- ps aux → alle Prozesse
  - ps aux | grep firefox
- top → Echtzeitüberwachung
- kill PID → Prozess beenden
  - kill -9 PID → hartes Beenden
- pgrep name, pkill name, killall name

Paketquellen aktualisieren

- **Debian/Ubuntu:**
  - sudo apt update && sudo apt upgrade
  - sudo apt install --only-upgrade paket
  - sudo apt-mark hold/unhold paket
- **Fedora/Red Hat:**
  - sudo dnf upgrade, --security, --exclude

- **Arch:**
  - sudo pacman -Syu, --ignore = pkg
- **openSUSE:**
  - sudo zypper update, al, rl, dup

Software installieren

- sudo apt/dnf/pacman/zypper install paket
- Entfernen:
  - sudo apt remove, --purge, autoremove
  - sudo dnf/pacman/zypper remove paket

Downloads via Terminal

- wget URL → Datei herunterladen
  - --recursive, --mirror, --continue
- curl -o datei URL → wie wget, vielseitiger

Hinweise

- Terminal-Befehle können nicht-rückgängig sein
- Immer mit Bedacht verwenden
- Mit man Hilfe lesen, mit q verlassen

Weiterführende Ressourcen und Community

Linux ist mehr als nur ein anderes Betriebssystem. Es ist eine Einladung, Technik wieder als Werkzeug zu begreifen und nicht als Blackbox. Es ist ein System, das sich zurückhält und einfach funktioniert und dennoch technikbegeisterte Menschen aus der Mittelmäßigkeit des „Standard-OS“ befreit.

Der Umstieg auf Linux ist heute keine Hürde mehr. Moderne Desktop-Umgebungen bieten alles, was man für den Alltag braucht – aufgeräumt, anpassbar und frei von Ablenkung. Wer surft, schreibt, streamt oder kommuniziert, nutzt ohnehin überwiegend den Browser als zentrale Schaltstelle.

Für alles andere gibt es bewährte Alternativen. Windows-Programme lassen sich mit Wine starten, Spiele laufen unter Steam oder Proton, Spezialsoftware notfalls in einer virtuellen Maschine. Wer will, kann Linux als stabiles Fundament nutzen und Windows bei Bedarf einfach dazuschalten.

Die Kommandozeile ist ein praktisches Werkzeug, das man nutzen kann, aber nicht Muss. Wer lieber klickt als tippt, kommt trotzdem ans Ziel. Wer mehr wissen will, kann tiefer einsteigen. Wer einfach nur arbeiten will kann das ohne Ablenkung.

Der eigentliche Unterschied liegt nicht in der Oberfläche, sondern in der Haltung. Freie Software heißt, dass man selbst entscheidet, was installiert wird, wie lange es bleibt und was im Hintergrund passiert. Keine Werbung, keine Zwangsupdates, keine versteckten Kosten. Dafür Offenheit, Transparenz und Kontrolle über das eigene System.

Hilfe ist schnell da. Die Linux-Community ist keine Firma mit Supporthotline, sondern ein lebendiges Netzwerk aus Menschen, die helfen, erklären, ausprobieren und weiterdenken. Hier darf man Fragen stellen, bekommt Antworten und kann etwas beitragen, oder auch einfach nur still mitlesen.

Diese Liste ist unvollständig und soll nur dem Einstieg dienen. Die folgenden Anlaufstellen bieten Orientierung, Unterstützung und Austausch.

A. Zambito, *Linux für Einsteiger und Umsteiger*,
https://doi.org/10.1007/978-3-658-51091-6

Linux User Groups (LUGs)

In vielen Städten gibt es lokale Gruppen, die sich regelmäßig treffen – online oder vor Ort. Der Austausch ist offen, praxisnah und oft überraschend hilfreich.

http://lugslist.com/ctry/germany.php?lg=de

ubuntuusers.de

Eine der bekanntesten deutschsprachigen Plattformen rund um Ubuntu und verwandte Systeme. Mit Forum, Wiki und einem freundlichen Umgangston – besonders einsteigerfreundlich.

www.ubuntuusers.de

Debianforum.de

Fachlich versiertes Forum für alle, die mit Debian und seinen Ablegern arbeiten oder es vorhaben.

www.debianforum.de

LinuxQuestions.org

Internationales Forum mit breitem Themenspektrum – von Hardwareproblemen bis zur Kernel-Kompilierung. Langjährig gepflegt und lebendig.

www.linuxquestions.org

Ask Ubuntu und StackExchange

Fragen und Antworten auf technisch hohem Niveau. Besonders hilfreich bei konkreten Problemen. Präzise, manchmal streng – aber effizient.

www.askubuntu.com
www.unix.stackexchange.com

Reddit

Subreddits wie r/linux oder r/linux4noobs bieten eine Mischung aus Diskussion, Tipps, Hintergrundwissen und Fundstücken aus der Linux-Welt.

www.reddit.com/r/linux
www.reddit.com/r/linux4noobs

Distributionsspezifische Communities

Fast jede größere Distribution hat ihre eigene Plattform – mit Foren, Wikis, Dokumentation und Support. Fedora, Arch, openSUSE, Manjaro, Linux Mint und viele andere. Wer eine konkrete Frage hat, wird dort meist schneller fündig als bei allgemeinen Portalen.

Veranstaltungen und Netzwerke

FrOSCon, Chemnitzer Linux-Tage, Open Rhein Ruhr – regelmäßige Konferenzen und Community-Events mit Vorträgen, Workshops und Begegnungen. Kein Marketing-Event, sondern echter Austausch auf Augenhöhe.

https://froscon.org

Free Software Foundation Europe (FSFE)
Engagiert sich für digitale Selbstbestimmung, offene Standards und freie Software in Europa. Bietet Mitmachmöglichkeiten, Materialien und politische Einordnung.
www.fsfe.org

Hackspaces und der Chaos Computer Club (CCC)
Offene Werkstätten, Vorträge, Bastelabende und Diskussionsrunden. Wer Technik nicht nur nutzen, sondern auch hinterfragen und mitgestalten will, ist hier richtig.
www.ccc.de

Literatur

1. Stallman, R. (2002). Free Software, Free Society: Selected Essays of Richard M. Stallman. GNU Press
2. GNU Project. The GNU Operating System and the Free Software Movement. https://www.gnu.org/gnu/thegnuproject.html
3. Torvalds, L. (1991). Usenet-Posting in comp.os.minix, 25. August 1991.
4. Open Source Initiative. Definition of Open Source. https://opensource.org/osd
5. StatCounter Global Stats. Market Share of Operating Systems. https://gs.statcounter.com/os-market-share
6. Tanenbaum, A.S. (1987). Operating Systems: Design and Implementation. Prentice-Hall.
7. The Open Group. History of UNIX. https://www.opengroup.org/openbrand/register
8. kernel.org. Linux Kernel Archives. https://www.kernel.org
9. McKusick, M.K., & Neville-Neil, G.V. (2004). The Design and Implementation of the FreeBSD Operating System. Addison-Wesley.
10. Apple Inc. (2024). About the macOS Kernel. https://developer.apple.com/library/archive/documentation/Darwin/Conceptual/KernelProgramming
11. Arch Linux Wiki. (n. d.). *Installation guide*. Retrieved from https://wiki.archlinux.org/title/Installation_guide
12. Arch Linux Wiki. (2021, July 5). *User:Alad/Beginners' Guide*. Retrieved from https://wiki.archlinux.org/title/User%3AAlad/Beginners%27_guide
13. Canonical Ltd. (n. d.). *Ubuntu Desktop – Download*. Retrieved from https://ubuntu.com/download/desktop
14. Canonical Ltd. (n. d.). *Ubuntu Community Help Wiki – SystemRequirements*. Retrieved from https://help.ubuntu.com/community/Installation/SystemRequirements
15. Fedora Project. (n. d.). *Fedora downloads and architecture overview*. Retrieved from https://docs.fedoraproject.org/en-US/fedora/latest/fedora-downloads-info/
16. IT'S FOSS. (n. d.). *How to install Arch Linux (step by step guide)*. Retrieved from https://itsfoss.com/install-arch-linux/
17. Linux Mint. (n. d.). *FAQ – System requirements*. From https://linuxmint.com/faq.php
18. Alpine Linux Wiki. (2025, July 20). *Alpine Linux: Overview*. Retrieved from https://wiki.alpinelinux.org/wiki/Alpine_Linux%3AOverview
19. Arch Linux Wiki. (2025, Juli 20). *Intel graphics*. Retrieved from https://wiki.archlinux.org/title/Intel_graphics
20. Intel. (n. d.). *Installing Client GPUs – Overview*. Retrieved from https://dgpu-docs.intel.com/driver/client/overview.html

A. Zambito, *Linux für Einsteiger und Umsteiger*,
https://doi.org/10.1007/978-3-658-51091-6

21. Mesa Project. (n. d.). *Project History – The Mesa 3D Graphics Library*. Retrieved from https://docs.mesa3d.org/history.html
22. Mesa Project. (n. d.). *Platforms and Drivers – The Mesa 3D Graphics Library*. Retrieved from https://docs.mesa3d.org/systems.html
23. Edge, J. (2013, Oktober 2). *The history of Mesa. LWN.net*. Retrieved from https://lwn.net/Articles/569083/
24. Intel. (2025). *Linux support for Intel Wireless adapters – Kernel driver inclusion and firmware details*. Retrieved from https://www.intel.com/content/www/us/en/support/articles/000005511/wireless.html
25. Manjaro Forum. (2020, September 10). *Realtek onboard audio devices usually use Linux driver snd_hda_intel and additional drivers are not required* [Forum post]. Retrieved from https://forum.manjaro.org/t/how-do-we-install-realtek-high-definition-audio-driver/8343
26. Arch Linux Forums. (2014, February 26). *Audio works great out of the box... with Realtek audio* [Forum post]. Retrieved from https://bbs.archlinux.org/viewtopic.php?id=177755
27. Arch Linux Wiki. (2025, August 19). *Touchpad Synaptics driver configuration details* [Documentation]. Retrieved from https://wiki.archlinux.org/title/Touchpad_Synaptics
28. Superuser. (2011, January 7). *Can I use a Magic Trackpad on Linux?* [Q&A]. Retrieved from https://superuser.com/questions/230331/can-i-use-a-magic-trackpad-on-linux
29. LinuxQuestions. (2018, April 22). *Is there any support for the audio card/codec Realtek ALC298?* [Forum post]. Retrieved from https://www.linuxquestions.org/questions/linux-laptop-and-netbook-25/is-there-any-support-for-the-audio-card-codec-realtek-alc298-4175628193/
30. Reddit – r/linuxquestions. (n. d.). *Intel WiFi adapter needs non-free firmware to operate*. Retrieved from https://www.reddit.com/r/linuxquestions/comments/1lsp1yi/intel_wifi_adapter_needs_nonfree_firmware_to/
31. Cerebral Voyage. (2025, März 11). *How to enable the fingerprint reader in Linux on the Framework laptop*. Retrieved from https://cerebral.voyage/how-to-enable-the-fingerprint-reader-in-linux-on-the-framework-laptop/
32. TJ Horner. (2020, Juli 28). *Linux Fingerprint Authentication on ThinkPads*. Retrieved from https://blog.horner.tj/mint-fingerprint-auth-x1c7/
33. Frame.work Community Forum. (2021, Mai 14). *libfprint v1.92.0 required for fingerprint reader compatibility*. Retrieved from https://community.frame.work/t/tracking-fingerprint-scanner-compatibility-with-linux-ubuntu-fedora-etc/1501
34. Slimbook. (2024, September 20). *Linux Live USB: What is it and what is it used for?* Retrieved from https://slimbook.com/en/blog/guides-2/post/linux-live-usb-what-is-it-and-what-is-it-used-for-423
35. WafaiCloud Team. (2025, Juni 18). *Using a Live USB for effective Linux system recovery*. Retrieved from https://wafaicloud.com/blog/using-live-usb-for-effective-linux-system-recovery/
36. Opensource.com. (2017, April 27). *Testing Linux hardware compatibility with USB sticks*. Retrieved from https://opensource.com/article/17/4/linux-hardware-compatibility
37. Linux Mint. (n. d.). *About Linux Mint*. https://linuxmint.com/about.php
38. Zorin OS Technologies Ltd. (2024, June 9). *Windows App Support*. https://help.zorin.com/docs/apps-games/windows-app-support/
39. Zorin OS Technologies Ltd. (n. d.). *Zorin Appearance app*. https://zorin.com/os/
40. MX Linux. (n. d.). *About Us*. https://mxlinux.org/about-us/
41. opensource.com. (2018, February 12). *MX Linux 17: An upgraded distro made for beginners*. https://opensource.com/article/18/2/mx-linux-17-distro-beginners
42. Canonical Ltd. (n. d.). *About the Ubuntu project*. https://ubuntu.com/about
43. Encyclopedia. (n. d.). *Manjaro Linux*. https://encyclopedia.pub/entry/32890

44. Manjaro Project. (n. d.). *Team.* https://manjaro.org/team/
45. GeckoLinux Project. (n. d.). *GeckoLinux – Linux for Detail-Oriented Geckos.* https://geckolinux.github.io/
46. Ghacks Tech News. (2017, August 6). *A look at OpenSUSE based Gecko Linux.* https://www.ghacks.net/2017/08/06/a-look-at-opensuse-based-gecko-linux/
47. Kali Linux Documentation. (2025, June 18). *What is Kali Linux?* https://www.kali.org/docs/introduction/what-is-kali-linux/
48. Offensive Security. (2025). *Kali Linux Overview.* https://www.kali.org/
49. Parrot Security. (n. d.). *Home edition: Daily use, privacy and software development.* https://www.parrotsec.org/
50. Parrot Security. (n. d.). *What is Parrot?* https://parrotsec.org/docs/introduction/what-is-parrot/
51. LinuxSecurity.com. (2025, July 15). *Browsing securely & anonymously with Parrot OS.* https://linuxsecurity.com/news/privacy/browsing-securely-anonymously-with-parrot-os
52. LinuxSecurity.com. (2024, October 31). *Tails 6.9: Major updates for anonymity and digital security.* https://linuxsecurity.com/news/security-projects/tails-6-9-empowering-anonymity-digital-security
53. Wired. (2014, April). *Out in the open: Inside the OS Edward Snowden used to evade the NSA. Wired.* https://www.wired.com/2014/04/tails
54. Red Hat. (2019). *What is an open source upstream?* https://www.redhat.com/en/blog/what-open-source-upstream
55. Mahir Dasare. (2024, July 12). *Understanding Upstream and Downstream: A Simple Guide.* Dev.to. https://dev.to/mahir_dasare_333/understanding-upstream-and-downstream-a-simple-guide-144j
56. Debian Project. (2025, July 10). *Why Debian is the base for many other distributions.* https://www.debian.org/intro/why_debian
57. Debian Project. (2025). *History of Debian – 0.x Releases.* In *Project History Manual.* https://www.debian.org/doc/manuals/project-history/releases.en.html
58. Debian Project. (2025). *Detailed History of Debian.* In *Project History Manual.* https://www.debian.org/doc/manuals/project-history/detailed.en.html
59. Debian Wiki. (2025, August 16). *Firmware – non-free firmware split.* https://wiki.debian.org/Firmware
60. LinuxCommunity Question. (2023, February 19). *How do I install non-free firmware in Debian 12 (Bookworm)?* https://unix.stackexchange.com/questions/736065/how-do-i-install-non-free-firmware-in-debian-12-bookworm
61. Debian Handbook. (n. d.). *What is Debian? Origin of the name.* https://debian-handbook.info/browse/squeeze/the-debian-project.html
62. Debian version history. (2025). *Release branches: stable, testing, unstable ("Sid").* https://www.debian.org/releases/
63. Red Hat. (n. d.). *History of the Red Hat brand.* https://www.redhat.com/en/about/brand/standards/history
64. Fedora Magazine. (n. d.). *The Fedora Project.* https://fedoramagazine.org/the-fedora-project/
65. Fedora Project. (n. d.). *Fedora and Red Hat Enterprise Linux.* https://docs.fedoraproject.org/en-US/quick-docs/fedora-and-red-hat-enterprise-linux/
66. Packagecloud. (n. d.). *History of Red Hat Enterprise Linux.* https://blog.packagecloud.io/red-hat-enterprise-linux-history/
67. Morgan White, B. (2025, January 13). *The history of S.u.S.E.* https://www.abortretry.fail/p/the-history-of-suse
68. TechTarget. (2022, January 28). *What is SUSE?* https://www.techtarget.com/searchdatacenter/definition/SuSE

69. openSUSE. (2022, April 11). *A short history of YaST.* https://en.opensuse.org/openSUSE:YaST_team
70. openSUSE Build Service. (n. d.). *Welcome to openSUSE Build Service.* https://build.opensuse.org/
71. openSUSE Documentation. (n. d.). *Using the Open Build Service* https://docs.appimage.org/packaging-guide/hosted-services/opensuse-build-service.html
72. Linux Journal. (1994). *Interview with Patrick Volkerding.* Linux Journal, April 1994. https://www.linuxjournal.com/article/2750
73. Slackware.com. (1993). *ANNOUNCE: Slackware Linux 1.00.* https://www.slackware.com/announce/1.0.php
74. Slackbook.org. (n. d.). *What is Slackware?* In *Slackware Linux Essentials.* https://slackbook.org/html/introduction-slackware.html
75. White, B. M. (2023, October 22). *The History of Slackware – a UNIX-like, minimalist design philosophy.* abortretry.fail. https://www.abortretry.fail/p/the-history-of-slackware
76. Opensource.com. (2018, July 16). *The oldest active Linux distro, Slackware, turns 25.* https://opensource.com/article/18/7/stackware-turns-25
77. Gentoo.org. (n. d.). *Welcome to Gentoo, a highly flexible, source-based Linux distribution.* https://www.gentoo.org/
78. Gentoo.org. (n. d.). *Gentoo Handbook – "There is no installation program – you're the installer."* https://www.gentoo.org/get-started/
79. Alpine Linux. (n. d.). *Small. Simple. Secure. Alpine Linux is a security-oriented, lightweight Linux distribution based on musl libc and busybox.* https://www.alpinelinux.org/
80. Docker.com. (2022, September 8). *How to use the Alpine Docker Official Image.* https://www.docker.com/blog/how-to-use-the-alpine-docker-official-image/
81. Volkerding, P. (1994). *Interview with Patrick Volkerding*, Linux Journal. Veröffentlicht am 1. April 1994. Verfügbar unter: https://www.linuxjournal.com/article/2750
82. Lefèbvre, C. (2012, 2. Januar). *Introducing Cinnamon. The Linux Mint Blog.* https://blog.linuxmint.com/?p=1910
83. Linux Mint Developer Guide. (o. J.). *Cinnamon.* https://linuxmint-developer-guide.readthedocs.io/en/latest/cinnamon.html
84. Discover Linux Mint 22: How Cinnamon Became the Sleek, Speedy Desktop Champion. (2025). *Linux Journal.* https://www.linuxjournal.com/content/discover-linux-mint-22-how-cinnamon-became-sleek-speedy-desktop-champion-2025
85. Linux Mint Projects. (o. J.). *Cinnamon.* https://projects.linuxmint.com/cinnamon
86. *KDE 1.0 Release Announcement* (1998, 12. Juli). KDE. https://www.kde.org/announcements/1-2-3/1.0/
87. KDE Timeline. (o. J.). *Timeline of KDE History.* https://timeline.kde.org/
88. Dolphin. (o. J.). *Dolphin File Manager.* https://apps.kde.org/dolphin/
89. Plasma/KRunner – KDE UserBase Wiki. (o. J.). *KRunner – Features and Functionality.* https://userbase.kde.org/Plasma/Krunner
90. GNOME Foundation. (o. J.). *GTK – The GIMP Toolkit.* https://www.gtk.org/
91. Encyclopedia MDPI. (2022, 28. November). *Qt: Das Tool-Kit-Framework – Ursprung des Namens (‚Q' und ‚t').*https://encyclopedia.pub/entry/36791
92. GNOME Human Interface Guidelines. (o. J.). *Design Principles.* GNOME Project. https://developer.gnome.org/hig/principles.html
93. Linux Budgie Desktop: A Perfect Blend of Aesthetics and Power. (2025, 26. Juli). *The New Stack.* https://thenewstack.io/linux-budgie-desktop-a-perfect-blend-of-aesthetics-and-power/
94. Ikey Doherty Talks Evolve OS & Budgie Desktop. (2014, 24. April). *FOSS Force.* https://fossforce.com/2014/04/ikey-doherty-talks-evolve-os-budgie-desktop/

95. Solus 1.0 Released. (2015, 27. Dezember). *Solus Project Blog*. https://getsol.us/2015/12/27/solus-1-0-released/
96. Budgie 10.6 is Here as its First Release Under the New Organization. (2022, 7. März). *It's FOSS*. https://news.itsfoss.com/budgie-10-6-release/
97. Buddies of Budgie. (o. J.). *Budgie Desktop*. https://buddiesofbudgie.org/
98. *Xfce*. (o. J.). In *Xfce Desktop Environment*. https://www.xfce.org/
99. The MATE Team. (2011, 5. Dezember). *Introducing MATE Desktop*. https://mate-desktop.org/blog/2011-12-05-introducing-mate-desktop/
100. MATE (desktop environment). (o. J.). *Desktop environment history and GTK3 support*. https://encyclopedia.pub/entry/35925
101. MATE (desktop environment). (o. J.). *Facts and release timeline*. https://www.mate-desktop.org/
102. LXQt Project. (o. J.). *About LXQt – merger history*. https://lxqt-project.org/about/
103. Byfield, B. (o. J.). *Impersonating Other Systems with the Zorin Appearance Tool. Linux Magazine*. https://www.linux-magazine.com/Online/Features/Impersonating-Other-Systems-with-the-Zorin-Appearance-Tool
104. Canonical. (n. d.). *Install Ubuntu Desktop*. Ubuntu. https://ubuntu.com/tutorials/install-ubuntu-desktop
105. Canonical (n. d.). *Verify your download*. Ubuntu. https://ubuntu.com/tutorials/how-to-verify-ubuntu
106. Debian Project. (n. d.). *Verifying authenticity of Debian CD images*. Debian. https://www.debian.org/CD/verify
107. Debian Project. (2021, 1. März). *update-grub(8) – grub2-common*. Manpages.debian.org. https://manpages.debian.org/buster/grub2-common/update-grub.8.en.html
108. Debian Project. (n. d.). *os-prober – utility to detect other OSes on a set of drives*. Packages.debian.org. https://packages.debian.org/os-prober
109. Fedora Project. (n. d.). *Installing Using Anaconda*. Fedora Documentation. https://docs.fedoraproject.org/en-US/fedora/latest/install-guide/
110. Fedora Project. (n. d.). *Verify your downloaded image*. Fedora. https://alt.fedoraproject.org/en/verify.html
111. GNU Project. (n. d.). *GNU GRUB Manual 2.12*. https://www.gnu.org/software/grub/manual/grub/grub.html
112. GParted Project. (n. d.). *GParted Manual*. https://gparted.org/display-doc.php?name=help-manual
113. Lenovo. (2025, 10. Juli). *How to select boot device, set boot order, and enable boot menu*. Lenovo Support. https://support.lenovo.com/us/en/solutions/ht104668-how-to-select-boot-device-from-bios-boot-menu-ideapad-thinkpad-thinkstation-thinkcentre-ideacentre
114. Lenovo. (2024, 13. Dezember). *Disable and enable Secure Boot in BIOS (video)*. Lenovo Support. https://support.lenovo.com/us/en/videos/nvid500424-disable-and-enable-secure-boot-in-bios-lenovo-support-quick-tips
115. Microsoft. (n. d.). *Shrink a basic volume*. Microsoft Learn. https://learn.microsoft.com/windows-server/storage/disk-management/shrink-a-basic-volume
116. Microsoft. (n. d.). *Certutil*. Microsoft Learn. https://learn.microsoft.com/windows-server/administration/windows-commands/certutil
117. Microsoft (n. d.). *Systemanforderungen für Windows 11*. Microsoft Support. https://support.microsoft.com/de-de/windows/windows-11-systemanforderungen-86c11283-ea52-4782-9efd-7674389a7ba3
118. Nir Sofer. (n. d.). *HashMyFiles*. NirSoft. https://www.nirsoft.net/utils/hash_my_files.html
119. Rufus. (n. d.). *Rufus – Create bootable USB drives the easy way*. https://rufus.ie/
120. Tails Project. (n. d.). *Install Tails on a USB stick*. Tails. https://tails.net/install/

121. The Qt Company. (n. d.). *What is UEFI Secure Boot?* (UEFI Forum Spec 2.10, Kap. 32, verlinkt). UEFI Forum. https://uefi.org/specs/UEFI/2.10/32_Secure_Boot_and_Driver_Signing.html
122. UEFI Forum. (2014, April). *Clarifying the Ten Most Common Misconceptions About UEFI.* https://uefi.org/sites/default/files/resources/UEFI_Clarifying_Common_Misconceptions_White_Paper_April%202014_Final.pdf
123. Ventoy Project. (n. d.). *Ventoy – A new bootable USB solution.* https://www.ventoy.net/
124. WineHQ. (n. d.). *Wine documentation.* https://www.winehq.org/documentation
125. Ubuntu Documentation Team. (2022, 28. April). *Wireless Troubleshooting Guide: Drivers (Broadcom/STA Hinweis).* Official Ubuntu Documentation. https://help.ubuntu.com/community/WifiDocs/WirelessTroubleShootingGuide/Drivers
126. balena. (n. d.). *balenaEtcher – Flash OS images to USB drives & SD cards.* https://etcher.balena.io/
127. Susnjara, S. & Smalley, I. (2024). *What Are Hypervisors?* IBM Think. https://www.ibm.com/think/topics/hypervisors
128. Oracle Corporation. (2024). *VirtualBox Documentation.* https://www.virtualbox.org/manual/
129. VMware Blogs. (2024, Mai). *VMware Workstation Pro: Now Available Free for Personal Use.* https://blogs.vmware.com/workstation/2024/05/vmware-workstation-pro-now-available-free-for-personal-use.html
130. VMware Knowledge Base. (2024). *Download and License VMware Desktop Hypervisor (Fusion Pro & Workstation Pro).* https://knowledge.broadcom.com/external/article/368667/download-and-license-vmware-desktop-hype.html
131. Microsoft Corporation. (2025). *Hyper-V virtualization in Windows Server and Windows.* https://learn.microsoft.com/en-us/windows-server/virtualization/hyper-v/overview
132. Oracle Corporation (2025). *Oracle VM VirtualBox User Manual – Chapter 6: Virtual Networking.* https://docs.oracle.com/en/virtualization/virtualbox/6.0/user/networkingmodes.html
133. Check Point Research (2019). *Reverse RDP Attack: Code Execution on RDP Clients.* https://research.checkpoint.com/2019/reverse-rdp-attack-code-execution-on-rdp-clients/
134. GNOME Help. (n. d.). *GNOME Help for users.* GNOME. https://help.gnome.org/users/gnome-help/stable/
135. openSUSE Documentation Team. (n. d.). *GNOME User Guide – openSUSE Leap.* openSUSE. https://doc.opensuse.org/documentation/leap/archive/15.3/gnomeuser/html/book-gnome-user/cha-userhelp.html
136. SUSE Documentation. (2025, 14. August). *GNOME User Guide – SUSE Linux Enterprise Desktop 15 SP7.* SUSE. https://documentation.suse.com/en-us/sled/15SP7/single-html/SLED-gnome-user/index.html
137. Richard A. Johnson. (2021, 11. April). *The System Settings Handbook.* KDE. https://docs.kde.org/stable5/en/systemsettings/systemsettings/index.html
138. AppImage Documentation. (n. d.). *Making AppImages updateable.* https://docs.appimage.org/packaging-guide/optional/updates.html
139. AppImage-Builder. (n. d.). *AppImage Updates (Advanced).* https://appimage-builder.readthedocs.io/en/latest/advanced/updates.html
140. Canonical. (n. d.). *Managing updates.* Snapcraft Documentation. https://snapcraft.io/docs/managing-updates
141. Canonical. (n. d.). *Refresh awareness.* Snapcraft Documentation. https://snapcraft.io/docs/refresh-awareness
142. SUSE. (n. d.). *Introduction to RPM Packaging.* SUSE Best Practices. https://documentation.suse.com/en-us/sbp/systems-management/html/SBP-RPM-Packaging/index.html
143. Fedora Project. (n. d.). *RPM.* Fedora System Administrators' Guide. https://docs.fedoraproject.org/en-US/fedora/f40/system-administrators-guide/RPM/

144. Arch Linux. (n. d.). *Pacman*. ArchWiki. https://wiki.archlinux.org/title/Pacman
145. Fedora Project. (n. d.). *Using the DNF software package manager*. Fedora Docs. https://docs.fedoraproject.org/en-US/quick-docs/dnf/
146. Red Hat. (n. d.). *Managing software with the DNF tool (RHEL 9)*. https://docs.redhat.com/en/documentation/red_hat_enterprise_linux/9/html-single/managing_software_with_the_dnf_tool/index
147. Red Hat. (n. d.). *Managing software with the DNF tool (RHEL 10)*. https://docs.redhat.com/en/documentation/red_hat_enterprise_linux/10/html-single/managing_software_with_the_dnf_tool/index
148. Ubuntu Documentation Team. (n. d.). *Install and manage packages*. https://documentation.ubuntu.com/server/how-to/software/package-management/
149. openSUSE. (n. d.). *Managing software with command line tools*. https://doc.opensuse.org/documentation/leap/reference/html/book-reference/cha-sw-cl.html
150. Ubuntu Documentation Team. (n. d.). *Automatic updates*. https://documentation.ubuntu.com/server/how-to/software/automatic-updates/
151. Ubuntu Documentation Team. (n. d.). *Managing software*. https://documentation.ubuntu.com/server/tutorial/managing-software/
152. Ubuntu Documentation Team. (n. d.). *Enable the Livepatch service*. https://ubuntu.com/tutorials/enable-the-livepatch-service
153. Canonical. (n. d.). *Ubuntu Livepatch*. https://ubuntu.com/security/livepatch
154. Canonical. (n. d.). *How to manage Livepatch*. https://documentation.ubuntu.com/pro-client/en/v30/howtoguides/enable_livepatch/
155. Fedora Project. (n. d.). *Upgrading Fedora Linux Using DNF System Plugin*. https://docs.fedoraproject.org/en-US/quick-docs/upgrading-fedora-offline/
156. Fedora Project. (n. d.). *Updates, Upgrades & Rollbacks*. https://docs.fedoraproject.org/en-US/fedora-silverblue/updates-upgrades-rollbacks/
157. Fedora Project. (n. d.). *Applying Updates Guide*. https://docs.fedoraproject.org/en-US/iot/applying-updates-UG/
158. Red Hat. (2023, 8. Juni). *How do I apply package updates to my RHEL system?* https://access.redhat.com/articles/11258
159. Microsoft. (2023, 28. August). *Get started with Windows Update*. https://learn.microsoft.com/en-us/windows/deployment/update/windows-update-overview
160. Microsoft. (n. d.). *Windows updates API overview*. https://learn.microsoft.com/en-us/graph/windowsupdates-concept-overview
161. Microsoft. (n. d.). *Windows Update Agent API – Win32 apps*. https://learn.microsoft.com/en-us/windows/win32/api/_wua/
162. Microsoft. (2025, 3. März). *Windows Update settings you can manage with Intune service*. https://learn.microsoft.com/en-us/intune/intune-service/protect/windows-update-settings
163. Red Hat. (n. d.). *Yum | System Administrator's Guide (Chapter 9)*. https://docs.redhat.com/en/documentation/red_hat_enterprise_linux/7/html/system_administrators_guide/ch-yum
164. wl-clipboard. wl-paste(1) – Ubuntu manpages. https://manpages.ubuntu.com/manpages/noble/en/man1/wl-paste.1.html
165. Arch Linux Wiki. Clipboard. https://wiki.archlinux.org/title/Clipboard
166. Wayland Protocols. Primary selection protocol (unstable v1). https://wayland.app/protocols/primary-selection-unstable-v1
167. openSUSE News (2025) openSUSE Leap 16 Enters Beta. https://news.opensuse.org/2025/04/30/leap-16-enters-beta/
168. LWN.net (2025) The last of YaST? https://lwn.net/Articles/1020408/
169. Flatpak Project (o. J.): Basic Concepts. https://docs.flatpak.org/en/latest/basic-concepts.html

170. ArchWiki (o. J.): Flatpak. https://wiki.archlinux.org/title/Flatpak
171. Red Hat (2020): Introducing the Red Hat Flatpak runtime for desktop containers. https://developers.redhat.com/blog/2020/08/12/introducing-the-red-hat-flatpak-runtime-for-desktop-containers
172. Canonical Ltd. (o. J.): Snapcraft Documentation. https://snapcraft.io/docs
173. Canonical Ltd. (o. J.): Snap Store – Browse Applications. https://snapcraft.io/store
174. Ubuntu Community (o. J.): Snap – Ubuntu Community Help Wiki. https://help.ubuntu.com/community/Snap
175. Albatli, L. et al. Comparison between Windows and Linux operating systems by analyzing the related security features. *J. Open Access Comput. Sci.* **1**, (2023). https://www.researchgate.net/publication/371306817
176. Simeononsecurity. Windows Registry vs. Linux Configuration Files: A Cybersecurity Perspective. (2023). https://simeononsecurity.com/articles/windows-registry-vs-linux-config-files-cybersecurity-comparison/
177. The Document Foundation. (o. J.). *LibreOffice – Free and open source office suite.* https://www.libreoffice.org/
178. International Organization for Standardization. (2015). *ISO/IEC 26300-1:2015 Information technology – Open Document Format for Office Applications (OpenDocument) Version 1.2.* https://www.iso.org/standard/66363.html
179. OASIS. (o. J.). *The OpenDocument Format (ODF) specification.* https://www.oasis-open.org/committees/tc_home.php?wg_abbrev=office
180. Microsoft. (o. J.). *Which browsers work with Microsoft 365 for the web and Microsoft 365 add-ins.* https://support.microsoft.com/en-us/office/which-browsers-work-with-microsoft-365-for-the-web-and-microsoft-365-add-ins-ad1303e0-a318-47aa-b409-d3a5eb44e452?
181. GNOME Project. (o. J.). *Evince – GNOME document viewer.* https://wiki.gnome.org/Apps/Evince
182. KDE Community. (o. J.). *Okular – the universal document viewer.* https://okular.kde.org/
183. Linux Mint Team. (o. J.). *Xreader – Document viewer for Linux Mint.* https://github.com/linuxmint/xreader
184. Roberto, J. et al. (o. J.). *PDF Arranger – merge, split and rearrange PDF pages.* https://github.com/pdfarranger/pdfarranger
185. Code Industry Ltd. (o. J.). *Master PDF Editor – working with PDF documents on Linux.* https://code-industry.net/free-pdf-editor/
186. Karssenberg, J. (o. J.). *Zim – A desktop wiki.* https://zim-wiki.org/
187. Giordani, G. (o. J.). *CherryTree – hierarchical note taking application.* https://giuspen.com/cherrytree/
188. Xournal++ Team. (o. J.). *Xournal++ – A modern rewrite of Xournal.* https://xournalpp.github.io/
189. Zettlr Project. (o. J.). *Zettlr – A markdown editor for the 21st century.* https://www.zettlr.com/
190. Mozilla Foundation. (o. J.). *Thunderbird – Free and open source email client.* https://www.thunderbird.net/
191. GNOME Project. (o. J.). *Evolution – Email, calendar and contacts for GNOME.* https://wiki.gnome.org/Apps/Evolution
192. KDE Community. (o. J.). *Kontact – KDE Personal Information Manager suite.* https://kontact.kde.org/
193. Signal Technology Foundation. (o. J.). *Signal – Private messenger for encrypted communication.* https://signal.org
194. Telegram FZ-LLC. (o. J.). *Telegram Desktop – messaging app for Windows, Mac, Linux.* https://desktop.telegram.org/

195. Element (formerly known as Riot). (o. J.). *Element – secure collaboration and messaging on Matrix*. https://element.io/
196. Jitsi Project. (o. J.). *Jitsi Meet – open source video conferencing software*. https://jitsi.org/
197. BigBlueButton Inc. (o. J.). *BigBlueButton – virtual classroom and web conferencing software*. https://bigbluebutton.org/
198. The Matrix.org Foundation. (o. J.). *Matrix – An open protocol for secure, decentralised communication*. https://matrix.org/
199. OpenJS Foundation. (o. J.). *Electron – Build cross-platform desktop apps with JavaScript*. https://electronjs.org/
200. FileZilla Project. (o. J.). *FileZilla – The free FTP solution*. https://filezilla-project.org/
201. Brian Masney. (o. J.). *gFTP – Free multithreaded FTP client for *nix based machines*. https://github.com/masneyb/gftp
202. KDE Community. (o. J.). *Dolphin – KDE file manager*. https://apps.kde.org/dolphin/
203. GNOME Project. (o. J.). *Files (Nautilus) – Simple and powerful file manager*. https://apps.gnome.org/Nautilus/
204. Xfce Project. (o. J.). *Thunar – File manager for Xfce*. https://docs.xfce.org/xfce/thunar/start
205. Mozilla Foundation. (o. J.). *Firefox – Fast, private and free browser for Linux*. https://www.mozilla.org/firefox/linux/
206. Brave Software. (o. J.). *Brave Browser – Install Brave on Linux*. https://brave.com/linux/
207. The Chromium Project. (o. J.). *Chromium – Open source web browser*. https://www.chromium.org/
208. Vivaldi Technologies. (o. J.). *Vivaldi – The browser that adapts to you*. https://vivaldi.com/
209. uGet Team. (o. J.). *uGet – Lightweight Download Manager for GNU/Linux*. https://ugetdm.com/
210. Liferea Project. (o. J.). *Liferea – Linux Feed Reader*. https://github.com/lwindolf/liferea
211. Akregator / KDE Community. (o. J.). *Akregator – RSS & Atom feed reader*. https://apps.kde.org/akregator/
212. Tatsuhiro Tsujikawa. (o. J.). *aria2 – The ultra fast download utility*. https://aria2.github.io/
213. Subhra Das Gupta. (o. J.). *Xtreme Download Manager (XDM) – Powerful download accelerator and video downloader*. https://xtremedownloadmanager.com/
214. Nextcloud GmbH. (o. J.). *Nextcloud News – RSS/Atom feed reader app*. https://apps.nextcloud.com/apps/news
215. The GNOME Project. (o. J.). *Eye of GNOME – The GNOME image viewer*. https://help.gnome.org/users/eog/stable/
216. Linux Mint / X-Apps. (o. J.). *Pix – Image viewer and browser utility for Linux Mint*. https://community.linuxmint.com/software/view/pix
217. Pinta Project. (o. J.). *Pinta – Free, simple, open-source image editor*. https://pinta-project.com/
218. Krita Foundation. (o. J.). *Krita – Professional FREE and open source painting program*. https://krita.org/
219. The GIMP Development Team. (o. J.). *GIMP – GNU Image Manipulation Program*. https://www.gimp.org/
220. Inkscape Project. (o. J.). *Inkscape – Free and open source vector graphics editor*. https://inkscape.org/
221. The GNOME Project. (o. J.). *Rhythmbox – Music player for GNOME*. http://www.rhythmbox.org/
222. GNOME Wiki / GNOME Project. (o. J.). *Lollypop – Lightweight modern music player*. https://wiki.gnome.org/Apps/Lollypop
223. VideoLAN Organization. (o. J.). *VLC – Media Player*. https://www.videolan.org/vlc/
224. GNOME Project. (o. J.). *File Roller – Archive manager for GNOME*. https://gitlab.gnome.org/GNOME/file-roller

225. KDE Community. (o. J.). *Ark – Graphical archive manager utility for KDE.* https://apps.kde.org/ark/
226. Judd Vinet, Aaron Griffin & Levente Polyák. (o. J.). *Xarchiver – Lightweight, desktop-independent archive manager.* https://xarchiver.sourceforge.net/
227. PeaZip Team. (o. J.). *PeaZip – Open-source file archiver offering myriad formats & encryption.* https://peazip.github.io/
228. GNU Project. (o. J.). *gzip – Popular data compression program.* https://www.gnu.org/software/gzip/
229. Julian Seward & Team. (o. J.). *bzip2 – High-quality open-source data compressor.* https://sourceware.org/bzip2/
230. Tukaani Project. (o. J.). *XZ Utils – Tools and library for .xz format compression.* https://tukaani.org/xz/
231. Flameshot Developers. (o. J.). *Flameshot – Powerful, yet simple screenshot software.* https://flameshot.org/
232. Resurrecting Open Source Projects. (o. J.). *scrot – command-line screen capture utility.* https://github.com/resurrecting-open-source-projects/scrot
233. SimpleScreenRecorder team. (o. J.). *SimpleScreenRecorder – screencast tool for Linux.* https://simplescreenrecorder.com/
234. OBS Project. (o. J.). *OBS Studio – Free and open source software for video recording and live streaming.* https://obsproject.com/
235. GNOME Project. (o. J.). *To Do – Task manager for GNOME.* https://wiki.gnome.org/Apps/Todo
236. KDE Community. (o. J.). *KOrganizer – Calendar and scheduling component of Kontact.* https://apps.kde.org/korganizer/
237. Planify Project. (o. J.). *Planify – Task manager with Nextcloud support* – Nachfolger von „Planner". https://github.com/alainm23/planify
238. Taskwarrior Project. (o. J.). *Taskwarrior – Command-line task manager.* https://taskwarrior.org/
239. Nextcloud GmbH. (o. J.). *Nextcloud Tasks – RSS / Atom feed reader app* – Aufgabenverwaltung via CalDAV. https://apps.nextcloud.com/apps/tasks
240. Tasks.org Project. (o. J.). *Tasks – Open-source to-do lists and reminders for Android* – CalDAV-Synchronisation. https://tasks.org/
241. Xfce Project. (o. J.). *Clipman – Clipboard manager for Xfce.* https://docs.xfce.org/panel-plugins/xfce4-clipman-plugin/start
242. KDE Project. (o. J.). *Klipper – Plasma clipboard utility.* https://docs.kde.org/stable5/en/plasma-workspace/klipper/index.html
243. CopyQ Project. (o. J.). *CopyQ – Advanced clipboard manager.* https://hluk.github.io/CopyQ/
244. Scribus Team. (o. J.). *Scribus – The Desktop Publishing (DTP) Application.* https://www.scribus.net/
245. Dia Project. (o. J.). *Dia – Diagram editor.* https://wiki.gnome.org/Apps/Dia
246. XMind Ltd. (o. J.). *XMind – Mind mapping and brainstorming tool.* https://www.xmind.net/
247. Nextcloud GmbH. (o. J.). *Nextcloud – Self-hosted productivity platform.* https://nextcloud.com/
248. Syncthing Project. (o. J.). *Syncthing – Continuous file synchronization program.* https://syncthing.net/
249. Dropbox, Inc. (o. J.). *Dropbox.* https://www.dropbox.com/
250. Google LLC. (o. J.). *Google Drive – Cloud storage from Google.* https://www.google.com/drive/
251. WineHQ. (o. J.). *Wine – Run Windows applications on other operating systems.* https://www.winehq.org/
252. Valve Corporation. (o. J.). *Proton – Play Windows games on Linux.* https://www.protondb.com/
253. OpenPrinting. (o. J.). *CUPS – Common Unix Printing System.* https://openprinting.github.io/cups/

254. SANE Project. (o. J.). *SANE – Scanner Access Now Easy*. http://www.sane-project.org/
255. GPhoto Project. (o. J.). *gPhoto2 – Digital camera software*. https://gphoto.sourceforge.io/
256. Libimobiledevice Project. (o. J.). *libimobiledevice – cross-platform software protocol library to communicate with iOS devices*. https://www.libimobiledevice.org/
257. QEMU Project. (o. J.). *QEMU – General purpose open source machine emulator and virtualizer*. https://www.qemu.org/
258. virt-manager Project. (o. J.). *Virt-manager – Virtual Machine Manager for libvirt*. https://virt-manager.org/
259. MPV Project. (o. J.). MPV – a free, open-source, cross-platform media player. https://mpv.io/
260. Kdenlive Project. (o. J.). Kdenlive – free and open-source video-editing software. https://kdenlive.org/
261. Shotcut Project. (o. J.). Shotcut – free, open-source, cross-platform video editor. https://shotcut.org/
262. Darktable Project. (o. J.). Darktable – Open-source photography workflow application. https://www.darktable.org/
263. Darktable Project. (o. J.). Darktable – User manual (Getting Started). https://www.darktable.org/usermanual/
264. RawTherapee Project. (o. J.). RawTherapee – Free, cross-platform raw image processor. https://rawtherapee.com/
265. RawTherapee Project. (o. J.). RawTherapee – User manual (Features & workflow). https://rawpedia.rawtherapee.com/
266. Insync HQ. (o. J.). Insync – Google Drive, OneDrive & Dropbox client for Linux. https://www.insynchq.com/
267. Linux Mint Team. Timeshift – System snapshots. Linux Mint Installation Guide. https://linuxmint-installation-guide.readthedocs.io/en/latest/timeshift.html
268. GNOME Project. Déjà Dup – Simple backup tool. GNOME Apps. Verfügbar unter: https://apps.gnome.org/DejaDup/
269. Debian Project. (n. d.). *APT user's guide*. https://www.debian.org/doc/manuals/apt-guide/
270. Fedora Project. (n. d.). *DNF commands and configuration*. https://docs.fedoraproject.org/en-US/quick-docs/dnf/
271. Free Software Foundation. (n. d.). *GNU Bash manual*. https://www.gnu.org/software/bash/manual/bash.html
272. GNU Project. (n. d.). *GNU Wget manual*. https://www.gnu.org/software/wget/manual/wget.html
273. Kernel.org. (n. d.). *The Linux kernel documentation*. https://www.kernel.org/doc/html/latest/
274. Linux Foundation. (2015). *Filesystem Hierarchy Standard (FHS) version 3.0*. https://refspecs.linuxfoundation.org/FHS_3.0/fhs/index.html
275. man-pages Project. (n. d.). *find(1) – Linux manual page*. https://man7.org/linux/man-pages/man1/find.1.html
276. man-pages Project. (n. d.). *locate(1) – Linux manual page*. https://man7.org/linux/man-pages/man1/locate.1.html
277. man-pages Project. (n. d.). *updatedb(8) – Linux manual page*. https://www.man7.org/linux/man-pages/man1/updatedb.1.html
278. man-pages Project. (n. d.). *top(1) – Linux manual page*. https://man7.org/linux/man-pages/man1/top.1.html
279. man-pages Project. (n. d.). *pgrep(1) – Linux manual page*. https://man7.org/linux/man-pages/man1/pgrep.1.html
280. man-pages Project. (n. d.). *whereis(1) – Linux manual page*. https://man7.org/linux/man-pages/man1/whereis.1.html

281. Open Group. (2018). *POSIX.1-2017 – The Open Group Base Specifications Issue 7, 2018 edition*. https://pubs.opengroup.org/onlinepubs/9699919799/
282. openSUSE Project. (n. d.). *Zypper – command-line software management*. https://doc.opensuse.org/documentation/leap/reference/html/book-reference/cha-sw-cl.html
283. SUSE. (n. d.). *SUSE Linux Enterprise – Manage software with zypper*. https://documentation.suse.com/sles/15-SP5/html/SLES-all/cha-sw-cl.html
284. The Arch Linux Team. (n. d.). *pacman(8) – Arch Linux man page*. https://man.archlinux.org/man/pacman.8.en
285. The Zsh Developers. (n. d.). *The Z shell manual*. https://zsh.sourceforge.io/Doc/Release/
286. fish-shell Developers. (n. d.). *fish shell documentation – current*. https://fishshell.com/docs/current/index.html
287. curl Project. (n. d.). *curl – command line tool and library for transferring data with URLs*. https://curl.se/docs/manpage.html
288. Shotts, W. E. (2019). *The Linux command line* (Internet ed.). https://linuxcommand.org/tlcl.php
289. dash(1) – Linux manual page. man7.org. https://man7.org/linux/man-pages/man1/dash.1.html
290. ksh – man pages Section 1: User Commands. OpenBSD manual pages. https://man.openbsd.org/ksh.1
291. csh – man pages Section 1: User Commands. Oracle Help Center. https://docs.oracle.com/cd/E86824_01/html/E54763/csh-1.html
292. tcsh(1) – Linux manual page. linux.die.net. https://linux.die.net/man/1/tcsh
293. sh(1): GNU Bourne-Again SHell – Linux man page. linux.die.net. https://linux.die.net/man/1/sh

Zeitfracht Medien GmbH
Ferdinand-Jühlke-Straße 7
99095 Erfurt, Deutschland
produktsicherheit@kolibri360.de